KB163542

자아 연출의 사회학

일상이라는 무대에서 우리는 어떻게 연기하는가

어빙 고프먼 지음 | 진수미 옮김

ⓖ 현암사

자아 연출의 사회학

초판 1쇄 발행 2016년 1월 26일
초판 11쇄 발행 2023년 10월 20일

지은이 | 어빙 고프먼
옮긴이 | 진수미
펴낸이 | 조미현

편집주간 | 김현림
교정교열 | 홍진
표지 디자인 | 원경아

등록 | 1951년 12월 24일 · 제10-126호
주소 | 04029 서울시 마포구 동교로12안길 35
전화 | 02-365-5051
팩스 | 02-313-2729
전자우편 | editor@hyeonamsa.com
홈페이지 | www.hyeonamsa.com

ISBN 978-89-323-1775-5 03330

이 도서의 국립중앙도서관 출판시도서목록(CIP)은 서지정보유통지원시스템 홈페이지
(http://seoji.nl.go.kr)와 국가자료공동목록시스템(http://www.nl.go.kr/kolisnet)에서
이용하실 수 있습니다.(CIP제어번호 CIP2016001319)

책값은 뒤표지에 있습니다. 잘못된 책은 바꾸어 드립니다.

가면은 억제된 감정의 표현이자 놀라운 메아리다. 동시에 충실하고 신중하며 과장된 것이기도 하다. 공기와 접촉하며 사는 생물들은 겉껍질이 있어야 하고, 겉껍질과 속 알맹이가 다르다고 주장하지도 않는다. 그럼에도 일부 철학자들은 이미지가 사물은 아니라고, 말은 감정이 아니라고 화를 내는 듯하다. 말과 이미지는 조개껍질과 같아서, 속에 든 내용물보다 덜 중요한 것이 아니라 오히려 눈에 더 잘 띄고 관찰하기 쉬운 자연의 본질적 성분이다. 겉모습을 위해 내용물이, 가면을 위해 얼굴이, 시와 미덕을 위해 열정이 존재한다는 말이 아니다. 자연에 다른 무엇을 위해 생겨나는 것이란 없다. 이 모든 단계와 산물이 존재의 순환에 똑같이 작용하는 것이다.

— 조지 산타야나*

---

* George Santayana, *Soliloquies in England and Later Soliloquies*(New York: Scribner's, 1922), pp.131-132.

책머리에

나는 이 책이 건물이나 공장처럼 물리적으로 한정된 공간 안에서 조직되는 사회생활을 사회학적 관점으로 연구할 수 있게 해주는 상세한 안내서가 되기를 바란다. 그래서 가정, 산업 현장, 상거래 조직을 막론하고 실제 사회조직체에 두루 적용할 수 있는 분석틀을 구성하는 데 적합한 일련의 특성들을 기술하고자 한다.

이 책은 연극 공연의 관점을 택해 쓰였다. 연극에서 도출한 원리를 활용한다는 뜻이다. 나는 개인이 일상에서 남들에게 자신을 표현하고 행동하는 방식, 자신에 대해 남들이 받게 될 인상을 유도하고 통제하는 방식, 남들 앞에서 행하거나 행하지 않는 일들을 살펴볼 것이다. 여기서 차용하는 연극 모델은 명백히 현실에 부적합한 면이 있는데 그것을 가볍게 다룰 생각은 없다. 무대는 가공의 허구를 보여주지만 삶은 진짜를, 때로는 예행연습도 없이 펼친다. 더 중요한 차이는, 무대에서는 한 배역 인물로 분장한 연기자가 다른 연기자들이 투영한 배역 인물들 앞에서 연기하고, 관객은 상호작용에서 제삼자로 존재한다는 점이다. 관객은 무대에서는 공연의 핵심 구성 요소지만 실제 삶에서는 그렇지 않다. 실제 삶에서는 배역 셋이 둘로 압축된다. 한 개인이 맡는 배역은 다른 사람들의 배역에 맞춰 조절되며, 그 다른 사람들이 관객을 겸한다. 연극 모델의 또 다른 부적합성에 대해서는 뒤에 다룰 것이다.

이 연구에서는 여러 종류의 예시 자료들을 사용했다. 신뢰도 높고 일관성 있게 기록된 자료를 엄밀히 분석·검증하여 일반화한 연구 결과도 있고, 다양한 사람들이 쓴 비공식 기록 자료도 있지만, 대부분은 그 중간쯤에 속하는 자료들이다. 내가 셰틀랜드 섬의 소농(자작농) 공동체에 관해 실시한 연구[1]에서 나온 자료도 자주 사용했다. 이 예시 자료들을 종합하는 접근 방법은 독자가 이미 겪은 경험의 단편들을 하나로 통합하는 분석틀로 알맞아 타당성을 획득한다.(지멜Simmel이 택한 접근법이 타당한 것과 같다.) 더불어 조직적 사회생활의 사례 연구에서 충분히 검증할 만한 지침을 제공해줄 것이다.

분석틀은 논리의 전개에 따라 제시될 것이다. 서문은 추상적일 수밖에 없을 테니 건너뛰어 읽어도 무방하다.

---

1 이 연구는 E. Goffman, "Communication Conduct in an Island Community" (unpublished Ph. D. dissertation, Department of Sociology, University of Chicago, 1953)에서 발표된 바 있다. 앞으로 이 공동체를 '셰틀랜드 섬'이라 칭한다.

차례

책머리에 7
서문 11

1장_ 공연 29
2장_ 팀 103
3장_ 영역과 영역 행동 137
4장_ 모순적 역할 179
5장_ 배역에서 벗어난 의사소통 211
6장_ 인상 관리의 기술 261
7장_ 결론 297

감사의 말 319
옮긴이의 말 320
추천사 325
찾아보기 331

서문

  어떤 이가 사람들이 있는 자리에 들어서면, 사람들은 보통 그 사람에 관한 정보를 얻으려 하거나 이미 알고 있던 정보를 떠올린다. 사람들은 그 사람이 어떤 사회경제적 지위에 있는지, 스스로를 어떻게 생각하는지, 자기들을 어떻게 대하는지, 어떤 능력이 있는 사람인지, 믿을 수 있는 사람인지 따위에 관심을 가진다. 이런 정보는 습득 자체가 목적으로 보이지만 대체로 사람들이 실용적인 동기에서 알려고 하는 사실들이다. 개인에 대한 정보는, 그 개인이 기대하는 것이 무엇이며 그에게서 기대할 수 있는 것이 무엇인지 알려줌으로써 다른 사람들이 상황을 정의할 수 있게 해준다. 그런 정보가 있어야 사람들은 그에게서 바람직한 반응을 얻으려면 자기네가 어떻게 행동해야 좋을지 알 수 있다.

  자리를 함께한 사람들에게는 접근할 수 있는 정보의 원천과 이용할 수 있는 정보전달 매체(신호 수단)가 많다. 사람들이 그를 잘 모를 경우, 사람들은 그의 행동이나 태도를 보고 그와 비슷한 이들을 겪어본 과거 경험이나 검증되지 않은 고정관념에서 중요한 단서를 찾는다. 사람들은 또 과거의 경험상 그 자리에는 어떤 부류에 속하는 사람들만 나타날 수 있는지 미루어 짐작할 수도 있다. 개인의 자기소개 말이나 그가 보여주는 직업 및 지위 증명서에 기댈 수도 있다. 개인을 알고 있거나 간접적으로 아는 사이라면, 그의 심리적 특성에 보편성·지속성이 있을 것이라는 가정을 토대로 그의 현재나 미래의 행동을 예상할 수도 있다.

어찌 됐든, 다른 사람들과 함께 있는 동안 개인은 타인들이 지혜롭게 처신하는 데 필요한 결정적 정보를 직접 알려주기도 한다. 상호작용을 하는 시간과 공간 안에, 또는 그 너머에 수많은 결정적 사실들이 숨어 있다. 이를테면, 개인의 '진실한' 또는 '진정한' 태도·믿음·감정은, 그의 고백이나 그가 무심결에 표현하는 행동에서 간접적으로만 확인할 수 있다. 개인이 상품이나 서비스를 제안하는 경우에도 사람들은 그 사람과 상호작용하는 동안 직접 경험해보고 검증할 시간적·공간적 여유가 없을 때가 잦다. 그러므로 맞닥뜨리게 되는 사건들을, 직접 감지할 수 없는 무언가의 평범하고 자연스러운 신호로 받아들일 수밖에 없다. 이헤이세르Ichheiser의 말을 빌리자면,[1] 고의든 아니든 개인은 스스로를 표현하는 행동을 하게 마련이고 다른 사람들도 그가 표현한 인상을 그대로 받아들일 수밖에 없다.

개인의 표현력(깊은 인상을 주는 능력)은 근본적으로 다른 두 가지

---

[1] Gustav Ichheiser, "Misunderstandings in Human Relations," Supplement to *The American Journal of Sociology*, LV (september, 1949), pp.6-7.

신호 행동, 즉, **명시 표현**과 **암시 표현**으로 나타난다. 명시 표현이란, 개인이 명백하게 오로지 정보를 전달하기 위해 자타가 모두 무슨 뜻인지 아는 언어 상징이나 대체 신호를 사용하는 행동이다. 이는 좁은 의미의 전통적 의사소통에 속한다. 암시 표현은 다른 사람들이 행위자의 됨됨이를 판단할 만한 것으로, 행위자가 정보 전달 이상의 의미가 전해지기를 기대하면서 하는 다양한 행동을 포함한다. 앞으로 살펴보겠지만, 이런 구분은 피상적으로만 타당할 뿐이다. 개인은 의도적으로 거짓 정보를 전하는 수단으로 이 두 가지 의사소통 유형을 모두 동원한다. 명시 표현에는 속임수가, 암시 표현에는 위장이 포함된다.

좁은 의미와 넓은 의미의 의사소통을 모두 고려하면, 다른 사람들이 있는 자리에서 개인이 하는 행동에는 약속의 성격이 있음을 알 수 있다. 다른 사람들은 개인이 그 자리를 떠난 후에야 그의 진가를 확실히 알 수 있다. 그럼에도 그가 그들 앞에 있는 동안에는 그의 언행을 믿고 합당한 답례를 해야 함을 안다. (물론 사람들은 물리적 세계와 맺는 관계에서도 추론을 하면서 산다. 그러나 오직 사회적 상호작용의 세계에서만 추론의 대상이 되는 이가 의도적으로 추론 과정을 촉진하거나 방해할 뿐이다.) 개인에 대한 추론이 타당할 때 사람들이 안심하는 정도는 그 사람에 대해 알고 있는 정보의 양에 따라 다르지만, 아무리 과거의 증거가 많다 해도 추론의 여지를 완전히 없애지는 못한다. 윌리엄 토머스William I. Thomas는 이렇게 지적한다.

우리는 사실 통계나 과학적 근거에 따라 삶을 영위하고 결정을 내리고 일상의 목표를 달성하지 않는다는 사실을 깨닫는 것도 매우 중요하다. 우리는 추론에 따라 살아간다. 내가 당신의 손님이라 치자. 당신은 내가 당신 돈이나 숟가락을 훔칠지 아닐지 알 수 없고 과학적으로 결론 내릴 수도 없다. 그러나 당신은 내가 훔치지 않으리라 추론하고 나는 당신이 나를 손님으로 대하리라 추론한다.[2]

이제 자신을 연출하는 개인의 관점을 보기로 하자. 개인은 다른 사람들이 자기를 좋게 봐주기를, 자기가 그들을 높이 평가한다고 여겨주기를 바랄 것이다. 그들에 대한 자기의 실제 느낌을 그들이 감지하기를 바라거나 그저 모호한 인상만 받기를 바랄 수도 있다. 그는 상호작용이 유지될 수 있도록 다른 이들과 잘 화합하기를 원할 수도 있고, 다른 이들을 따돌리고, 헷갈리게 하고, 적대시하고, 모욕하려 할 수도 있다. 개인이 염두에 둔 목표와 동기가 무엇이든, 그의 관심사는 다른 이들의 행동, 특히 자기를 대하는 다른 이들의 반응을 통제하는 데 있다.[3] 통제는 대개 그가 다른 사람들이 상황을 정의하는 과정에 영향을 미침으로써 달성된다. 그는 자기가 의도한 대로 다른 이들이 자연스럽게 반응할 수 있는 인상으로 자기를 표현함으로써 다른 이들의 상황 정의definition of the situation에 영향을 미칠 수

---

2 E. H. Volkart, Contributions of W. I. Thomas to Theory and Social Research, *Social Behavior and Personality*(New York: Social Science Research Council, 1951), p.5.

3 이 점은 에든버러 대학 톰 번스(Tom Burns)의 미출간 논문에서 도움을 많이 받았다. 번스는 모든 상호작용의 밑바닥에는 각자 다른 사람들의 반응을 유도하고 통제하려는 욕망이 있다고 주장한다. 제이 헤일리(Jay Haley)도 최근의 미출간 논문에서, 상호작용에 참여한 사람들이 관계의 성격을 정의하는 특별한 종류의 통제에 관해 비슷한 논의를 전개했다.

있다. 따라서 개인이 다른 사람들 앞에 나설 때 동원하는 행동에는 대개 자기에게 유리한 인상을 조성하려는 동기가 있게 마련이다. 기숙사에 사는 여학생들의 경우 밖에서 걸려오는 전화 횟수를 인기의 증거로 삼기 때문에, 전화가 걸려 오도록 꾸미는 여학생도 있으리라 예상할 수 있다. 윌러드 윌러Willard Waller의 연구 결과를 통해 예상이 맞다는 걸 확인할 수 있다.

여학생 기숙사의 관찰 보고서에 따르면, 여학생들 중에는 흔히 걸려 온 전화를 받으라는 호출 소리를 기숙사의 학생들이 모두 충분히 들을 수 있도록 기다렸다가 받는다고 한다.[4]

명시 표현과 암시 표현의 두 의사소통 가운데, 이 글의 일차적 관심은 암시 표현에 있다. 고의로 조작한 것이든 그렇지 않든, 암시 표현은 이론적 함의가 더 크고 맥락과 관련되어 있으며 의도성이 없어 보이는 비언어적 의사소통이다. 우리가 분석해야 할 구체적 사례의 한 예로 소설에 나오는 사건을 좀 길게 인용해보겠다. 영국인 프리디가 여름 휴가철을 맞아 스페인 해변의 호텔에 처음 나타나는 장면이다.

어쨌든 그는 누구의 시선도 끌지 않으려고 조심했다. 무엇보다도 먼저, 휴일의 벗이 될지도 모르는 사람들에게 자기한테는 어떤 관심

---

4 Willard Waller, "The Rating and Dating Complex," *American Sociological Review*, II, p.730.

도 보이지 말라는 점을 분명히 해야 했다. 그는 시선을 허공에 둔 채 사람들을, 그 주변을, 그 너머를 훑어보았다. 해변이 비었을지도 모르니까. 그는 우연히 발치에 공이라도 굴러오면 놀란 척했다. 그는 해변에 있는 사람들을 아찔하다는 듯 둘러보며 사람들을 향해서가 아니라 제 스스로에게 즐거운 미소를 지으며(상냥한 프리디) 공을 되차주고는 태연하고 무심하게 공간 탐색을 계속했다.

그러나 곧 이상적 프리디를 과시할 의전의 순간이 왔다. 그는 누구든 원하면 제목을 볼 수 있도록 장식용 책—위험하지 않은 인류 보편의 고전, 호메로스의 스페인어 번역본—을 들고, 해변용 덮개와 가방을 한데 모아 깔끔하게 모래방지용 더미를 쌓아놓고는(꼼꼼하고 합리적인 프리디), 커다란 체구를 천천히 쭉 펴고(거인 프리디), 샌들을 한옆으로 벗어던졌다(무엇보다도 근심 걱정 없는 프리디).

프리디와 바다의 결합! 대안적 의례를 행할 수도 있다. 첫째는 느릿 느릿 걷다가 한달음에 곧장 물속에 뛰어든 후 물거품을 내지 않고 수평선을 향해 부드럽고 힘 있게 헤엄치는 것. 물론 진짜로 수평선까지 가는 건 아니다. 재빨리 뒤로 돌아 다리로 커다란 흰 물거품을 일으키며 자신이 원하기만 한다면 더 멀리 헤엄칠 수도 있었음을 보여주고는 자신이 누구인지 모두가 볼 수 있도록 몸을 4분의 1쯤 일으키는 것.

두 번째 대안은 더 간단했다. 찬물이 가하는 충격도 없고 과잉 혈기로 보일 위험도 없으니까. 자기는 지중해라는 바다와 그 해변에 아주 익숙해서 바닷속이나 바깥이나 다를 바 없음을 보여주는 것이 중요하다. 하늘을 올려다보며 다른 사람들에게는 보이지 않는 불길한 징조가 없는지 날씨를 살피면서 천천히 물가까지, 발이 젖는 것도 아랑곳하지 않은 채 **자신에게는** 땅 위든 물속이든 다를 바 없다는 듯 걷는 것!(현지 낚시꾼 프리디!)[5]

프리디가 자기의 단순한 몸짓이 주변 사람들에게 암시할 법한 인상을 과장되게 표현하는 데 엉뚱하게 신경 쓰고 있음을 작가는 보여주려 한다. 우리는 더 나아가 프리디가 단순히 특별한 인상, 그것도 거짓된 인상을 주기 위해 행동한다고, 다시 말해 남들은 아무런 인상도 받지 못할 수 있고, 애꿎게도 프리디가 특별한 인상을 꾸며내려고 애쓴다는 인상만 줄 것이라고 생각해 그를 조롱할 수도 있다. 그러나 여기서 중요한 점은, 프리디가 스스로 만들어낸다고 생각하는 인상이 실은, 옳든 그르든 다른 사람들 사이에서 통하는 종류의 인상이라는 사실이다.

나는 개인이 남들 앞에서 보이는 행동이 다른 사람들의 상황 정의에 영향을 미칠 것이라고 말했다. 오로지 남들이 자기가 원하는 반응을 보이도록 개인은 철저하게 계산된 인상으로 자기를 표현할 때가 있다. 계산한다는 의식 없이 계산된 언행을 할 때도 있다. 개인이 의도적·의식적으로 자신을 특정한 방식으로 표현할 때도, 주로 그가 속한 집단이나 사회적 지위의 전통에 따르는 것일 뿐, 남들로 하여금 그에게 깊은 인상을 받아 (막연한 수락이나 인정 이상의) 특별한 반응을 보이도록 하려는 게 아닐 수도 있다. 전통에 따라 정제된 인상으로 개인의 역할을 보여주어야 할 때도 있을 것이다. 하지만 그것은 개인이 의식적으로나 무의식적으로 창조한 인상은 아닐 것이다. 다른 사람들 입장에서는 어떤 의미를 전달하려는 개인의 노력에 깊은 인상을 받을 수도 있고, 상황을 오해해서 개인의 의도든 사실

5 William Sansom, *A Contest of Ladies* (London: Hogarth, 1956), pp.230-232.

이든 믿을 게 못 된다는 결론을 내릴 수도 있다. 어느 쪽이든 마치 개인이 특별한 인상을 주려고 한 것처럼 사람들이 반응한다면, 그는 기능적 관점 또는 실용적 관점에서 '효과적으로' 상황을 판단하고 상황 정의를 투영했다고 할 수 있다.

개인에 대한 다른 사람들의 반응에는 특별한 점이 있다. 개인이 자신을 돋보이게 연출한다는 사실을 다른 사람들이 알게 된다면, 그들은 자신들이 본 개인의 모습을 두 부분으로 나눈다. 그리고 개인이 작정하고 조작하기가 비교적 쉬운, 주로 말로 표현하는 부분과 개인이 별로 관심이 없거나 통제하지 않는 것처럼 암시적으로만 표현하는 부분을 대조한다. 개인의 암시 표현을 단서로, 개인이 잘 다스릴 수 있는 명시 표현의 타당성을 검증하는 것이다. 여기서 의사소통 과정의 근본적 비대칭성, 즉 한쪽 의사소통 흐름만을 아는 개인과 다른 쪽 흐름도 다 보고 있는 목격자 사이의 비대칭성이 드러난다. 예를 들어보자. 셰틀랜드 섬에 사는 한 농부의 아내는 영국 본토에서 온 손님에게 지역 토속음식을 대접하면서 공손한 미소를 띠고, 손님이 예의 바르게 '음식이 맛있다'고 하는 말을 듣는다. 동시에 그녀는 손님이 얼마나 열심히 음식을 입에 넣고 얼마나 맛있게 먹는지를 보면서 그의 예의 바른 말이 정말인지 확인한다. 그녀는 또, 친지 A가 B를 '실제로' 어떻게 생각하는지 알아보려고 B가 있는 자리에서 A가 다른 친지 C와 대화를 나눌 때를 기다린다. 그러고는 A가 C와의 대화에서 어떤 표정으로 B에 관해 말하는지 은밀하게 살핀다. B와 대화를 나누지 않거나 B가 보지 않을 때 A는 평소의 긴장과 가식을 풀고 B에 대한 자기의 '진짜' 감정을 드러내기 마련이다. 요컨대 이 셰틀랜드 여자는 눈에 띄지 않게 관찰자를 관찰하는 것이다.

　사람들이 통제하기 힘든 행동을 단서로 통제하기 쉬운 행동을 검증한다는 사실을 아는 이는, 그 가능성을 활용해 확실히 믿을 만한 행동으로써 자기가 의도한 인상을 전하려고 한다.[6] 예를 들면, 폐쇄성이 강한 사교 집단을 연구하는 참여 관찰자가 입회 허가를 받으려면, 내부 정보 제공자가 하는 말을 들을 때와 마찬가지로 정보 제공자가 다른 이에게 말하는 모습을 볼 때도 공손한 표정을 지어야 한다. 그래야 관찰자를 관찰하는 사람들이 관찰자의 입장을 쉽사리 알아차리지 못한다. 셰틀랜드 섬 연구에서 구체적인 사례를 들어보자. 차 한잔 함께하려고 이웃을 방문하는 사람은, 기대감 어린 따뜻한 미소를 지으며 집 안에 들어선다. 집 밖에 물리적 방해물도 없고 집 안에 불도 없어서 집주인은 눈에 띄지 않게 방문자가 집 가까이 다가오는 모습을 볼 수 있다. 그래서 섬사람들은 종종 방문자가 문간에 도착하기 직전에 표정을 사교적으로 바꾸는 모습을 지켜보며 재미있어했다. 그러나 어떤 이들은 그런 시험이 벌어짐을 알고 멀리서부터 미리 사교적 표정을 지음으로써 한결같은 이미지를 유지했다.

　이런 종류의 통제가 의사소통 과정의 대칭성을 복원하고, '감추기-발견하기-위장하기-재발견하기'가 무한 순환되는 정보 게임의

---

6 이에 관해서는 스티븐 포터(Stephen Potter)의 깊이 있는 저서가 널리 읽힌다. 게임에 능한 사람이, 약삭빠른 관찰자가 필요로 하는 부수적 단서를 흘리기 위해, 실제 갖고 있지도 않은 강점을 마치 감추고 있는 듯 고안해낸 신호를 다룬 책이다.

무대를 제공한다. 사람들은 개인의 행동에서 의도가 없어 보이는 면은 별로 의심하지 않는다. 그러므로 개인은 행동의 그런 면을 통제해서 상당한 이점을 누릴 수 있다. 물론 개인이 행동의 즉흥적인 면을 조작하려는 낌새를 다른 사람들이 감지하고, 그 조작된 행동에서 개인이 통제하지 못한 면을 탐색하기도 한다. 이 통제되지 않은 면이 또다시 개인의 행동을 검증할 단서로 작용해 의사소통의 비대칭성을 되살린다. 여기에 나는 한 가지 점만 더 지적하고 싶다. 개인이 계산된 비의도성을 내보이려 시도해도, 그것을 꿰뚫어 보는 능력은 우리 자신의 행동을 조작하는 능력보다 더 발달되어 있다. 정보 게임이 몇 단계에 걸쳐 이루어지든, 목격자는 행위자보다 유리한 위치를 점유하므로 의사소통 과정 초기의 비대칭성이 유지된다.

개인이 다른 사람들 앞에 나설 때 상황에 대한 자기 나름의 정의를 투영하면, 비록 소극적 역할로 보이지만 다른 사람들 역시 개인에게 보이는 반응과 행동 노선을 통해 상황 정의를 투영한다. 보통 상황 정의에서는 여러 참여자들이 충분히 조율하기 때문에 공개적 충돌은 일어나지 않는다. 이는 참여자 개개인이 실제 느낌을 있는 그대로 표현하고, 거기에 다른 사람들도 솔직하게 동의해서 합의가 이루어짐을 뜻하는 게 아니다. 그런 식의 조화란 낙관적 이상일 뿐이다. 또 사회가 순조롭게 작동하는 데 필요하지도 않다. 그보다는 각 참여자가 적어도 잠시나마 다른 사람들이 수긍하리라고 여기는 관점을 택하고, 자신의 솔직한 느낌은 억누른다는 뜻이다. 이런 피상적 동의, 겉치레 합의는 참여자들이 저마다 속생각을 감추고 입에 발린 말이라도 해야 할 것 같아서 하는 말들로 유지된다. 더 나아가 상황 정의의 분업도 이루어진다. 각자 다른 사람들에게는 몰라도 자기에게는 지극히 중요한 문제와 관련해 잠정적으로 공식 규칙을 설정하는 것이 허용된다. 이를테면, 자신의 과거 행동을 공개하고 합리화하는 것이다. 그렇게 예의를 차린 대가로, 자기와 직접 관련이 없지만 다른 이들에게 중요한 문제에 대해 침묵을 지키거나 개입하지 않아도 된다. 그렇다면 우리는 일종의 상호작용적 타협 방식을 갖고 있는 셈이다. 참여자들이 실제 상황에 대해 진정으로 동의한 다기보다는 어떤 쟁점이 존중되어야 할지에 대해 잠정적 동의를 함으로써 단일한 상황 정의가 이루어지도록 협력한다는 뜻이다. 공개적 갈등은 피하는 게 바람직하다는 합의에 이르는 경우도 있다.[7] 나는 이런 수준의 동의를 '잠정적 합의working consensus'라 부를 것이다. 한 상호작용 상황의 잠정적 합의는 다른 상황의 잠정적 합의와는 내용이 아주 다를 수도 있다. 점심을 같이 먹는 친구 사이의 잠정적 합의는 서로 애정·존중·배려를 주고받는 모습을 유지하는 것이다. 반면 서비스 거래 상황의 잠정적 합의는 담당자가 고객의 문제를 담백하게 처리하는 이미지를 보여주고 고객은 담당자의 능력과 성실성을 존중하는 모습을 보여주는 것이다. 잠정적 합의의 내용은 달라도 그 보편적 형태는 같다.

한 참여자가 다른 참여자들의 상황 정의를 수용하는 경향에 주

---

7 이견을 표명할 수 있는 시간과 장소를 정해서 상호작용할 수도 있다. 그 경우에도 참여자들은 적절한 어조와 어휘 사용, 모든 주장이 다 제기될 수 있을 정도의 진지성, 이견에도 불구하고 서로를 향한 표현에 신중을 기해 상호존중의 태도를 취하는 데 합의해야 한다. 대개 학계에서 이루어지는 상황 정의는 심각한 관점 대립이 있더라도 그 대립을 신속하고 현명하게 참여자 모두가 수용할 만한 틀 안에서 다룰 수 있도록 바꾸는 수단이기도 하다.

목하면, 동료 참여자들에 관해 **처음에** 얻는 정보의 결정적 중요성을 이해할 수 있다. 그 첫 정보를 토대로 그는 상황을 정의하고 대응 노선을 정한다. 그리고 쓸모없는 겉치레를 멈추고 다음 행보를 내딛는다. 참여자들 사이의 상호작용이 진전될수록 초기 정보는 물론 수정·보완되지만, 수정된 정보도 본질적으로 여러 참여자들이 처음 취한 입장과 어긋나지 않고 심지어 그 토대 위에서 발전되기도 한다. 참여자들이 주고받을 노선의 선택은 만남 초기에 정하기가 쉽지, 일단 상호작용이 진행되고 나면 도중에 변경하기란 쉽지 않다.

일상생활에서는 첫인상이 매우 중요하다는 무언의 합의가 있다. 서비스 직종에서 일하는 사람들의 업무 적응 능력은 대체로 서비스 거래 관계에서 주도권을 잡고 유지하는 능력에 달려 있다. 고객보다 사회경제적 지위가 낮은 서비스 제공자라면 자기 입장을 교묘하게 이용하는 공격성이 필요하다. 화이트W. F. Whyte는 식당 여종업원의 예를 든다.

첫째로 두드러진 점은, 압박을 감내하면서 일해야 하는 종업원이 손님에게 단순히 반응만 하지는 않는다는 것이다. 종업원은 손님의 행동을 통제하는 솜씨를 발휘한다. 고객과의 관계에 대해 우리는 첫번째로 "종업원이 손님을 압도하는가, 손님이 종업원을 압도하는가?"를 물었다. 노련한 종업원은 이 질문이 무슨 뜻인지 알아차린다. (중략)

능숙한 종업원은 조금도 망설이지 않고 당당하게 손님과 맞선다. 예를 들어, 종업원이 더러운 접시와 식탁보를 갈기 전에 새로 온 손님이 식탁에 자리 잡고 앉는 걸 본다고 하자. 손님은 식탁에 기대어 메뉴를 훑어보고 있다. 종업원은 손님에게 다가가 "실례지만 식탁보를 갈아드릴게요"라고 말하고는 대답을 기다리지도 않고 손님이 보고 있던 메뉴를 치우며 바삐 제 할 일을 해서 손님이 식탁에서 물러나도록 만든다. 손님과의 관계는 정중하지만 단호하다. 누가 책임자인지 묻는 항의는 나오지 않는다.[8]

'첫인상'으로 시작하는 상호작용이 동일한 참여자들과 계속 이어갈 상호작용의 첫 단계라서 우리는 '관계의 첫 단추 꿰기'가 정말 중요하다고 생각한다. 그러니 다음과 같은 시각을 지닌 교사들도 있다.

절대로 그 애들이 우위를 차지하게 놔둘 수 없어요. 그러면 끝장입니다. 그래서 나는 거칠게 시작해요. 새 학급에 들어간 첫 시간에 나는 아이들에게 누가 우두머리인지 알려줍니다. (중략) 거칠게 시작하면 시간이 지나면서 느슨하게 풀어줄 수 있어요. 그러나 처음부터 풀어주면 나중에 엄격하게 대하려 해도 아이들은 그저 날 빤히 쳐다보거나 웃어댈 겁니다.[9]

정신병원에 근무하는 직원들도 병동에 새 환자가 들어오면, 첫날 그 환자에게 그가 어떤 처지이며 그곳의 우두머리가 누구인지 확실히 알려주면 앞으로 다루기 힘든 일이 많이 일어나지 않으리라 여길

8 W. F. Whyte, "When Workers and Customers Meet," chap.VII, *Industry and Society*, ed. W. F. Whyte(New York: McGraw-Hill, 1946), pp.132-133.

9 Howard S. Becker, "Social Class Variations in the Teacher-Pupil Relationship," *Journal of Educational Sociology*, XXV., p.459에 인용된 교사 인터뷰.

수 있다.[10]

다른 사람들이 있는 자리에 들어설 때 개인이 나름의 상황 정의를 투영한다는 사실을 인정한다면, 우리는 개인의 상황 정의와 상반되고 믿을 수 없으며 의심스러운 사건이 벌어질 경우도 생각할 수 있다. 그렇게 혼란스러운 사건이 생기면 상호작용은 혼선을 빚고 어색한 상태로 중단된다. 개인은 자기가 예상했던 참여자들의 반응을 믿지 못하고, 참여자들도 상황 정의가 잘못된 상호작용에 끼어들었음을 깨닫는다. 의혹을 일으킨 당사자는 수치심을 느끼고 다른 이들은 반감을 느낀다. 참여자들 모두가 불편하고 난처하고 민망하고 당황스러운 상태에 빠져, 대면 상호작용이라는 작은 사회체계가 무너질 때의 아노미를 경험하게 된다.

개인이 처음에 투영한 상황 정의가 그의 후속 협력 활동을 계획하게 한다는 행동의 관점을 강조하려면, 상황 정의에 독특한 도덕적 성격이 있다는 중요한 사실을 간과해서는 안 된다. 이 책의 주된 관심사가 바로 상황 정의에 담긴 도덕적 성격이다. 어떤 사회적 특성을 지닌 사람이든 타인들에게 적절한 방식으로 존중과 대우를 받을 도덕적 권리가 있음을 보장하는 원리에 따라 사회가 조직된다. 이와 관련된 두 번째 원리도 있다. 자신이 어떤 사회적 특성을 갖고 있음을 암시하거나 명시하는 사람은 스스로 그 주장과 일치하는 인물이 되어야 한다는 원리다. 그렇기 때문에, 자기가 투영한 상황 정의에 맞춰 스스로를 암시하거나 명시한 사람은, 다른 이들에게 자기

---

10 Harold Taxel, "Authority Structure in a Mental Hospital Ward"(unpublished Master's thesis, Department of Sociology, University of Chicago, 1953).

와 같은 부류에게 합당한 방식으로 자기를 평가하고 대우하라고 도덕적으로 요구하는 셈이다. 또한 자기가 드러내지 않은 특성과 관련된 권리주장은 내심 포기하고[11] 그에 따르는 대우도 포기한다. 그래야 자기가 어떤 사람이며 자기를 어떤 특성이 '있는' 사람으로 봐주어야 하는지를 알려준다는 걸 다른 사람들도 알아차린다.

정의상의 혼란이 얼마나 중요한지, 혼란이 발생하는 빈도로는 판단할 수 없다. 예방조치가 없으면 혼란은 빈번하게 일어난다. 예방조치는 당황스러운 사태를 피하기 위해 항상 마련된다. 어쩔 수 없이 의혹이 불거지는 상황이 되면 또 언제나 수습조치가 뒤따른다. 개인이 투영한 상황 정의를 지키기 위해 택하는 전략과 전술을 '방어 기법defensive practice'이라 하고, 상대가 투영한 상황 정의를 살려주기 위해 개인이 택하는 조치를 '보호 기법protective practice' 또는 '요령tact'이라 한다. 방어 기법과 보호 기법은 다른 사람들 앞에서 개인이 조성한 인상을 보존하기 위해 사용하는 기법이다. 우리는 방어 기법을 발휘하지 않으면 어떤 인상도 보존되지 못한다는 사실은 즉각 알아차리지만, 상대가 요령을 발휘해주지 않으면 거의 보존될 인상이 없다는 사실은 쉽게 알아차리지 못한다.

상황 정의의 혼란을 막기 위해 예방조치가 이루어진다는 점과 더불어, 혼란에 대한 강렬한 관심이 집단의 사교 생활에서 중요한 작용을 한다는 점도 지적해두자. 대수롭지 않은 혼란일 경우에는 의

---

11 개인의 존재 양식을 제한하는 증인의 역할을 강조한 실존주의자들은 증인의 역할이 개인의 자유를 근본적으로 위협한다고 본다. Jean-Paul Sartre, *Being and Nothingness*, trans. by Hazel E. Barnes(New York: Philosophical Library, 1956), p.365ff.

도적으로 짓궂은 농담과 사교 게임이 연출된다.[12] 아주 충격적인 폭로가 있을 때는 환상이 창조되기도 한다. 실제든 각색이든 허구든, 혼란이 일어났거나 일어날 뻔했거나 일어났지만 멋들어지게 해소한 과거의 일화가 구구절절 되풀이된다. 사람들에게 자기주장은 적당히 하고 기대는 사리에 맞게 하라는 뜻의 유머, 불안 해소의 소재로 쓰이는 게임, 몽상, 교훈적 얘깃거리 없이 조직되는 집단은 없는 것 같다. 어떤 이는 불가능한 지위에 오르는 꿈을 꾼 이야기를 한다. 집도 가족도 손님을 맞을 준비가 되지 않은 상태인데 손님이 날짜를 잘못 알고 찾아왔던 때의 이야기를 들려주는 가족도 있다. 기자들은 너무 심한 오타가 났던 때를 들먹이며 신문의 객관성이나 기사 작성법을 우스개로 삼는다. 공무원들은 서류 작성 지침을 엉뚱하게 오해해 예상 밖의 기발한 대답을 적었던 민원인 이야기를 들려준다.[13] 집을 떠나 있어야 편안해하고 남성다움을 과시하기 좋아하는 어부는 집으로 돌아갈 때면 어머니에게 "그 우라질 놈의 버터 좀 내놓으쇼"라며 집 안에 들어선다고 한다.[14] 세상물정에 어두운 왕비가 타 공화국 대사에게 그 나라 국왕은 안녕하시냐고 묻던 일화를 들려주는 외교관도 있다.[15]

---

12 Goffman, 앞의 책, pp.319-327.

13 Peter Blau, "Dynamics of Bureaucracy"(Ph. D. dissertation, Department of Sociology, Columbia University, forthcoming, University of Chicago Press), pp.127-129.

14 Walter M. Beattie, Jr., "The Merchant Seaman"(unpublished M. A. Report, Department of Sociology, University of Chicago, 1950), p.35.

15 Sir Frederick Ponsonby, *Recollections of Three Reigns*(New York: Dutton, 1952), p.46.

이제 요약해보자. 개인이 남들 앞에 나설 때, 남들이 수용할 수 있도록 자신의 인상을 통제하려는 데는 여러 동기가 있다고 필자는 가정한다. 사람들이 자신의 인상을 유지하기 위해 흔히 택하는 기법들과 기법 선택에 영향을 미치는 보편적 상황 조건이 이 책에서 다루는 주된 관심사이다. 개인 참여자의 구체적 행동 내용이나 사회체계의 작동에 상호 의존적 행동이 어떤 역할을 하는지는 다루지 않는다. 이 책은 개인이 남들 앞에서 행동할 때 택하는 극적 연출의 문제만 다룬다. 연출 기법과 무대 관리는 사소하지만 사회생활에서 매우 보편적이어서 정식으로 사회학적 분석이 필요한 문제다.

이미 서술했고 앞으로 다룰 내용에 관해 몇 가지 용어를 정의하면서 서문을 마무리하려 한다. 이 글의 목적에 맞게 개략적 정의를 내리자면, 상호작용(대면 상호작용)은 개인들이 마주 보는 자리에서 서로에게 영향을 주고받는 행동을 말한다. 한 상호작용은 한 시점에 개인들이 물리적으로 함께 있는 동안 이루어지는 모든 상호작용으로 정의할 수 있다. '만남encounter'이라는 용어를 써도 무방하다. '공연performance'이라는 말은, 한 시점에 한 참여자가 다른 참여자들에게 어떤 식으로든 영향을 미치려고 하는 모든 행동으로 정의하겠다. 특정 참여자와 그의 공연을 기준으로 삼으면, 그 공연에 기여하는 관객·관찰자·동료들이 벌이는 또 다른 공연도 다룰 수 있다. 공연에서 전개되는 미리 정해진 행동 유형과 다른 시점에 연출했던 행동 유형을 '배역part' 또는 '배역 연기routine'[16]라 칭하겠다. 이들 상황

---

16 상호작용의 배역 연기와 구체적 실행 사례의 구별이 중요하다고 지적한 논평을 참조할 것. John von Neumann and Oskar Morgenstern, *The Theory of Games and*

적 용어는 통상 쓰는 구조적 용어와 쉽게 연결된다. 한 개인이나 공연자가 동일한 배역을 동일한 관객에게 여러 차례 공연하면, 사회관계가 생기게 마련이다. 사회적 역할을 사회적 지위에 부여된 권리와 의무의 실행이라고 정의한다면, 사회적 역할에는 배역이 하나 이상 있음을 알 수 있다. 그렇다면 각 배역은 주어진 일련의 상황에서 공연자가 동일한 관객층에게 보여주는 연기일 터이다.

Economic Behavior(2nd ed.; Princeton, Princeton University Press, 1947), p.49.

1장

공연

Performances

배역에 대한 믿음

주어진 배역을 연기할 때, 개인은 자기가 조성한 인상을 진지하게 받아들이라고 관찰하는 이들에게 암암리에 요청한다. 관찰자들은, 그들이 보고 있는 배역 인물의 속성이 연기를 하고 있는 개인의 실제 속성이며, 그가 행하는 일이 그 결과라고, 그리고 보이는 그대로가 중요한 사실이니 믿으라고 요청받는 셈이다. 이와 비슷한 논리로, 개인의 공연이란 '다른 사람들을 위한' 것이라는 대중적 관점도 있다. 질문의 방향을 돌려, 개인이 주위 사람들에게 불러일으키려 한 인상에 대해 스스로 어떻게 생각하는지 살펴보면서 공연에 관한 논의를 시작하는 것이 좋겠다.

공연자가 연기에 완전히 몰입하여 진심으로 자기가 연출하는 인상이 진정한 실체라고 확신하는 극단적인 경우가 있다. 관객 역시 적어도 그 순간만은 그의 연기에 설득당하기 마련이다. 그럴 때 '진실성'에 의문을 품는 사람은 사회학자나 불평분자뿐일 것이다.

정반대로 공연자가 자기 연기를 전혀 믿지 않는 극단적인 경우도 있다. 공연을 하는 사람만큼 연기를 잘 꿰뚫어 볼 수 있는 사람은 없을 테니 충분히 가능한 일이다. 공연자가 자기에 대해 또는 상황에 대해 관객이 어떻게 생각할지는 전혀 신경 쓰지 않은 채, 단지 다른 목적을 위한 수단으로 관객을 설득하려는 행보를 보일 수도 있다. 자기 연기에 대한 확신이 없고 관객의 생각에도 관심이 없는 사람을 일컬어 우리는 '냉소적'이라고 말한다. 또 '진실하다'는 말은 공연에서 스스로 조성한 인상을 진지하게 믿는 사람들에게 들어맞는다고 생각한다. 냉소적인 사람은 자기의 모든 직업적 의무를 방기한 채 직업 윤리에 어긋난 가면극을 즐긴다. 그런 사람은 관객이 진지하게 받아들여야 할 일을 자기가 멋대로 조종할 수 있다는 것에서 일종의 정신적 공격의 쾌감을 느낀다.[1]

물론 모든 냉소적 공연자가 '이기적'이라거나 사적인 이득을 취할 목적으로 관객을 속이려 든다는 뜻은 아니다. 관객이나 공동체를 위한 선행이라 생각해서 관객을 속일 수도 있다. 굳이 쓰라린 깨달음을 얻은 마르쿠스 아우렐리우스나 순자와 같은 성인들에게서 그런 실례를 찾을 필요는 없다. 평상시에 진솔한 서비스 직종 종사자라도, 때로는 고객이 진심으로 요구하는 바로 인해 어쩔 수 없이 고객을 속일 때가 있다. 환자에게 위약placebo을 투여할 수밖에 없는 의사, 불안해하는 여성 운전자를 위해 자동차 타이어의 압력 상태를 거듭 점검해주어야 하는 주유소 직원, 여성 고객의 발에 맞는 구두를 팔면서 그녀가 듣고 싶어 하는 치수의 구두라고 둘러댈 수밖에 없는 제화점 직원, 이들은 모두 관객이 허락지 않아서 진실할 수 없는 냉소적 공연자들이다. 비슷한 사례로, 동정심이 많은 정신병동 환자들은 간호 실습생이 자신들을 정상으로 진단하고 실망할까 봐 일부

---

1 아마 사기꾼이 저지르는 진짜 범죄는 피해자에게서 돈을 빼앗는 짓이 아니라, 중간계급의 예절과 태도를 지킬 수 있는 이들은 오로지 중간계급 사람들뿐이라는 우리의 믿음을 빼앗는 짓일 것이다. 그런 미몽에 물들지 않은 직업인은 고객이 기대하는 서비스 관계에 대해 냉소적 거부감을 느끼지만, 사기꾼은 그런 치욕을 견디며 '합법적' 세계 전체를 수호해야 할 처지다.

러 괴상한 증세를 꾸며낼 때도 있다.[2] 지위가 낮은 사람이 지체 높은 방문객에게 최상의 환대를 베푸는 경우, 상대의 호감을 얻으려는 이기적 동기가 아니라 상대가 당연히 여기는 세계에서 통하는 방식으로 상대를 편안하게 해주려는 요령일 수 있다.

나는 개인이 자기가 연기한 바를 그대로 믿거나 완전히 냉소하는 극단적인 두 가지 경우를 제시했다. 이 두 극단은 단순히 연속선의 양극을 가리키는 것 이상의 의미가 있다. 두 극단은, 각기 개인에게 안전을 지키고 방어할 나름의 자리를 마련해준다. 그러므로 사람들은 한 극단에서 시작해 다른 극단으로 이동하며 삶의 여정을 마무리하는 경향이 있다. 개인은 자신의 역할에 대한 내적 믿음 없이 시작해서 자연스럽게 파크Park가 기술한 다음과 같은 행보를 따른다.

사람person이라는 단어의 첫 번째 뜻이 '가면'이라는 게 역사적 우연만은 아닐 것이다. 사람은 저마다 언제 어디서나 다소 의식적으로 역할을 연기한다는 인식을 가리킨다. (중략) 우리는 역할을 통해 서로를 안다. 우리 스스로를 아는 것도 역할을 통해서다.[3]

---

2 Taxel, 앞의 책, p.4를 볼 것. 해리 스택 설리번(Harry Stack Sullivan)은 장기 입원 환자의 요령이 일종의 **귀족적 의무감**이라는 정상적인 정신 상태를 촉진할 수 있다고 지적했다. "큰 정신병원 한 곳에서 몇 년 전에 '사회적 회복'에 관한 연구를 했다. 이 연구로, 환자들이 주변 사람들에게 증세를 내보이지 말아야 한다는 사실을 배운 까닭에 퇴원할 수 있었음이 알려졌다. 다시 말하자면, 환자들은 자신들의 망상과 주변에서 그들을 바라보는 그릇된 시선이 일치하지 않음을 알아차릴 만큼 주변 환경에 충분히 동화된다는 것이다. 환자들은 마치 주변의 어리석은 언동을 참을 수 있을 만큼 현명해져서 마침내 질병이 아니라 우둔함이 문제였음을 깨달은 것 같았다. 그러고서 환자들은 정신병적 수단에 기대려는 갈망을 버리고 다른 사람들과의 접촉에서 만족감을 찾을 수 있었다." 그의 논문 "Socio-Psychiatric Research," *American Journal of Psychiatry*, X, pp.987-988을 볼 것.

3 Robert Ezra Park, *Race and Culture*(Glencoe, Ill.: The Free Press, 1950), p.249.

역할에 맞는 행동을 하려고 분투하면서 우리가 구축해온 스스로에 대한 관념을 가면이라 한다면, 가면은 우리의 참자아, 우리가 되고 싶어 하는 자아다. 결국 역할이라는 것은 우리의 제2의 천성, 인성을 구성하고 통합하는 성분이다. 우리는 한 개인으로 이 세상에 들어와, 성격을 획득하고, 그러면서 사람이 된다.[4]

셰틀랜드 섬의 공동체 생활에서 실례를 볼 수 있다.[5] 지난 4~5년간, 소농 출신 부부가 섬의 관광호텔을 소유하고 운영했다. 그들은 처음부터 어떻게 살아야 하는지에 대한 자신들의 생각은 한쪽으로 밀쳐두고, 철저하게 중간계급 수준의 서비스와 위락시설을 호텔에 갖춰놓아야 했다. 그런데 최근에는 호텔 경영진도 스스로 연출하는 공연에 대한 냉소적 태도가 점차 줄어들면서 그들 스스로가 중간계급이 되어가고 차츰 고객이 그들에게 부여한 자아 개념에 빠져든 듯했다.

군대에 막 입대한 신병의 예도 있다. 처음에는 그저 물리적 체벌을 피하려고 군대식 예법을 따르던 신병도, 결국엔 조직에 누를 끼치지 않고 상관과 동기들에게 존중받기 위해 규칙을 따르게 된다.

앞서 지적했듯, 배역에 대한 불신-확신의 경로가 반대 방향으로 갈 수도 있다. 강한 신념이나 불확실한 기대로 시작했으나 냉소로 끝나는 경우다. 대중이 거의 종교적 경외심까지 품는 전문직 신참들이 흔히 이러한 경로를 따른다. 그들이 관객을 속이고 있음을 서

---

4 같은 책, p.250.
5 필자의 셰틀랜드 섬 연구.

서히 자각하기 때문이 아니다. (보통의 사회적 기준으로 보면 매우 타당한 주장이지만 말이다.) 오히려 관객과 접촉할 때 그들의 내적 자아를 분리·보호하기 위한 수단으로 냉소를 이용하기 때문에 전문직 신참들은 그런 경로를 따르게 된다. 공연할 자격 요건을 갖추는 데 필요한 태도로 시작한 사람이, 진실성과 냉소 사이를 여러 차례 오가면서 모든 단계와 전환점을 거쳐 마침내 소임을 확신하기에 이르는, 직업 의식의 전형적 발전 경로도 볼 수 있다. 의과 대학생들은 이상주의적 지향성을 지닌 신입생에게 그 거룩한 포부를 한동안 제쳐놓으라고 말한다. 첫 2년 동안 의대생은 시험에 통과하는 방법을 배우는 데 시간을 보내느라 의학적 관심사는 포기할 수밖에 없다. 다음 2년은 질병에 관한 공부를 하느라 너무 바빠 정작 질병을 앓고 있는 환자들에게는 관심을 보일 겨를이 없다. 의학 공부가 끝난 후에야 그들은 비로소 그들이 처음에 지녔던 의료 활동의 이상理想을 되새길 수 있다.[6]

우리는 개인이 냉소와 진실성 사이의 자연스러운 경로를 따르는 행보도 예상할 수 있다. 그럼에도 여전히 자기 환상의 힘이 남아 있는 일종의 과도기 상태도 배제하지 말아야 한다. 개인은 특정한 방식으로 자신과 상황에 대한 관객의 판단을 유도할 수도 있다. 또 그것을 궁극적 목적으로 삼기도 하지만, 자기가 원하는 대로 관객의 평가를 받을 자격이 충분하다거나 자기가 조성한 인상의 타당성을 온전히 믿지는 않을 수도 있다. 크뢰버Kroeber는 샤머니즘을 다루면

---

6 H. S. Becker and Blanche Greer, "The Fate of Idealism in Medical School," *American Sociological Review*, 23, pp.50-56.

서 냉소와 믿음이 뒤섞인 예를 든 바 있다.

다음으로, 속임수라는 오래된 문제가 있다. 세계 도처에서 무당이나 치유술사들은 치유나 마력을 보여주는 과정에서 대부분 손재주를 곁들인다. 계산된 손재주일 경우도 있지만 인식하지 못하는 경우가 대부분이다. 손재주라는 인식을 억눌렀든 그렇지 않든, 그들은 속임수를 종교적 방편으로 여기는 태도를 보인다. 현지 연구 민속학자들에 의하면 대체로 속임수를 쓰는 무당들조차 속임수임을 알면서도 자신들의 마력, 특히 다른 무당들의 마력을 믿는다. 그래서 본인 혹은 제 아이들이 아플 때면 다른 무당들을 찾아간다.[7]

앞무대

개인이 특정 관찰자 집단 앞에서 계속하는 모든 활동, 그리고 관찰자에게 영향을 미치는 모든 행동에 나는 '공연'이라는 용어를 사용했다. 공연을 보는 사람들로 하여금 보편적이고 고정된 양식에 따라 상황을 정의하게끔 하는 개인의 공연 부분에 대해서 편의상 '앞무대front'라 부르겠다. 그러면 앞무대는 공연에서 개인이 의도하거나 자기도 모르게 택하는 전형적 표현 장치에 해당된다. 기초 작업으로

---

7 A. L. Kroeber, *The Nature of Culture*(Chicago: University of Chicago Press, 1952), p.311.

앞무대의 전형적 구성 요소들을 구분하고 이름을 붙여보겠다.

첫째는 '무대장치setting'이다. 가구, 장식품, 공간 배치, 공연 도중과 전후의 인간 행동에 필요한 온갖 소품들을 가리킨다. 공간상 무대장치는 고정된 한자리에 설치된다. 공연자들은 그 자리에 들어서야 공연을 시작할 수 있고 공연이 끝나면 그 자리를 떠나야 한다. 무대장치가 공연자를 따라 이동하는 경우는 장례 행렬, 시민들의 가두행진, 왕과 왕비의 환상적인 행차와 같은 예외 상황일 때뿐이다. 대체로 지극히 성스러운 존재 또는 잠시 성스러운 존재가 된 공연자를 특별히 보호하려는 경우다. 물론 이렇게 지체 높은 이들의 경우와 일터를 여기저기 옮겨 다니거나 이동을 강요당하는 행상 계급의 경우는 구별해야 한다. 한군데 고정된 무대장치를 갖기에 통치자는 너무 성스러운 존재고 행상은 너무 비천한 존재다.

앞무대라 하면, 우리는 가정의 거실과 누가 누군지 다 알아볼 수 있는 소수 공연자들이 있는 장면을 떠올리게 된다. 다수 공연자들이 짧은 시간을 제 몫으로 요구할 수 있는 집합적 신호 수단에 대해서 우리는 별로 주의를 기울여오지 않았다. 부자라면 누구나 이용할 수 있는 화려한 무대가 많다는 점이 서유럽 국가들의 특성이자 안정성의 원천임에는 의문의 여지가 없다. 영국의 고위 공직자 연구에 나오는 예화를 들어보자.

최고위 공직까지 오른 사람이 자신의 출신 계급보다 다른 계급의 '격조'와 '특색'을 어느 수준까지 흡수하는가. 이 문제는 까다롭고 다루기 어렵다. 관련 정보는 런던의 유명한 클럽들에 가입한 회원의 숫

자밖에 없다. 고위 행정직 4분의 3 이상이 가입비가 20기니가 넘고 연회비도 12기니에서 20기니에 이르는 상류층 호화 클럽 가운데 하나 이상 가입하고 있다. 부지, 시설, 내부에서 이루어지는 생활양식, 전체적인 분위기 따위가 최상위 계급(중상위 계급 정도가 아니라)을 위한 클럽들이다. 부자가 아니라고 말하는 회원도 많다. 그래도 유니온, 트레블러스, 리폼 같은, 호화 클럽이 아니면 찾아볼 수 없는 공간, 음식과 술, 서비스, 쾌적한 문화시설을 남의 도움 없이 누릴 수 있는 층은 부자들뿐이다.[8]

또 다른 예로 최근 의료직에서 나타나는 현상을 들 수 있다. 의사들에게 갈수록 더 정교한 과학적 무대를 제공하는 대형 병원은 점점 접근하기가 쉬워졌다. 하여 병원이 밤이면 막을 내릴 수 있는 무대장치라고 느끼는 의사 수는 차츰 줄어들고 있다.[9]

'무대장치'가 표현 장치 가운데 배경이 되는 부분이라면, '개인 앞 무대personal front'는 공연자와 즉각 동일시할 수 있고 공연자가 가는 곳이면 어디든 당연히 따라다니는 항목들이다. 공연자의 개인 앞무대에 속하는 항목에는 직책이나 직위를 나타내는 표지, 복장, 성·연령·인종 특성, 체구와 태도, 말투, 표정, 몸짓 따위가 있다. 인종 특성처럼 대체로 고정되고 상황이나 시점이 달라도 변하지 않는 신호수단이 있는가 하면, 얼굴 표정처럼 대체로 유동적·일시적이며 공

---

8 H. E. Dale, *The Higher Civil Service of Great Britain*(Oxford: Oxford University Press, 1941), p.50.

9 David Solomon, "Career Contingencies of Chicago Physicians"(unpublished Ph. D. dissertation, Department of Sociology, University of Chicago, 1952), p.74.

연 도중 시시각각 변하는 신호 수단도 있다.

개인 앞무대의 자극적 요소는, 편의상 전달하는 정보의 기능에 따라 '겉모습'과 '몸가짐'으로 구분할 수 있다. '겉모습'은 공연자의 사회적 지위를 즉각 알려주는 요소라 할 수 있다. 또한 겉모습은 개인의 의례 상황을 알려준다. 다시 말해, 개인이 공식 사교활동을 하는 중인지, 업무를 보고 있는지, 격식에 구애받지 않고 노는 중인지, 계절이나 생의 전환점을 기다리는 중인지 알려준다. '몸가짐'은 앞으로의 상호작용 상황에서 공연자가 어떤 역할을 연기할지 예상할 수 있게 해주는 요소다. 오만하고 적극적인 몸가짐은 공연자가 구두 상호작용의 시작과 과정을 주도하려 한다는 인상을 준다. 온순하고 겸손한 몸가짐은 공연자가 다른 사람들이 이끄는 대로 따르거나 적어도 따르도록 유도할 수 있겠다는 인상을 준다.

물론 우리는 대개 겉모습과 몸가짐의 일관성을 기대한다. 상호작용하는 사람들 사이에서 사회적 지위의 차이가 곧 상호작용상의 역할 차이와 일치하는 형태로 표현되기를 기대하는 것이다. 중국 도시 거리를 지나는 한 고관대작의 행차를 묘사한 다음 글을 보자. 개인 앞무대의 일관성이 잘 표현돼 있다.

그 뒤를 바짝 따르는 (중략) 교꾼 여덟 명이 멘 고관의 화려한 가마가 텅 빈 거리를 채운다. 고관은 고을의 수령이고 실질적으로 절대 권력을 쥐고 있다. 완벽한 고관의 모습이다. 큼직한 풍채에다 신하들의 기강을 장악한 고관이라면 마땅히 갖추어야 할 근엄하고 완고한 표정을 짓고 있다. 마치 범죄자를 처형장으로 압송하는 길이라도 되는 양

준엄하고 추상같은 모습이다. 고관대작이 대중 앞에 나설 때 풍기는 기운이 바로 이런 것이다. 중국에서 여러 해를 보냈지만, 나는 최고위직에서 말단직에 이르기까지 공식 거리 행차 도중에 미소를 띠거나 사람들에게 연민의 표정을 보이는 양반들을 본 적이 없다.[10]

겉모습과 몸가짐이 상반되는 경우도 물론 있다. 관객보다 지위가 높아 보이는 공연자가 뜻밖에도 평등하고 친밀하고 공손한 몸가짐을 보이거나 자기보다 지위가 높은 사람 앞에서 높은 지위에 어울릴 차림새를 과시하기도 한다.

우리는 겉모습과 몸가짐의 일관성뿐만 아니라, 겉모습, 몸가짐, 무대장치의 일관성도 어느 정도 기대한다.[11] 이 같은 일관성은 일종의 이념형으로서 우리로 하여금 예외 사례에 흥미를 느끼게 하고 주목하게 한다. 신문기자들이 그 방면의 연구를 도와준다. 신문기자들은 무대장치, 겉모습, 몸가짐이 일치하지 않은 예외적인 명사들에게서 통쾌와 매혹 그리고 잘 팔릴 기삿거리를 얻는다. 예를 들면, 《뉴요커New Yorker》는 엠파이어스테이트 빌딩의 매각을 주도한 부동산 중개인 로저 스티븐스Roger Stevens의 이력을 소개하면서 그가 작은 집에 살고, 사무실도 초라하고, 상호가 인쇄된 서류 용지조차 없다는 논평을 덧붙인다.[12]

---

10 J. Macgowan, *Sidelights on Chinese Life*(Philadelphia: Lippincott, 1908), p.187.

11 Kenneth Burke "scene-act-agent ratio," *A Grammar of Motives*(New York: Prentice-Hall, 1945), pp.6-9.

12 E. J. Kahn, Jr., "Closings and Openings," *The New Yorker*, February, 13 and 20, 1954.

사회적 앞무대를 구성하는 여러 부분을 좀 더 충실히 살펴보려면 앞무대가 전달하는 정보의 중요한 특성, 이른바 정보의 추상성과 보편성을 알아두는 게 좋다.

다소 예외는 있겠지만, 아무리 전문화되고 독특한 배역 연기일지라도 사회적 앞무대에서만은 다른 종류의 배역 연기와 똑같이 부각시키는 면모가 있다. 이를테면, 서비스 직종은 대부분 고객에게 청결함, 세련됨, 유능함, 진실함을 부각하고 극적으로 표현한다. 실상 이런 추상적 기준들은 직업적 공연의 성격에 따라 각기 중요성이 다르지만, 보는 사람은 추상적인 유사성에 더 주목한다. 보는 사람은 더러 손해를 볼 때가 있을지라도 그러는 편이 훨씬 편하다. 공연자나 공연 내용의 사소한 차이에 따라 기대와 대응 방식을 달리하는 대신, 상황을 넓은 범주에 넣으면 손쉽게 과거 경험과 고정관념을 동원할 수 있다. 그러고는 그저 다양한 상황에 대처하기 위해 몇 가지 간소한 앞무대 관련 어휘와 대처 방법만 익혀두면 된다. 최근 런던에서는 굴뚝 청소부와[13] 향수 판매원들에게 실험실용 흰 가운을 입히는 경향이 있다. 이들이 까다로운 업무를 표준화되고 위생적이며 신뢰할 수 있는 몸가짐으로 처리한다는 점을 광고하는 방법이다.

얼마 안 되는 앞무대로 다수의 상이한 연기가 연출되는 경향이 사회 조직에서 자연스럽게 발전한다. 믿을 만한 근거도 있다. 래드클리프브라운Radcliffe-Brown은 개개인에게 고유한 위치를 지정하는 친족 체계 규정은 아주 작은 공동체에는 유용하지만 인구가 늘어남에 따

---

13 Mervyn Jones, "White as a Sweep," *The New Statesman and Nation*, December 6, 1952.

라 지위 확인과 대우 방식을 단순화하는 수단으로 씨족 분할이 필요해진다는 사실을 지적했다.[14] 분할하는 경향은 공장, 병영, 기타 대규모 사회 기관에서도 볼 수 있다. 조직의 설립자들은 실무진과 관리직의 지위에 따라 각기 별도의 식당, 봉급 체계, 휴가 규정, 위생시설 들을 둘 수 없음을 안다. 그러나 동시에 지위가 다른 이들을 나누지 않고 한 범주로 취급해서도 안 된다고 생각한다. 그래서 나오는 타협책이, 여러 종류의 다양성을 결정적으로 중요한 몇 개 범주로 줄이고 그 범주에 드는 이들에게 동일한 사회적 앞무대를 허용하거나 의무화하는 것이다.

배역 연기의 형태가 다를지언정 사용되는 앞무대는 동일할 수 있다. 뿐만 아니라 특정한 사회적 앞무대는 상투화된 추상적 기대로 제도화되어 어느 한 시점의 구체적 업무와는 별도의 의미와 안정성이 생기기도 한다. 앞무대가 '집합적 표상collective representation'이자 본질적 속성이 되는 것이다.

행위자가 주어진 사회적 역할을 받아들인다면, 그는 그 역할에 이미 정해진 앞무대가 있음을 아는 것이다. 역할을 택하는 일차적 동기가 주어진 과제를 잘 해내려는 욕망에 있든, 역할에 따르는 앞무대를 지키려는 욕망에 있든, 행위자는 둘을 모두 해내야 함을 알 것이다.

더 나아가, 개인이 자기에게 새로울 뿐만 아니라 사회에서도 전례 없는 과제를 맡아 과제에 대한 관점을 바꾸고 부각시키려 한다 치자.

---

14 A. R. Radcliffe-Brown, "The Social Organization of Australian Tribes," *Oceania*, I, p.440.

그러면 그는 이미 잘 갖춰진 여러 앞무대 가운데 선택을 해야 한다. 새로운 과제라 해도 주어진 앞무대 자체가 새로운 경우는 드물다.

앞무대는 창조되는 것이 아니라 선택되는 것이다. 그래서 과제를 맡은 사람이 매우 상이한 여러 앞무대 가운데서 적합한 유형을 선택해야 할 때 문제가 생길 수 있다. 군대 조직에서는 과제 수행에 필요한 권위와 기량이 한 계급에는 그들의 앞무대에 비해 넘치고 다음 계급에는 그들의 앞무대에 비해 처지는 임무가 생기곤 한다. 계급별로 앞무대의 격차가 상당히 크기 때문에 임무도 '계급에 넘치거나' 미흡하게 되는 셈이다.

마땅치 않은 여러 선택지 가운데 적절한 앞무대를 선택해야 하는 경우의 딜레마를 보여주는 흥미로운 사례가 있다. 미국 의료 기관에서 행해지는 마취 작업을 한번 살펴보자.[15] 어떤 병원에서는 아직도 간호사들이 마취를 실시한다. 간호사들은 그들의 실제 업무와 상관없이 봉급도 낮고 의사들에게 복종하도록 앞무대가 정해진 상태에서 마취를 실시한다. 마취학을 의과대학의 전문의 분야로 정착시키기 위해 관련 종사자들은 마취 작업이 의사들과 동일한 의례적·경제적 보상이 필요할 만큼 복잡하고 필수불가결한 작업이라는 점을 강력하게 주장해왔다. 간호사가 지키는 앞무대와 의사가 지키는 앞무대의 차이는 크다. 간호사들이 받아들이는 많은 일들이 의사에게

---

15 이 문제를 철저하게 다룬 글이 있다. Dan C. Lortie, "Doctors without Patients: The Anesthesiologist, a New Medical Specialty,"(unpublished Master's thesis, Department of Sociology, University of Chicago, 1950). 그리고 마크 머피 (Mark Murphy)가 3회에 걸쳐 연재한 닥터 로벤스타인(Dr. Rovensteine)의 전기 ("Anesthesiologist," *The New Yorker*, October 25, November 1, 8, 1947)를 참조.

는 **품격을 떨어뜨리는** 일이다. 일부 의료인들은 마취 작업을 하기에 간호사는 너무 '지위가 낮고' 의사는 너무 '지위가 높다'고 여겼다. 의사와 간호사 중간쯤 되는 지위가 있었다면 문제의 해결책을 쉽게 찾았을 것이다.[16] 마찬가지로, 캐나다 군대의 계급 체계에 중위와 대위의 중간계급이 있어서 계급장 2개, 3개 대신 2개 반짜리를 붙일 수 있었다면 치과병과 소속 장교들 가운데 지위가 낮은 소수인종 출신도 더 적합한 계급 지위를 부여받았을 것이다.

공식 조직이나 사회의 관점을 강조하거나 한정된 범위의 신호 수단밖에 없는 개인이 언제나 불행한 선택을 하게 된다는 말은 아니다. 필자가 연구한 소농 공동체에서는 친구가 방문하면 주인이 보통 독한 술이나 포도주, 집에서 거른 약한 술이나 차를 권하곤 했다. 손님이 지위가 높거나 잠시나마 의례를 베풀어야 할 손님일 경우 독한 술을 대접받았다. 독한 술을 사둘 형편이 못 되는 농가에서 손님에게 최상의 예우를 베풀 수단이 포도주밖에 없을 때에는 문제가 불거진다. 그러나 그보다 더 심각한 문제는, 격이 높은 술을 대접하기엔 손님의 지위가 낮고, 격이 낮은 음료를 대접하기엔 손님의 지위가 높을 때 생기곤 했다. 그럴 때 주인은 값비싼 신호 수단과 값싼 신호 수단을 뒤바꿔 사용할 위험이 있다. 그러면 손님은 모욕감을 느낄 것이다. 비슷한 상황은 미국 사회의 중간계급에게도 있다. 손님을 초대한 안주인이 은제 식기류를 내놓을지 말지, 최상의 옷을 차려입

---

16 어떤 병원에서는 인턴과 의과대학생들이 의사보다는 낮고 간호사보다는 높은 지위에서 일한다. 그들의 하는 일은 그다지 많은 경험이나 임상 훈련이 필요치 않다. 그러나 훈련 과정 이수 중인 의사라는 중간적 지위가 상설된 병원에서는 누구나 잠시 그 지위를 거친다.

을지 그저 평범한 옷을 입을지 결정하기 어려울 때가 있는 것이다.

지금까지 나는 사회적 앞무대는 통상 무대장치, 겉모습, 몸가짐으로 구분할 수 있다는 점, 그리고 동일한 앞무대로 상이한 형태의 배역 연기가 공연되기도 하므로 공연의 구체적 성격과 통상의 사회화된 모습이 완벽하게 일치하지만은 않는다는 점을 지적했다. 이 두 가지 사실을 함께 고려하면, 사회적 앞무대 항목들은 특정 사례에 국한되지 않고 배역 연기 전반에서 두루 발견할 수 있을 뿐만 아니라 배역 연기 종류에 따라 사회적 앞무대가 같아도 신호 수단이 다른 경우가 있음을 알 수 있다. 이를테면, 변호사는 법률적 목적만을 위해 마련된 사회적 무대에서 고객과 상담하지만, 그럴 때의 옷차림이 동료 변호사들과 회식하는 자리나 아내를 동반하고 극장에 갈 때에도 적절하다. 또 벽에 그림을 걸고 바닥에 카펫을 까는 사무실의 실내장식은 가정에서도 볼 수 있다. 물론, 극히 의례적 행사의 경우는 무대장치, 겉모습, 몸가짐이 모두 매우 독특하고 한 가지 배역 연기만으로 이루어지지만, 그렇게 특별한 신호 수단의 사용은 규칙이라기보다는 예외에 속한다.

극적 효과의 실현

개인은, 남들과 함께 있으면 보통 눈에 띄지 않고 묻혀버릴지도 모를 사실을 극적으로 톺아내고 확인시켜줄 신호를 자기 행동에 섞는다. 자기 행동을 남들이 중요하게 받아들이게 하려면, 개인은 **상호작용을 하는 동안** 자기가 전하고 싶은 의사를 표현할 행동을 해야 한다. 실제로 공연자는 상호작용에서 자기가 지녔다고 주장하는 능력을, 그것도 눈 깜짝할 사이에 표현할 수 있어야 한다. 심판이 야구 경기에서 확신에 따라 판정한다는 인상을 주려면, 자기 판정이 옳은지 생각하느라 머뭇거리는 순간이 없어야 한다. 심판이 즉각 판정을 해야 관중도 그의 판정을 믿는다.[17]

핵심 업무를 극화하는 데 아무런 문제가 없는 지위가 있다는 것도 주목할 만하다. 핵심 업무를 완수하는 본질적 수단이면서 동시에 의사소통의 관점에서 공연자의 자질과 속성을 생생하게 전달하는 수단으로도 훌륭한 연기가 있다. 프로 권투 선수, 외과 의사, 바이올린 연주자, 경찰의 역할 따위가 이에 해당한다. 이들이 하는 활동에는 극적인 자기 표현이 대폭 허용된다. 하여 실제 인물이든 가공 인물이든, 그 본보기를 잘 보여준 사람들은 유명 인사가 되고 환상을 상업화한 작품에서 특별한 위상을 누리기도 한다.

그러나 업무를 극화시키기 어려운 경우가 더 많다. 한 병원 연구에, 외과 간호사에게는 문제가 되지 않을 일도 내과 간호사들에게는 문제가 될 수 있음을 보여주는 실례가 있다.

외과 수술을 마친 환자에게 간호사가 해주는 조치는 대개 병원 일을 잘 모르는 환자들 눈에도 그 중요성이 뚜렷이 보인다. 환자는 간호

---

17 조 킹(Joe King)에게 베이브 피넬리(Babe Pinelli)가 들려준 이야기. *Mr. Ump* (Philadelphia: Westminster Press, 1953), p.75.

사가 붕대를 갈고, 교정 장치를 바로잡는 것을 본다. 그리고 조치의 목적도 알 수 있다. 심지어 간호사가 환자 곁을 지키지 않는다 해도 환자는 그것을 의미 있는 행동으로 존중할 수 있다.

내과 간호 업무도 숙련도가 높은 일이다. (중략) 외과 의사는 육안에 의존하는 경우가 많지만, 내과 의사는 오랜 시간에 걸쳐 증상을 세심하게 관찰해서 진단을 내려야 한다. 내과의 문제는 바로 이 눈에 보이지 않는 증상을 다룬다는 점에 있다. 환자는 담당 간호사가 옆 병상의 환자와 잠시 잡담을 나누는 모습을 본다. 또 환자는 간호사가 그의 얕은 숨과 안색을 관찰한다는 사실을 알아차리지 못하고 그저 간호사가 자기 병상을 방문하는 것일 뿐이라고 생각한다. 그래서 환자의 가족도 간호사들에게서 좋은 인상을 받지 못하니 딱하다. 간호사가 자기 병상보다 옆 병상에서 더 긴 시간을 보내면 환자는 자기가 무시당한다고 느낄 것이다. (중략) 피하주사를 놓는 따위의 눈에 보이는 일들로 점수를 따지 않는다면 간호사는 그저 '시간을 낭비하는' 사람처럼 보인다.[18]

이와 비슷하게 서비스 업체의 업주도 실제로 고객에게 제공하는 서비스를 극화하는 데 어려움을 겪는다. 서비스 제공에 들어간 간접 비용을 고객이 '볼' 수 없기 때문이다. 장의사들은 잡다한 장례 업무에 드는 경비를 손쉽게 극화할 수 없으니 시신을 안치한 관처럼 가

---

18 Edith Lentz, "A Comparison of Medical and Surgical Floors"(Mimeo: New York State School of Industrial and Labor Relations, Cornell University, 1954), pp.2-3.

장 눈에 띄는 물품에 높은 가격을 매긴다.[19] 보험이나 불황기처럼, 업체를 유지하는 데 필요하지만 고객 눈에 보이지 않는 많은 경비를 충당하기 위해 상인들 역시 원래 비싸 보이는 물건에 높은 가격을 책정하기도 한다.

업무의 극화에는 단순히 보이지 않는 경비를 보이게 만드는 것 이상의 문제가 있다. 업무의 의미를 담당자가 원하는 대로 표현하기에는 그의 지위가 너무 미미할 때가 있다. 그럴 경우, 업무 담당자는 자기의 역할을 극화하는 데 상당한 에너지를 쏟아야 한다. 의사소통에 공을 들이는 행동은 종종 극화하려는 내용과는 별도의 속성을 필요로 할 때가 많다. 단순하고 소박하지만 품격이 드러나도록 집을 꾸미려는 집주인은 경매에 참가하고, 골동품 상인과 흥정하고, 어울리는 벽지와 커튼을 고르기 위해 지역의 여러 가게를 끈질기게 돌아다니며 조사도 해야 한다. 방송에서 격의 없이 자연스럽고 편안하게 이야기를 하려는 사람은 이야기의 내용, 말투, 리듬, 속도를 조절하기 위해 문장 하나하나를 꼼꼼하게 살피고 공들여 각본을 짜야 한다.[20] 마찬가지로, 잡지 《보그Vogue》의 모델은 자기가 포즈로 들고 있는 책을 이해할 정도의 교양이 있음을 옷차림, 자세, 얼굴 표정으로 드러낼 수 있어야 한다. 그런데 적절한 표현을 하기 위해 그토

---

19 이 글에서 계속 사용한 장의 사업에 관한 자료는 다음 글 참조. Robert W. Habenstein, "The American Funeral Director," unpublished Ph. D. dissertation, Department of Sociology, University of Chicago, 1954. 장례를 일종의 공연으로 본 하벤스타인의 분석에서 도움을 많이 받았다.

20 John Hilton, "Calculated Spontaneity," *Oxford Book of English Talk* (Oxford: Clarendon Press, 1953), pp.399-404.

록 고생하는 당사자는 정작 책을 읽어볼 시간이 별로 없다. 사르트르J. P. Sartre는 이렇게 말한다. "경청하는 것처럼 보이고 싶은 학생은 눈으로 선생을 응시하고, 귀는 사방으로 열어둔다. 그렇게 경청하는 학생 연기를 하느라고 진을 뺀 나머지 그는 결국 아무것도 듣지 못한다."[21] 그처럼 사람들은 종종 표현을 택할지 아니면 행위를 택할지 선택의 딜레마에 빠진다. 과제를 잘 해낼 시간과 재능이 있는 사람이라도, 과제에 집중하느라고 잘하는 모습을 연출할 능력이 없을 수 있다. 이런 딜레마를 해결하기 위해 일부 조직에서는 극화 기능을 업무 담당자가 아니라 업무의 의미 표현을 전담하는 전문가에게 공식적으로 위임한다고 한다.

준거틀을 잠시 특정 공연에서 공연을 하는 사람으로 옮겨보자. 서로 다른 일련의 배역 연기를 하며 공연에 협력하는 사람들이 속한 집단과 계급에 관해 흥미로운 사실을 발견할 수 있다. 어떤 집단이나 계급 성원들은 자아를 주로 특정 배역 연기에만 투여하고 나머지 배역 연기에는 별로 관심을 기울이지 않는다. 전문직 종사자는 거리나 가게, 자기 집에서는 기꺼이 평범한 역할에 머물지만, 전문직으로서 능력을 과시할 사회적 영역에서는 인상적인 모습을 연출하는 데 온 신경을 집중한다. 인상적인 모습을 보여주기 위해 동원하는 행동을 하더라도, 본인의 직업적 명성을 좌우할 배역 연기에만 관심을 집중하지 다른 면에는 별로 신경을 쓰지 않는다. 이것이 바로 일부 작가들이 귀족적 습관을 지닌 사람들과 중간계급의 습관을 지

---

21 Sartre, 앞의 책, p.60.

닌 사람들로 집단을 나누는 기준이다. 귀족적 습관이란, 다른 계급의 특성과는 거리가 먼 온갖 사소한 행동을 하고, 그렇게 활동함으로써 성격, 권력, 높은 지위가 배어 나오게 하는 것을 의미한다.

귀족 청년이 자기 계급의 위엄을 지키고, 자기에게는 동료 시민들보다 우월한 지위를 누릴 자격과 그를 키워준 조상들에게서 전수받은 덕목이 있음을 보여주려면 어떤 소양을 갖춰야 할까? 지식인가, 부지런함인가, 참을성인가, 자제력인가 아니면 다른 덕목인가? 그는 자기의 모든 말과 움직임이 주목받기 때문에 평상시 행동에도 항상 주의를 기울이는 습관을 들이고 사소한 임무라도 엄격하게 예절을 지키며 행하는 법을 익힌다. 자기가 얼마나 관찰당하고 있는지, 얼마나 많은 사람들이 자기의 성향에 호감을 보이는지 의식하기 때문에 별로 대수롭지 않은 상황에서도 자유와 고귀함이 저절로 배어 나오게 행동한다. 그가 풍기는 분위기, 몸가짐, 품행은 모두 그의 탁월함과 우아하고 고상한 감각을 보여주는 징표로서, 열등한 지위에 있는 사람들로서는 도저히 지닐 수 없는 소양이다. 이런 소양이 그의 권위에 사람들을 손쉽게 굴복시키고 사람들의 성향을 그의 입맛대로 다스릴 수 있는 기술이다. 그의 기대가 어긋나는 경우는 드물다. 보통 때 세상을 지배하는 데는 계급 지위와 탁월한 기량만으로도 충분하다.[22]

이와 같은 대가들이 실제로 존재할까. 그렇다면 그들은 평범한 행동을 공연으로 변형시키는 기법을 가르쳐주기에 더할 나위 없이 좋

---

22 Adam Smith, *The Theory of Moral Sentiments*(London: Henry Bohn, 1853), p.75.

은 집단일 것이다.

이상화

나는 앞에서, 배역 연기란, 공연자가 앞무대를 통해 다른 유형의 배역 연기에서도 하기 마련인 다소 추상적인 주장을 제기하는 것이라고 지적했다. 이것이 바로 사회가 이해하고 기대하는 틀에 들어맞도록 공연이 이루어지고, 수정되고, '사회화'되는 방식이다. 이러한 사회화 과정에서 하나 더 살펴보고 싶은 중요한 면모는, 공연자들이 여러 방식으로 이상화Idealization된 인상을 보여주려는 경향이 있다는 점이다.

공연은 상황을 이상화해 연출하는 것이라는 관념은 물론 매우 보편적인 관점이다. 쿨리Cooley의 이러한 관점도 한 예이다.

만약 우리가 본래의 자신보다 조금이라도 더 좋은 모습을 보이려고 노력하지 않는다면, 어떻게 우리가 '외부 요소를 내면화해 자기를 단련하고' 더 나은 사람이 될 수 있겠는가? 좀 더 나은, 이상화된 자신의 면모를 세상에 보여주려는 충동이 다양한 직업과 계급 구성원들의 조직화된 표현 방식에서 발견된다. 계급과 직업 특유의 위선적 어법과 가식적인 태도는, 대부분 구성원들이 무의식적으로 취하는 것처럼 보이지만, 실은 바깥세상에서 쉽게 믿는다는 점에 편승하는 음모의 효과다. 신학과 자선사업은 물론이고, 법, 의학, 교육, 심지어 과학 분야에도 위선적 어법이 있다. 특히 현재의 과학 분야에서 위선적 어법이 쓰이는 이유는, 아마도 인정과 존경을 받는 특별한 장점이 함축된 어법일수록 문외한에게는 더 대단하게 여겨진다는 데 있을 것이다.[23]

따라서 개인이 남들 앞에서 자신을 연출하는 공연은, 사실상 그의 행동 전체에 비해 사회에서 공식적으로 인정된 가치를 더 많이 포함하고 입증하려는 경향이 있다.

한 사회의 보편적 공식 가치를 부각시킬 정도의 공연이라면, 뒤르켐Durkheim과 래드클리프브라운과 마찬가지로, 우리는 그 공연이 공동체의 도덕적 가치를 생생한 표현으로 재확인해주는 의례라고 볼 수 있다. 공연에서 표현된 특성이 실체로 받아들여지면, 그 순간 그 자리는 축하 행사의 성격을 띨 것이다. 개인이 파티가 열린 장소를 떠나 홀로 자기 방에 머물거나 고객을 상대하던 곳을 떠나 자기 방으로 물러난다는 것은, 공연되는 실체로부터 물러난다는 뜻이다. 세상은 사실상 결혼식이나 다름없다.

사회적 지위 이동을 다룬 문헌들에 이상화된 공연 사례가 풍부하게 담겨 있다. 어떤 사회에나 보편적 계층 체계가 있고, 계층화된 사회에서는 대개 상위 계층에 대한 이상화와 상위 계층으로 이동하려는 하위 계층의 열망이 있다. (우리는 그 열망이 영예로운 지위에 대

---

23 Charles H. Cooley, *Human Nature and the Social Order*(New York: Scribner's 1922), pp.352-353.

한 욕구일 뿐만 아니라 사회의 보편적 가치가 간직된 성스러운 중심 위치에 접근하려는 욕구이기도 하다는 점에 주목해야 한다.) 대개 지위의 상승 이동에는 적절한 공연이 포함된다. 또한 지위 상승을 위한 노력과 지위 하강을 막으려는 노력은 각 지위에 허용된 앞무대를 유지하기 위해 치르는 희생으로 나타난다. 일단 적절한 신호 수단을 알아내고 관리하는 데 익숙해진 사람은, 그 신호 수단을 사용해 일상 공연을 자기에게 유리한 사교 스타일로 장식하고 조명할 수 있다.

사회 계급과 결부된 가장 중요한 신호 수단은 아마도 물질적 부를 드러내는 지위 상징일 것이다. 이러한 점에서, 다른 사회와 다를 바 없는 미국 사회는 부를 지향하는 계급 구조의 극단적 사례로 지목되곤 했다. 아마도 미국에서는 부와 경제적 능력의 상징을 이용할 수 있는 자유가 널리 허용되기 때문일 것이다. 반면 인도는 개인이 아니라 카스트 수준에서 지위 이동이 이루어진다. 뿐만 아니라 지위를 연출하는 공연에서도 비물질적 가치를 담아내곤 하는 사회로 알려져 있다. 최근 한 인도 연구자는 다음과 같은 예를 든 바 있다.

카스트 체계는 각 카스트의 위치가 항상 고정되어 있는 경직된 체계가 결코 아니었다. 특히 중간 카스트들의 경우 지위 이동은 언제나 가능했다. 낮은 카스트라도 채식과 금욕을 실천하고 산스크리트식 의례를 행하고 신전을 모시면 한두 세대 안에 상위 카스트로 이동할 수 있었다. 요컨대, 낮은 카스트가 브라만의 관습, 의식, 신앙을 최대한 받아들이고, 그들에게 원칙적으로 금지된 브라만의 생활양식을 택하는 경우가 흔했다. (중략)

하위 카스트가 상위 카스트를 모방하려는 경향이 산스크리트식 의례와 관습을 확산시키고, 모든 카스트 계급과 인도의 전 지역을 포괄하는 문화적 통일성을 어느 정도 달성하는 데 강력한 요인으로 작용했다.[24]

물론, 힌두교도들 가운데는 일상 공연에 부, 사치, 계급 지위 표현이 배어들도록 하는 데 관심을 쏟고 금욕주의적 순결성 따위를 하찮게 여기는 이들이 많다. 마찬가지로, 미국에서도 영향력 있는 집단 가운데는 구성원들이 혈통·문화·도덕적 기준을 지킨다는 인상을 주기 위해 단순한 물질적 부를 하찮게 여기는 모습을 보여야 한다고 여기는 집단도 늘 있었다.

아마도 오늘날 주요 사회에서 볼 수 있는 지위 상승 지향성 때문에, 우리는 공연자가 자기보다 더 높은 계급 지위에나 어울릴 공연을 과장되게 연출한다고 생각한다. 그러니 과거 스코틀랜드에서 이루어지던 가정사 공연의 세세한 내용을 알게 된들 별로 놀랍지 않다.

한 가지는 확실하다. 평균치에 속하는 지주들은 손님 접대를 할 때와는 달리 평소에는 훨씬 검소하게 살았다는 점이다. 손님이 오면 수준을 높여 중세 귀족의 연회를 떠올릴 정도의 요리를 내놓는다. 그러나 중세 귀족들처럼 그들도 잔치가 없는 기간에는 지극히 소박한 음식을 먹으면서 "집안 비밀을 지키라"라는 격언을 실천했다. 비밀은 잘

---

24 M. N. Srinivas, *Religion and Society Among the Coorgs of South India* (Oxford: Oxford University Press, 1952), p.30.

지켜졌다. 스코틀랜드 사람들 일이라면 속속들이 알고 있던 에드워드 버트조차 그들이 매일 어떤 음식을 먹는지는 알 수 없었다. 그가 확실하게 말할 수 있는 건, 그저 잉글랜드인들을 접대할 때면 그들이 음식을 엄청나게 많이 차려내곤 했다는 사실뿐이다. 그는 이런 말도 덧붙였다. "그들이 우리네 살림살이를 깔보지 못하도록 차라리 소작인들을 탈탈 털겠노라고 한다는 소리도 들렸다. (중략) 그러나 내가 고용인들에게서 들은 바로는, 그들이 아직도 하인 대여섯 명의 시중을 받기는 하지만 평소 다양하게 조리된 오트밀이나 절인 생선이 전부인 값싸고 소박한 식사를 한다는 것이다."[25]

사실, 여러 부류의 사람들이 겸손한 태도를 체계적으로 훈련하고 부·능력·강인한 정신력·자부심 따위의 표현을 삼가며 조심스럽게 행동하는 데는 여러 이유가 있었다.

미국 남부의 흑인들은 백인과 상호작용하는 동안에는 무지하고 무능하고 태평한 척해야 한다고 느끼기도 한다. 이는 스스로 수락할 수 있는 수준보다 낮은 지위를 부여받은 사람이 그 낮은 지위에 함축된 이상적 가치를 얼마나 잘 연기해낼 수 있는지 보여주는 사례다. 이와 비슷한 현대판 가장 무도회도 있다.

보통 '백인 직종'으로 간주되는 상위 직무에 경쟁이 붙으면 상위 직무임에도 낮은 지위 상징을 스스로 선택하고 받아들이는 흑인들이 있다. 잡역부의 호칭과 임금 수준을 받아들이는 흑인 발송 계원도 있

---

25 Marjorie Plant, *The Domestic Life of Scotland in the Eighteenth Century* (Edinburgh: Edinburgh University Press, 1952), pp.96-97.

고, 가사도우미 취급을 감수하는 흑인 간호사도 있고, 백인 환자의 집을 방문할 때면 밤중에 뒷문으로 드나드는 흑인 수족 치료사도 있다.[26]

미국 사회의 여대생들은 예나 지금이나 데이트 상대가 될 만한 남학생 앞에서는 자신의 지성, 재능, 결단력을 좀체 드러내지 않는다. 가볍다는 세평과 달리 속 깊은 심리적 소양을 갖추고 있다.[27] 여학생들은 자기가 이미 알고 있는 내용을 남자 친구가 지루하게 설명해도 참고 들어주며, 수학에 젬병인 상대 앞에서는 자기의 수학적 재능을 감추고, 탁구 게임에서는 마지막 순간에 상대에게 져준다.

가장 멋진 기교 가운데 하나는 가끔가다 한 번씩 긴 단어의 철자를 틀리게 쓰는 것이다. 그럴 때 내 남자 친구는 엄청난 쾌감을 느끼는 것 같다. 단어를 다시 써 보이며 '이봐, 너 철자도 모르는구나' 한다.[28]

이 모든 연극을 통해 남성은 천부적 우월성을 과시하고 여성은 열등한 역할을 확인한다.

나는 이와 비슷한 이야기를 셰틀랜드 섬사람들에게서도 들었다. 그들의 조부는 늘 집을 더 좋아 보이게 개량하지 말라고, 지주들이

---

26 Charles Johnson, *Patterns of Negro Segregation*(New York: Harper Bros., 1943), p.273.

27 Mirra Komarovsky, "Cultural Contradictions and Sex Roles," *American Journal of Sociology*, LII, pp.186-188.

28 같은 책, p.187.

집세를 더 올려도 되겠다는 신호로 받아들일 만한 빌미를 주지 말라고 말하곤 했다. 이런 전통이 아직도 약간 남아 있어서, 주민들이 섬의 생활지원 담당관 앞에서 빈곤 쇼를 연출할 때가 있다. 그러나 더 중요한 현상은 이제 생존을 위한 농사, 끝도 없고 낙도 없는 척박한 노동, 생선과 감자로 때우는 끼니, 이 모든 전통을 포기해버린 지 오래인 남성들이 있다는 점이다. 그런데도 이들은 공개된 장소에서는 소농 지위를 상징하는 옷차림으로 양털 안감을 댄 가죽조끼를 종종 입고 긴 고무장화를 신곤 한다. 그들은 공동체 앞에서 동료 섬 주민들의 사회적 지위에 아무 '거리낌' 없이 충성하는 인물로 자신을 연출한다. 그들이 연기하는 배역은 진지함, 따뜻함, 적당한 대화, 대단한 절제력을 지닌 인물이다. 하지만 호젓한 자기 집 부엌으로 돌아가면 섬 주민에 대한 충성심을 풀고 이제는 익숙해진 중간계급의 현대식 안락을 즐긴다.

물론 미국에서도 경제 대공황 시대에는 이와 같은 종류의 부정적 이상화가 흔했다. 복지 기관 직원의 방문을 받은 빈곤 가구는 빈곤을 과장하고 소득 조사가 있으면 빈곤 쇼를 벌이곤 했다.

빈곤 관리국의 한 조사관은 이 문제와 관련해 경험한 흥미로운 사례를 보고했다. 조사관은 이탈리아계 여성이지만 흰 피부에 금발머리여서 이탈리아인처럼 보이지 않았다. 그녀의 주 업무는 연방정부의 긴급구호사업 대상에 오른 이탈리아계 가족들을 조사하는 것이었다. 그녀는 이탈리아인처럼 보이지 않았기 때문에 구호 대상 가족들이 마음 놓고 이탈리아 말로 하는 이야기를 듣고서 구호 사업에 대한 그들의 태도를 탐지할 수 있었다. 예를 들자면, 조사관이 거실에서 주부와 대화를 나누다 보면 주부가 아이를 불러 인사를 시키기에 앞서 아이에게 낡은 신발을 신고 나오라고 경고하는 소리를 듣고, 집에 들어설 때 집주인이나 부인이 뒷마당에 있는 누군가에게 와인이나 음식을 치우라고 말하는 소리를 듣는다.[29]

또 다른 사례로 쓰레기 수거 사업에 관한 최근 연구를 통해 쓰레기 수거업자들이 자기네 형편에 딱 들어맞는다고 느끼는 인상이 어떤 종류인지 알 수 있다.

쓰레기 수거업자는 '쓰레기'의 실제 금전가치에 관한 정보가 일반 대중에게 알려지는 것을 극도로 꺼린다. 쓰레기란 아무런 가치가 없는 것이고 그러니 쓰레기를 처리하는 이들은 '빈털터리'이며 동정을 받아야 할 존재라는 신화가 계속 유지되기를 바란다.[30]

이런 인상에는 이상화된 측면이 있다. 공연이 성공을 거두려면 불운한 빈자에 관한 관찰자의 극단적 고정관념에 들어맞는 장면을 공연자가 실감나게 보여주어야 한다.

이상화된 배역 연기의 사례로 길거리 거지들의 공연만큼 사회학을 매혹시키는 것도 달리 없을 것이다. 그러나 20세기에 접어들면서

---

29 E. Wight Bakke, *The Unemployed Worker* (New Haven: Yale University Press, 1940), p.371.

30 J. B. Ralph, "The Junk Business and the Junk Peddler" (unpublished M. A. Report, Department of Sociology, University of Chicago, 1950), p.26.

서구 사회에서 거지들의 무대는 그 극적인 성격이 사라진 것 같다. 오늘날 우리는 남루하지만 깨끗하게 세탁한 옷을 입고 아이들 얼굴은 비누로 깨끗이 씻겨 앞세우는 '깔끔한 가족 사기단' 이야기를 듣는 일은 좀처럼 없다. 거지가 옷을 반쯤 벗은 채 더러운 빵 조각을 삼킬 힘조차 없다는 듯 쇠약한 모습을 보이는 장면도, 참새를 쫓아다니며 주워 모은 작은 빵 조각을 곧 먹기라도 할 것처럼 천천히 옷소매로 닦는 장면도 이제는 볼 수 없다. 너무 수줍어서 말도 잘 걸지 못하겠다는 눈빛으로 공손하게 구걸하는 '부끄럼을 타는 거지' 또한 드물다. 거지들이 연출하는 무대에 붙이는 명칭도 부랑, 협잡, 사기, 공갈, 염탐, 강매, 광란 등등 다양한데, 이런 용어는 합법성은 있지만 기교는 부족한 공연을 묘사하는 데 더 적절하다.[31]

개인이 공연에서 이상적 기준을 표현하려면 그 기준과 어긋나는 행동은 그만두거나 감추어야 할 것이다. 표현 기준에 어긋나지만 어떤 식으로든 만족감을 주는 행동이면 몰래 즐긴다. 이를테면, 미국 사회에서 여덟 살 난 아이는 대여섯 살짜리들을 겨냥한 텔레비전 프로그램 따위에는 관심 없노라고 목소리를 높이면서도 아무도 몰래 그런 프로그램을 즐겨 본다.[32] 우리는 또 중간계급 주부들이 남몰래 값싼 커피, 아이스크림, 버터를 사용하여 돈, 수고, 시간을 절약하면서도 차려내는 음식이 고급이라는 인상을 주기 위해 애씀을

---

31 Henry Mayhew, *London Labour and the London Poor*(4 vols.; London: Griffin, Bohn), I(1861), pp.415-417, IV(1862), pp.404-438에 거지들에 관한 상세한 묘사가 나와 있다.

32 시카고 대학, 사회조사연구소의 미발간 보고서. 보고서와 보고서에 실린 자료를 사용할 수 있도록 허락해준 사회조사연구소에 감사드린다.

안다.[33] 바로 그 주부들이 거실 탁자 위에는 문예지 『새터데이 이브 닝 포스트』를 올려놓고 『진실한 연애』('정숙한 여성이라면 멀리 해야 할' 책)는 침실에 숨겨둔다.[34] 이와 비슷한 종류로 힌두교도들 사이에 서 볼 수 있는 '은밀한 소비'도 있다.

그들은 남들이 보는 자리에서는 모든 관습을 잘 지키지만, 남들이 안 보는 곳에서도 관습을 지킬 만큼 양심적이지는 않다.[35]

믿을 만한 소식통에게서 들은 바에 따르면, 작은 회사에서 일하는 브라만 가운데는 신세 지고 있는 수드라 가정에 몰래 가서 밥도 먹고 술도 마시며 거리낌 없이 맘껏 노는 이들이 있다고 한다.[36]

비밀 음주는 금지된 음식 섭취보다는 드물지 않다. 감추기가 어렵 지 않기 때문이다. 하지만 공개석상에서 술에 취한 브라만을 보았다 는 소리는 들은 적이 없다.[37]

최근 킨제이 보고서가 은밀한 소비의 조사 분석 항목에 새로운 성적 흥분제를 포함시켰다는 사실도 덧붙일 수 있겠다.[38]

---

33 사회조사연구소의 미발간 보고서.

34 시카고 대학의 1951년 세미나에서 워너(W. L. Warner) 교수가 보고한 내용.

35 Abbé J. A. Dubois, *Character, Manners, and Customs of the People of India*(2 vols.; Philadelphia: M'Carey & Son, 1818), I, p.235.

36 같은 책, p.237.

37 같은 책, p.238.

38 애덤 스미스는 비행뿐만 아니라 미덕도 감출 수 있다고 지적한다.

"허영심이 많은 사람들은 흔히 내심 좋아하지도 않고 죄의식을 느끼지도 않으면서 그저 멋으로 자기가 방탕을 저지른다는 분위기를 풍기곤 한다. 스스로는 칭찬할 만하다고 여 기지도 않는 행동을 하고서 칭찬받기를 바란다. 그런가 하면 가끔은 마음에서 우러나 유행에 뒤떨어진 미덕을 남몰래 실천하고는 부끄러워하기도 한다." (Adam Smith, 앞의 개인이 공연을 할 때는 대개 부적절한 쾌락이나 가계 형편 말고도 감추는 것들이 더 있다는 데 주목할 필요가 있다. 그렇게 감추는 것 가운데 몇 가지를 보자.

첫째, 은밀한 쾌락과 가계 형편, 이와 더불어 공연자는 관객에게 숨기고, 자기가 관객에게서 구하려는 관점에 어긋나는 이득을 얻으려 행동하기도 한다. 이 점을 아주 재미있고 명쾌하게 보여주는 본보기가 담배와 복권을 함께 파는 잡화점이다. 그런데 이러한 정신은 여러 군데서 발견된다. 놀랄 만큼 많은 노동자들이 스스로의 직업을 도둑맞을 수 있는 장비나 다시 팔릴 수 있는 식재료 같은 것으로, 또는 근무시간을 이용해 즐길 수 있는 여행이나 널리 퍼뜨릴 선전 수단 또는 적당한 영향력을 활용할 인맥 만들기의 수단 같은 것으로 스스로에게 정당화하곤 한다.[39] 이 모든 사례들은 일터와 일터의 공적 활동이란 결국 공연자의 정신적 삶을 감추는 껍데기에 불과하다는 걸 보여준다.

둘째, 공연자는 공연을 시작하기 전에 잘못과 실수를 바로잡는 한편, 그 내막이 드러날 신호들은 감춘다. 그런 식으로 많은 분야에서 그토록 중요한 무오류의 인상이 연출되고 유지된다. 의사는 실수를 파묻는 사람이라는 악평으로 유명하다. 행정 관청 세 곳을 통해 사회적 상호작용을 연구한 최근의 박사학위 논문에서도 실례를 볼

책, p.88)

39 최근 사회복지사를 연구한 두 연구자는 시카고 공공복지 담당자의 비밀 소득원을 가리켜 '가외 돈벌이'라는 용어를 사용한다. Earl Bogdanoff and Arnold Glass, *The Sociology of the Public Case Worker in an Urban Area* (unpublished Master's Report, Department of Sociology, University of Chicago, 1953).

수 있다. 행정 사무관들이 속기사에게 구술한 내용을 받아쓰게 하는 보고서 작성법을 싫어하는 까닭은, 상관은 물론 속기사가 보고서를 보기 전에 자기가 먼저 보고서를 훑어보고 결점을 고치고 싶어서라고 한다.[40]

셋째, 개인이 상대방에게 제품을 보여줄 때는, 마감 처리가 잘되고 포장이 잘된 완제품만 보여주고서 상대가 자기를 판단하도록 유도하려는 경향이 있다. 실제로는 큰 노력을 들일 필요가 없었던 제품일 경우에는 그 사실을 숨긴다. 길고 지루하고 외로운 노동을 감추어야 할 경우도 있다. 학술서적이 좋은 예다. 세련된 편집으로 나온 책 뒤편에는 제 시간에 색인을 완성하기 위해 저자가 감내한 고되고 지루한 작업, 또는 책 표지에 인쇄될 저자 이름의 활자 크기를 놓고 저자와 출판사가 벌인 말씨름 따위가 있었을는지 모른다.

넷째, 겉모습과 실체의 전모가 불일치할 경우가 있다. 물리적으로 더럽고, 불법에 가깝고, 잔인하고, 지저분한 잡일을 처리하지 않고서는 해낼 수 없는 공연이 많다. 그러나 그런 충격적인 사실이 공연에서 나타나는 경우는 거의 없다. 휴스[E. C. Hughes]의 말에 따르면, '지저분한 일'을 아무도 없는 데서 혼자 하든, 하인에게 시키든, 시장을 이용하든, 합법적 적임자 또는 불법 전문가에게 맡기든, 우리는 그 모든 증거를 관객에게 숨기는 경향이 있다는 것이다.

다섯째, 지저분한 일과 밀접한 관련이 있는 겉모습과 실체가 불일치하는 사례가 하나 더 있다. 개인이 실행에 옮겨야 할 이상적 기

---

40 Blau, 앞의 책, p.184.

준이 여러 가지라면, 그리고 훌륭한 모습을 보이려면, 어떤 기준들은 포기해야 다른 공개적인 기준을 지킬 수 있다. 물론 공연자는 흔히 감출 수 있는 기준을 포기하고 잘못하면 감출 수 없는 기준을 지키려 한다. 식당 운영자, 식료품 상인, 정육점 주인 들이 늘 다양한 품목을 구비해놓는다는 확실한 이미지를 고객에게 심어주려면, 감추기 쉬운 불법 공급처를 통해 문제를 해결할 수밖에 없다. 서비스의 품질과 속도가 판단의 기준이라면 속도보다는 품질을 낮출 것이다. 열등한 품질은 감추기 쉽지만 느린 서비스는 감출 수 없기 때문이다. 비슷한 사례는 정신병원에서도 볼 수 있다. 병원의 질서를 지켜야 한다는 기준과 환자를 학대하지 말아야 한다는 기준이 있는데 이 두 가지 기준을 동시에 지키기 어려우면, 담당 간호사들은 다루기 힘든 환자를 굴복시키는 방법으로 학대 증거가 남지 않도록 젖은 수건으로 목을 졸라 환자를 기절시키기도 한다.[41] 학대는 속일 수 있지만 질서는 속일 수 없다.

가장 수월하게 집행할 수 있는 규칙·규제·지시 사항은 준수 여부가 뚜렷하게 남는 것, 이를테면, 병동 청소, 출입문 차단, 알코올 성분 음용, 감금 장치 사용 같은 것들이다.[42]

이런 면을 너무 냉소적으로 보는 관점은 옳지 못하다. 조직의 주

41 Robert H. Willoughby, "The Attendant in the State Mental Hospital"(unpublished Master's thesis, Department of Sociology, University of Chicago, 1953), p.44.
42 같은 책, pp.45~46.

된 이상적 목표를 달성하려면 조직이 다른 이상들을 지킨다는 인상을 주면서도 잠시 우회로를 택해야 할 때가 있다. 그럴 때 조직은 가장 눈에 띄기 쉬운 이상을 지키고 정당성이 중요한 이상은 포기한다. 그 좋은 예를 해군 관료제를 다룬 논문에서 볼 수 있다.

이런 특성(집단적 비밀)은 집단 성원들이 순전히 집단 내부의 불미스러운 요소가 폭로될지도 모른다는 두려움에서 비롯되는 것만은 아니다. 어떤 관료제건 '내부 실상'을 비밀에 부치는 데는 두려움도 어느 정도 작용하지만, 더 중요한 원인은 비공식 구조라는 특성에 있다. 비공식 구조는 공식 규칙과 절차에 **우회로**를 제공하는 매우 중요한 역할을 한다. 공식 제재와 상반되는 방법과 집단의 소중한 전통에 속하는 강력한 제재 방법(어떤 문제는 이런 방법으로만 해결된다는 점이 중요하다)이 활용된다는 사실을 널리 알릴 수 있는 조직이란 없다.[43]

마지막으로, 공연자가 종종 자신은 배역을 맡아야 할 이상적 동기와 자격이 충분해 그 배역을 얻기 위한 수모나 모욕, 창피를 견디거나 '거래'로 보일 짓을 할 필요가 전혀 없었다는 인상을 조성하려는 경우가 있다. (사람과 직업의 신성한 일치라는 보편적 인상을 조성하는 것은 보통 고위 전문직 종사자들이겠지만, 그와 비슷한 특성을 지닌 하위 직종도 많다.) 이상적인 인상을 강화하기 위해 '수사학적 훈련'을 시키는 분야도 있다. 노동조합, 대학, 전문직협회, 인허가 기관에서는 소속 성원들에게 일정 기간 정해진 훈련을 소화하도록 규정

---

43 Charles Hunt Page, "Bureaucracy's Other Face," *Social forces*, XXV, p.90.

하고 있다. 이는 독점을 유지하려는 관행이기도 하다. 그런데 동시에 자격증을 갖춘 전문가란 학습 경험을 통해 보통 사람들과는 격이 다른 사람으로 재탄생한 존재라는 인상을 조성하려는 수단이기도 하다. 그래서 한 연구자에 따르면, 약사들 가운데는 약사 자격을 얻는 데 필요한 4년제 대학 과정이 '약사라는 직업에 좋다'고 여기지만, 사실 몇 달간의 훈련이면 족하다고 생각하는 이들도 있다고 한다.[44] 덧붙여 2차 세계대전 중 미군은 의약품 조제나 시계 수리를 아주 단순한 기술로 취급해 단 5~6주의 훈련만으로 유능한 인력을 배출했다. 이 일에 기존 업자들이 경악했다는 사실도 지적할 수 있겠다. 성직자들 역시 천직으로서의 소명의식을 느껴서 교회에 몸담게 되었다는 인상을 주려고 한다. 미국 성직자들은 사회적 지위 상승에 대한 소망을 감추는 경향이 있고 영국 성직자들은 지위 하락에 대한 불안을 감추는 경향이 있다. 또 그들이 해당 교회를 선택한 것도 자신들이 영적 봉사를 할 수 있는 교회이기 때문이지 좋은 집이나 이사 비용을 전액 지불하겠다는 교회 장로들의 제안 때문이 아니라는 인상을 주려고 한다. 마찬가지로, 미국의 일부 의과대학은 인종적 배경을 근거로 신입생을 선발하는 경향이 있고, 환자들도 의사를 선택할 때 분명 인종을 고려한다. 그러나 의사와 환자가 실제로 상호작용할 때는 의사란 순전히 특별한 훈련 과정을 거쳐 특별한 능력을 획득한 존재라는 인상을 주고받는다. 기업의 경영진은 종종 역량과 상황 장악력을 지닌 존재로 자신의 모습을 연출한다. 자신이 경영진

---

44 Anthony Weinlein, "Pharmacy as a Profession in Wisconsin"(unpublished Master's thesis, Department of Sociology, University of Chicago, 1943), p.89.

으로서의 임무를 잘 수행하기 때문이 아니라 경영진처럼 보이기 때문에 그 직책을 맡고 있다는 사실에 대해서는 스스로도 눈감고 남들에게도 드러내지 않으려 한다.

외모가 고용주에게 얼마나 결정적 영향을 미치는지 이해하는 지원자들이 별로 없다. 취업 전문가 앤 호프는 이제 고용주들은 이상적 '할리우드 배우 유형'을 찾는 것 같다고 말한다. 한 기업은 지원자의 '치아가 너무 정사각형'이라서 떨어뜨렸고 다른 지원자는 귀가 너무 튀어 나왔다고, 또 다른 지원자는 인터뷰 도중에 술을 마시고 담배를 피웠다고 떨어뜨렸다. 고용주들은 또한 인종과 종교가 필수 요건임을 솔직하게 밝혔다.[45]

심지어 원래부터 침착하고 또 실력이 있어서 연수 기간에 실수를 한 적이 전혀 없었다는 인상을 주려고 하는 사람들도 있다. 공연자들은 모든 면에서 해당 조직으로부터 무언의 도움을 받는다. 그래서 학교나 연수기관들은 까다로운 입학 자격과 시험 요건을 천명하고 있지만 실제로 지원자를 실격시키는 경우는 매우 드물다. 예컨대, 정신병원에서는 직원을 채용할 때 지원자에게 로르샤흐 검사[잉크 얼룩이 찍힌 그림 카드로 환자의 사고체계와 내용을 진단·평가하는 검사. 스위스 출신 정신과 의사 헤르만 로르샤흐(Hemrman Rorschach, 1884~1922)가 1921년 개발하고 이후 인간 무의식을 해석하는 방법으로 정신과에서 널리 사용됨.—옮긴이] 결과를 제출토록

---

45 Perrin Stryker, "How Executives Get Jobs," *Fortune*, August 1953, p.182.

하고 장시간 면담도 요구하지만, 결국 지원자는 전원 채용된다.[46]

조직의 비공식 자격 요건이 추문이나 정치적 쟁점이 될 때, 조직이 비공식 자격 요건을 갖추지 못했음이 분명해 보이는 몇 사람을 선발해 전시행사에 내보내고 눈에 띄는 역할을 맡겨서 공정성의 증거로 내놓는다는 점도 흥미롭기 짝이 없다. 그런 식으로 합법적이라는 인상이 창조된다.[47]

나는 앞서 공연자는 자신의 이상화된 면모와 어긋나는 동기·사실·행동은 감추거나 눈에 띄지 않게 처리한다고 지적했다. 이와 더불어, 공연자는 자신이 관객들과 실제보다 훨씬 이상적인 관계를 맺고 있다는 믿음을 관객에게 환기시키곤 한다. 보편적 사례 두 가지를 들어보자.

첫째, 사람들은 현재 공연하는 배역 연기가 자신의 유일한, 적어도 가장 본질적인 면모라는 인상을 조성하곤 한다. 앞서 지적한 대로, 그러면 관객도 눈앞에 제시된 인물의 면모가 그 연기를 하는 사람의 전모라고 생각한다. 윌리엄 제임스William James의 유명한 글을 보자.

사실상 사람에게는 자기가 존중하는 집단의 수만큼 많은 사회적 자아가 있다고 할 수 있다. 사람은 대개 상대하는 집단에 따라 자기의

---

46 Willoughby, 앞의 책, pp.22-23.
47 William Kornhauser, "The Negro Union Official: A Study of Sponsorship and Control," *American Journal of Sociology*, LVII. pp.443-452; Scott Greer, "Situated Pressures and Functional Role of Ethnic Labor Leaders," *Social Forces*, XXXII, pp.41-45.

각기 다른 면을 보여준다. 부모와 선생님들 앞에서는 얌전하기 짝이 없지만 '거친' 제 또래 친구들 앞에서는 불량배처럼 욕설을 내뱉고 건들대며 걷는 청소년들이 많다. 우리는 자식을 클럽 친구 대하듯, 고객을 고용 노동자 대하듯, 상사나 고용주를 친한 친구 대하듯 하지는 않는다.[48]

이처럼 공연 중인 배역에 몰입할 수밖에 없는 원인과 몰입한 결과가 모두 '관객 분리audience segregation' 현상을 초래한다. 여러 배역 가운데 어느 한 배역을 연기할 때의 관객이 다른 무대에서 다른 배역을 연기할 때의 관객이 되지 않도록, 공연자는 확실하게 관객을 분리한다. 일단 조성된 인상을 보존하기 위한 방어 수단으로서의 관객 분리는 나중에 다시 다루겠다. 다만 여기서는 공연자 쪽에서 관객 분리와 그에서 비롯된 환상을 깨뜨리려고 해도 관객 쪽에서 공연자의 시도를 가로막곤 한다는 점만 지적해두겠다. 공연자의 직업적 면모를 액면 그대로, 마치 그가 입은 제복이 그의 전부이자 유일한 정체를 보여주는 것처럼 받아들이면, 관객은 시간과 정서적 에너지 소비를 상당히 절약할 수 있음을 안다.[49] 모든 접촉이 개인적인 시련, 근심, 비밀을 공유해야 하는 것이라면, 도시 생활이 끈적거려 참을 수 없는 사람도 있을 것이다. 쾌적한 저녁상을 받고 싶은 남자가 아내보다는 유흥업소 여성을 찾을지도 모른다.

---

48 William James, *The Philosophy of William James*(Modern Library ed.; New York: Random House, n. d.), pp.128-129.
49 이 점을 비롯해 다른 점들도 지적해준 워런 피터슨(Warren Peterson)에게 감사드린다.

둘째, 공연자들은 그들의 공연과 관객의 관계가 매우 특별하고 독특하다는 인상을 주려는 경향이 있다. 공연의 상투적 성격은 감추고(보통 공연자는 자기 연기가 실제로 얼마나 상투화된 것인지 의식하지 못한다), 상황의 자연발생적 측면을 부각하는 것이다. 의사의 연기가 좋은 예다. 다음과 같은 지적을 하는 저자도 있다.

의사는 기억한다는 시늉을 해야 한다. 환자는 자기에게 일어난 일들이 중요하고 특별하다는 생각으로 모든 것을 기억하고, 의사에게 기꺼이 말할 수 있을 만큼 모든 사실을 '완벽하게 상기해내려고' 애쓴다. 환자는 의사도 기억하지 못하는 게 있다는 사실을 믿지 못한다. 의사가 지난번 진료에서 자기에게 무슨 약을, 언제, 몇 번 먹으라고 처방했는지 즉각 정확하게 기억해내지 못하면 환자는 몹시 자존심이 상한다.[50]

비슷한 사례를 시카고의 의사들을 다룬 최근의 연구에서도 볼 수 있다. 일반의가 환자에게 전문의를 추천할 때, 최상의 선택이라고 기술적 근거를 대지만, 실은 그 전문의가 대학 동창이라서, 또는 진료비를 나누기로 했거나 응분의 보상을 주고받기로 약속한 사이라서 추천할 수도 있다.[51] 이 같은 공연의 특성은 상거래 영역에서도 '차별화된 서비스'라는 명목으로 악용되어왔다. 삶의 다른 영역에서도 우리는 '의사가 환자를 대하듯 하는 태도'나 '지나친 환대'를 농담거리

---

50 C. E. M. Joad, "On Doctors," *The New Statesman and Nation*, March 7, 1953, pp.255~256.

51 Solomon, 앞의 책, p.146.

로 삼는다. (고객 배역을 할 때는 우리도 공연자로서 '여기저기 둘러보지' 않았고 다른 곳은 생각도 하지 않았다는 인상을 주려는 요령을 부리니, 결국 차별화된 효과를 옹호하는 셈인데도 그 점은 무시하곤 한다.) 우리가 이처럼 어리석은 '사이비-정서공동체psedo-gemeinschaft'에 주의를 기울이는 것은 아마도 죄책감 때문일 것이다. 삶의 어떤 영역에서든, 공연에서 공연자와 관객은 서로의 상호작용이 독특함을 과장하기 위해서 개인적 교감에 의존한다. 친한 친구가 우리의 전유물이라고 여기는 따뜻한 몸짓을 다른 친구(특히 우리가 모르는 사람)에게 보이며 친밀하게 이야기를 나누는 모습을 보게 되면 우리는 살짝 실망을 느낀다. 이 주제를 명쾌하게 다룬 언술이 19세기의 미국인들을 위한 예법 책에 나와 있다.

당신이 어떤 사람에게 칭찬을 했거나 특별히 정중한 표현을 하곤 했다면, 그 사람 앞에서는 다른 누구에게도 그와 똑같은 표현은 하지 말아야 한다. 가령, 집에 방문한 손님을 따뜻하게 맞으며 "만나게 되어 기쁘다"라고 말한다면, 그는 당신의 배려에 기뻐하고 고마워할 것이다. 그러나 당신이 다른 스무 명에게도 똑같이 말하는 것을 그가 듣게 된다면 그는 당신의 환대를 대수롭지 않게 여길 뿐만 아니라 그런 식의 대접에 좀 유감도 느낄 것이다.[52]

---

52 *The Canons of Good Breeding: or the Handbook of the Man of Fashion* (Philadelphia: Lee and Blanchard, 1839), p.87.

표현 통제의 유지

공연자는 자기가 던지는 사소한 암시를 공연의 중요성을 나타내는 신호로 받아들여주는 관객에게 의존한다고 지적했다. 이 편리한 사실에는 불편한 진실도 들어 있다. 그 신호 수용 성향 때문에 관객은 공연자가 전달하는 암시의 의미를 오해하거나 공연자가 의도하지 않은 무의미한 몸짓에 엉뚱한 의미를 부여할 수도 있기 때문이다.

그렇게 의사소통이 빗나갈지도 모르는 사태에 대비해, 공연자들은 일종의 제유법(일부로 전체를, 특수한 사례로 일반성을 나타내는 비유법 — 옮긴이)을 쓰기도 한다. 효과가 있든 없든, 될 수 있는 한 사소한 사건을 공연에 많이 포함시켜 결국 관객에게 아무런 인상을 남기지 않거나 전반적 상황 정의와 대체로 일치하고 어울릴 수 있는 인상을 조성하는 것이다. 주어진 인상의 실체에 속으로 회의를 품은 관객은 공연의 사소한 결함을 꼬투리 잡아 공연 전체가 거짓 신호라고 닦아 세우는 성향이 있음을, 우리는 쉽사리 눈치챈다. 그러나 우리는 사회적 삶의 관찰자로서, 동정심 많은 관객조차 때로는 사소한 모순을 발견하면 순간적으로 동요하고 충격을 받으며 공연자에 대한 믿음이 약해진다는 사실은 쉽게 알아차리지 못한다. 사소한 사고와 '의도치 않은 몸짓' 가운데는 공연자가 조성한 것과 모순된 인상을 일부러 고안한 것처럼 보이는 경우도 있다. 그래서 나중에는 관객도 그런 사소한 부조화는 의미가 없으므로 무시해도 좋음을 알게 되지만, 상호작용에 몰입하는 그 순간에는 깜짝 놀랄 수밖에 없다. 여기서 중요한 점은 공연자의 의도치 않은 몸짓에서 비롯된 한순간의 상황 정의 자체가 아니라, 공식적으로 투영된 상황 정의와 순간적인 상황 정의가 다르다는 것이 문제다. 그 차이가 바로 공식 상황 정의와 현실 사이의 틈을 벌려놓는다. 한 상황에 공식적으로 투영할 수 있는 상황 정의는 하나밖에 없기 때문이다. 그렇다면, 우리는 공연을 분석할 때 이득과 손실의 크기나 무게를 비교하는 식의 기계적 기준을 적용하면 안 된다. 틀린 음정 하나가 연주회 전체 분위기를 망칠 수 있음을 알려주니, 이러한 면에서 공연 분석에 예술적 이미지를 적용하는 편이 더 정확할 것이다.

의도치 않은 몸짓들 가운데, 우리 사회의 다양한 공연에서 매우 광범위하게 일어나고 공연에서 조성되는 인상과 너무나 동떨어진 인상을 전해주는 몸짓 때문에 부적절한 사건이 집합적 상징의 지위를 획득하기도 한다. 그런 사건은 대략 세 가지 부류로 나눌 수 있다. 첫째, 공연자가 순간적으로 근육 통제력을 잃은 나머지 뜻밖의 무능함, 부적절함, 무례함을 드러낼 수 있다. 발을 헛디디거나 넘어지고 쓰러질 수도 있고, 트림이나 하품을 하고, 말실수를 하고, 몸을 긁고, 방귀를 뀌고, 부주의로 다른 사람의 몸과 부딪힐 수도 있다. 둘째, 공연자가 상호작용에 과도한 관심을 보이거나 아니면 너무 무신경하다는 인상을 주는 행동을 할 수도 있다. 말을 더듬고, 할 말을 잃어버리고 불안해하거나 죄책감 또는 자의식을 느끼는 것처럼 보일 수도 있고, 웃음이나 분노 따위의 감정을 참지 못하고 터뜨려서 순간적으로 상호작용하기 힘든 상태에 빠지기도 한다. 또 너무 진지하게 몰입해서 지나치게 재미있어하거나 너무 재미없어하는 모습을 보일 수도 있다. 셋째, 공연자가 부적절한 방향으로 자기를 연출하느라 애를 먹기도 한다. 무대가 어수선하고 준비한 공연에 맞지 않거나 공연을 하는 동안 어지럽혀지기도 한다. 예상치 못한 사태가 벌어져 공연자가 부적절한 시점에 등장하거나 퇴장할 수도 있고, 당황스러운 침묵으로 상호작용이 중단될 수도 있다.[53]

물론, 공연에 따라 표현에 주의를 기울여야 할 항목은 다 다르다. 우리에게 조금은 낯선 문화에 대해서는 우리도 표현적 일관성을 볼 줄 안다. 이를테면, 그라네Granet는 중국의 효孝에 관한 공연을 이렇게 묘사했다.

깔끔한 몸단장은 그 자체로 존경의 표시가 된다. 좋은 태도는 존경심의 표현으로 간주된다. 자식은 부모 앞에서 반드시 진중한 자세를 취해야 한다. 트림을 하거나 코를 골거나 기침을 하거나 하품을 하거나 콧김을 뿜거나 침을 뱉지 않도록 조심해야 한다. 가래를 뱉을 때마다 자식은 부모의 존엄성을 훼손할 위험을 무릅쓰는 셈이다. 옷의 안감을 드러내는 짓은 범죄나 다를 바 없다. 자식은 아버지를 가부장으로 대우하는 모습을 보여드리기 위해 아버지 앞에서는 언제나 서 있

---

53 의도치 않은 혼란 상태를 처리하는 한 가지 방식은, 상호작용하는 사람들이 혼란의 표현적 함의를 이해했지만 대수롭지 않게 여긴다는 신호로 웃어넘기는 것이다. 그렇다면, 웃음에 대한 앙리 베르그송(Henri Bergson)의 에세이는 공연자가 인간적인 움직임을 보이기를 바라는 우리의 기대, 상호작용이 시작될 때부터 그런 능력을 공연자에게 부여하려는 관객의 성향 그리고 그런 기대와 성향의 효과가 공연자의 비인간적 움직임으로 인해 교란되는 상황을 묘사한 글이라고 볼 수 있다. 마찬가지로, 기지와 일상생활의 정신병리학에 관해 프로이트가 기술한 에세이도, 공연자가 요령, 겸손, 미덕의 기준을 지키기 바라는 관객의 기대를 공연자가 말실수를 함으로써 손상하는 과정을 쓴 글로 볼 수 있다. 말실수는 보통 사람에게는 엉뚱해 보이지만 정신분석학자에게는 분석이 필요한 증상이다.

어야 하고, 시선은 정면을 향해야 하고, 몸은 두 다리를 똑바로 세우고, 감히 어디에 기대거나 몸을 구부리거나 짝다리로 서 있거나 해서는 안 된다. 겸손한 추종자로서 낮고 조심성 있는 목소리로 아침저녁 아버지께 문안드린다. 그러고는 아버지의 하명을 기다린다.[54]

영미 사회의 문화에서도 저명인사가 상징적으로 중요한 행동을 할 때 일관성이 요구되는 경우를 쉽게 찾아볼 수 있다. 영국 왕실의 시종무관을 지낸 고故 프레더릭 폰슨비Frederick Ponsonby 경은 이렇게 썼다.

'궁정'에 들어갈 때마다 나는 군악대가 연주하는 괴상한 음악에 충격을 받곤 했다. 그래서 그걸 고칠 수만 있다면 무엇이라도 하겠다고 결심했다. 음악적 소양이 매우 부족한 왕실 가족들은 극성스럽게 대중적 분위기를 요구했다. (중략) 나는 이따위 대중적 분위기가 의전의 위엄을 몽땅 실추시킨다고 주장했다. 궁정의 알현 의례는 귀부인들의 삶에서 고결한 의미를 지닌 행사였는데, 그런 자리에서 "폐하의 코가 더 빨개졌다네" 따위의 노래에 맞춰 귀부인들이 국왕을 알현한다면 의례의 전반적 인상이 엉망이 될 판이었다. 나는 미뉴에트나 고풍스러운 음악, '신비감을 자아내는' 오페라 음악이 필요하다는 입장을 고수했다.[55]

---

54 Marcel Granet, *Chinese Civilization*, trans. Innes and Brailsford(London: Kegan Paul, 1930), p.328.
55 Ponsonby, 앞의 책, pp.182-183.

나는 또 작위 수여식에서 의장대가 연주하는 음악에도 문제가 있다고 보고 최고참 악장 로건 대위에게 서신을 보냈다. 내가 질색했던 것은, 밖에서 코믹한 노래가 연주되는 가운데 명예로운 인물들이 작위를 받는 모습을 지켜보는 일이었다. 내무 장관이 앨버트 메달을 받게 될 사람의 특별히 영웅적인 행적을 감동적으로 낭독하고 있는데 밖에서 의장대가 두 박자 춤곡을 연주한다는 것은, 작위 수여식 전체를 망치는 짓이었다. 그래서 나는 극적 특성을 표현하는 오페라 음악을 추천했고 로건 대위도 이에 전적으로 동의했다.[56]

비슷한 사례는 미국의 중간계급이 치르는 장례식에서도 볼 수 있다. 식이 진행되는 동안 검은 정장을 입은 영구차 운전사는 눈치껏 멀찌감치 자리를 잡고 담배를 피울 수는 있다. 그러나 담배꽁초를 발밑에다 조심스럽게 버리지 않고 꽁초가 우아한 포물선을 그리며 숲에 떨어지도록 던진다면, 그는 유가족에게 충격과 분노를 불러일으킬 것이다.[57]

우리는 성스러운 상황에서 요구되는 일관성을 알고 있다. 뿐만 아니라 세속적으로 첨예한 갈등이 일어나는 상황에서도 갈등의 당사자가 저마다 상대에게 자기의 약점을 드러내 비난의 빌미를 주지 않도록 자기 행동을 예의주시해야 함을 안다. 그래서 데일Dale은 고위 공직자의 일터 상황을 다루면서 이렇게 지적했다.

---

56 같은 책, p.183.
57 Habenstein, 앞의 책.

공문서 초안의 문장에 대해서는 〔진술의 내용보다〕 더욱더 정밀한 검토가 이루어진다. 내용상 무해하고 중요하지 않은 주제를 다룬 문서일지라도 그 안에 부정확한 문장이나 부적절한 구절이 들어 있으면 정부 부처가 저지르는 지극히 사소한 잘못도 대중 앞에 내놓기 좋은 먹잇감으로 삼는 사람들에게 걸려들기 쉽고, 그러면 문서를 작성한 부처 전체가 혼란에 빠지기 때문이다. 감수성이 예민한 24~28세 시기에 3~4년간 정밀한 문서 검토 훈련을 받은 사람은 정확한 사실과 치밀한 추리를 지향하는 열정과 모호한 일반론에 대한 불신이 온몸과 마음에 스며들어 평생을 간다.[58]

이렇듯 다양한 상황에서 필요한 표현의 요건을 헤아리려는 의지가 있음에도 불구하고 우리는 이런 상황을 특수 사례로 보는 경향이 있다. 그러면서도 우리는 영미 사회에서 이루어지는 일상의 세속적 공연이 흔히 예법상의 정확성, 적합성, 타당성이 있는지 엄격한 검증을 거쳐야 한다는 사실은 잘 보지 못한다. 이런 맹점은 아마도 우리가 공연자로서 의식적으로 하는 행동에 적용했던 기준은 잘 인지하지만 무심코 적용하는 기준은 의식하지 못한 탓일 것이다. 어쨌든, 우리는 연구자로서 잘못 쓴 단어 철자와 스커트 밖으로 삐져나온 속치마 때문에 생기는 부조화를 연구할 수 있어야 한다. 그리고 왜 배관공이 근시인데도 직업상 체력이 강하다는 인상을 줄 필요가 있어서 그 집 주부가 가까이 다가오면 안경을 주머니에 집어넣고 작업을 공연으로 전환해야 한다고 생각하는지, 왜 텔레비전 수리공이

---

58 Dale, 앞의 책, p.81.

수리가 잘못되었다는 인상을 주지 않도록 텔레비전 수상기에 미처 끼우지 못한 나사못들은 자기 소지품 속에 집어넣어야 한다는 조언을 홍보 담당자에게 들어야 하는지도 파악할 수 있어야 한다. 요컨대, 공연이 조성하는 실체의 인상이란 아주 사소한 불운으로도 산산조각 나는, 약하고 깨지기 쉬운 것이라는 사실을 볼 수 있어야 한다는 말이다.

공연은 표현의 일관성을 필요로 한다. 이 사실은, 너무나도 인간적인 우리의 자아와 사회화된 우리의 자아 사이에 결정적 불일치가 있음을 알려준다. 우리는 인간으로서 기분과 에너지에 따라 시시때때로 변하는 다양한 충동을 지닌 존재다. 그러나 우리가 관객 앞에 등장인물로 나설 때는 충동에 휘둘리지 말아야 한다. 뒤르켐이 지적한 대로, 우리는 우리의 고차원적 사회활동이 '신체적 감각과 의식처럼 신체 상태에 끌려다니도록' 내버려두지 않는다.[59] 정해진 시간에는 어김없이 완벽하게 똑같은 공연을 한다고 믿을 수 있는 일종의 정신의 관료화가 필요한 것이다. 산타야나는 사회화 과정이 사람의 모습을 변모시킬 뿐 아니라 다음과 같은 특성을 고착화한다고 지적한다.

기쁜 표정이든 슬픈 표정이든, 우리는 표정을 짓고 강조하는 과정에서 자기 내면의 고유한 기질을 규정한다. 그 같은 자기인식이 계속되는 한, 우리는 되는대로 살지 않고 자기규정에 맞는 행동을 하며 산

---

59 Émile Durkheim, *The Elementary Forms of the Religious Life*, trans. J. W. Swain(London: Allen & Unwin, 1926), p.272.

다. 우리가 선택한 인물을 만들어 연기하고, 신중한 모습으로 공연하고, 우리의 열정을 방어하고 이상화하면서 헌신적인 모습이든 비웃는 모습이든, 경솔한 모습이든 순박한 모습이든, 우리의 현재 모습 그대로를 설득력 있게 보이라고 스스로를 부추긴다. 우리는 (상상의 관객을 향해) 독백을 하고 우리와 분리할 수 없는 부분을 옷차림으로 덮듯 우아하게 자신을 감싼다. 우리는 그렇게 치장하고서 갈채를 유도하고 우주의 침묵 가운데서 죽기를 바란다. 우리가 믿겠다고 서약한 종교를 서약대로 믿으려 노력하듯이, 우리가 주장한 대로 세련된 감성에 맞추어 살기로 한다. 어려움이 크면 그만큼 열의도 강해진다. 우리는 우리가 공표한 원칙이나 맹세한 말과 어긋나는 기분과 품행 일체를 열심히 감추고서는 그걸 위선이라고 생각하지는 말아야 한다. 자기도 모르게 꿈에 나타나는 인물보다는 우리가 실행하는 인물이 더 진정한 우리의 자아이기 때문이다. 이런 식으로 우리의 참된 모습이라고 우리가 보여주는 초상은, 기둥과 휘장과 원거리 풍경을 뒤에 두고 손가락으로 지구의나 어릿광대 철학자의 두개골을 가리키는 것 같은 장중한 모습일 수도 있다. 그러나 이런 스타일이 우리에게 선천적인 것이고 예술의 생명력이라면, 그 모델은 변형시킬수록 더욱 심오하고 진정한 예술이 될 것이다. 인간다운 점이라곤 거의 없이 엄숙한 모습으로 조각된 고풍스러운 반신상은, 아침에 잠이 덜 깬 얼굴이나 무심코 찡그린 표정보다는 그 인물의 정신을 훨씬 더 잘 보여줄 것이다. 자신의 지적 능력에 확신이 있는 사람, 직위에 자부심이 있는 사람, 맡은 임무를 염려하는 사람은 누구나 비극적 가면을 쓴다. 그는 그 모습이 진정 자신은 아니라고 부인하고 그의 허영심을 모두 그 가면에 전가한다. 그러나 존재하는 모든 사물이 그렇듯이, 그는 아직 살아 있는 주체로서 존재의 본질을 계속 약화시키면서도 자신의 영혼을 관념으로 구체화하고 뮤즈의 제단에 바쳐온 자신의 삶에 슬픔보다는 자부심을 더 많이 느낀다. 예술이나 과학처럼 자기인식 역시, 본래의 차원과 위치를 잃게 된 주제를 관념이라는 새로운 매체에 담아 표현해낸다. 우리의 동물적 습관이 양심을 통해 충성심과 책임감으로 변형되고 우리는 '사람person' 또는 가면이 되는 것이다.[60]

그렇다면, 사회적 훈련을 거친다면 예법의 가면은 내면에 자리 잡을 수 있다. 그러나 시몬 드 보부아르Simone de Beauvoir가 지적하듯이, 그런 자세는 어떤 부분은 감추고 어떤 부분은 드러내도록 직접 몸을 조이는 죔쇠의 도움을 받아야 지킬 수 있다.

여성이 지위에 맞는 옷차림을 한 후에도 게임은 계속된다. 예술품처럼 상상의 영역에 속하는 장치들이 있다. 거들, 브래지어, 머리 염색, 화장으로 몸과 얼굴을 치장하는 게 다가 아니다. 지극히 세련되지 못한 여성들도 일단 옷을 '차려입고' 나서는 자신을 관찰 대상으로 내보이지 않는다. 그림이나 동상처럼 또는 무대에 선 연기자처럼 그곳에 없는 어떤 인물의 대리인, 즉, 자신이 아니라 자신이 재현하는 인물로 존재한다. 소설 속의 영웅, 초상화, 흉상처럼 비현실적이고 고정되고 완벽한 존재와의 동일시가 여성에게 만족감을 준다. 여성은 그런 존재들과 동일시하려고 애쓰며 그 화려한 치장 속에서 안정감을 찾고 자신을 정당화하는 것 같다.[61]

---

60 Santayana, 앞의 책, pp.133-134.
61 Simone de Beauvoir, *The Second Sex*, trans. H. M. Parshley(New York: Knopf, 1953), p.533.

위장

관객은, 공연에서 암시된 신호를 그대로 믿고 단순한 신호 수단 이상의 더 큰 무엇에 대한 증거라고 받아들임으로써 상황에 적응할 수 있다고 앞서 지적했다. 바로 이런 관객의 신호 수용 성향 때문에 공연자가 오해받기 쉬운 처지에 놓이고, 관객이 앞에 있을 때는 표현에 신중을 기할 수밖에 없다면, 관객 역시 속아 넘어가거나 오도되기 쉬운 처지에 있는 셈이다. 실제로는 존재하지 않는 무언가가 존재한다고 증명하는 데 사용 못 할 신호란 별로 없기 때문이다. 그리고 사실을 왜곡해서 표현할 수 있는 능력과 동기를 충분히 지닌 공연자들도 많지만, 수치심, 죄책감, 두려움 때문에 그러지 않을 뿐이다.

관객으로서 우리는 공연자가 조성하는 인상이 참인지 거짓인지 진심인지, 그저 겉치레에 불과한지 진짜인지 '가짜'인지 당연히 의심을 품을 수 있다. 앞서 지적한 대로 이러한 의심은 참으로 보편적이어서, 우리는 흔히 공연에서 조작하기 어려운 측면을 특별히 주목함으로써 오인하기 쉬운 암시의 신빙성을 판단하곤 한다. (그 극단적 사례가 경찰의 과학적 수사와 방어적 검증이다.) 그리고 공연자가 적절한 대우를 받으려고 내세우는 지위 상징을 마지못해 허용할 수밖에 없으면, 우리는 언제나 공연자의 가식을 까발리기 위해 그의 상징적 갑옷에서 사소하지만 치명적 결함을 찾아내기를 마다하지 않는다.

거짓된 앞무대 또는 '오직' 앞무대만 보여주는 사람들, 본심을 숨기고, 속임수를 쓰고, 사기를 치는 사람들을 상상할 때면 우리는 꾸민 겉모습과 실체의 불일치를 떠올린다. 또한 우리는 공연자들이 스스로 궁지에 빠져 위험해지는 모습을 상상한다. 그들은 공연 도중 언제라도 거짓을 간파당하고 그들이 공개적으로 밝힌 바와는 명백히 어긋나는 사건이 벌어져 순간적으로 창피당하거나 때로는 영원히 평판을 잃을 수도 있다. 우리는 정직한 공연자라면 위장僞裝 행위의 **현행범**으로 발각당하는 끔찍한 사태는 피할 수 있다고 생각하곤 한다. 이런 상식적 관점은 분석적 효용성이 적다.

우리가 조성된 인상이 참인지 거짓인지를 물을 때, 진정한 의도는 공연자가 문제의 공연을 할 공인된 자격이 있는 사람인지 여부를 알려는 것이다. 공연 자체가 우리의 주 관심사는 아니다. 상대가 엉뚱한 인물 행세를 하며 철저하게 사기를 치고 있음을 발견한다는 말은 무엇인가. 그에게는 배역을 연기할 권리도 배역에 합당한 지위를 누릴 자격도 없는 사람임을 알아차린다는 말이다. 우리는 사기꾼의 공연에는 가짜 자아의 연출을 비롯해 다른 잘못도 있으리라 여기곤 한다. 실은 거짓 공연인지 정직한 공연인지 우리가 미처 알아채기도 전에 사기꾼의 가면극이 탄로 나는 경우도 흔하다. 사기꾼의 공연은 역설적으로 실제와 비슷할수록 우리에게 더 치명적인 위협이 될 수 있다. 왜냐하면 사기꾼으로 밝혀진 사람이 능숙하게 공연한다면, 우리가 염두에 두는 정당한 자격 요건과 공연 능력의 도덕적 관련성을 약화시키기 때문이다. (내내 심각한 의도는 없다고 주장하는, 흉내 내기에 능란한 이들이 그러한 우리의 불안을 '처리'할 수 있는 한 가지 방법을 가르쳐주는 듯하다.)

그러나 인물 사칭impersonation에 대한 사회적 정의 자체가 아주 일관된 것은 아니다. 이를테면, 우리는 의사나 성직자처럼 성스러운 지위의 사칭은 의사소통에 관한 용서받지 못할 범죄로 여기면서, 부랑자나 막노동꾼처럼 냉대를 당하는 하찮고 비속한 지위를 사칭하면 그런 것에는 별로 개의치 않는다. 우리를 오도한 공연자가 실은 높은 지위에 있는 인물임이 밝혀지면, 외려 적개심보다는 경이로움과 서운함을 느끼게 되는 기독교적 선행의 사례도 있다. 실제로 신화와 대중 잡지들은 악당과 영웅의 낭만적인 이야기로 가득 차 있다. 마지막 장에 가면 악당은 별 볼일 없는 지위로, 영웅은 지위가 낮지 않은 사람으로 드러나면서 두 인물의 기만적 주장이 모두 기각된다.

더 나아가 우리는 고의로 자기 삶 전반에 위장을 일삼는 사기꾼 같은 이들은 가혹한 시선으로 본다. 반면에, 단 하나 치명적인 약점이 있는데 그 약점을 인정하고 명예를 만회해보려 시도하는 대신 애써 감추려는 이들, 이를테면 전과자, 순결을 잃은 처녀, 간질환자, 혼혈인에 대해서는 얼마쯤 연민의 감정을 느낀다. 또한 우리는 특정 인물의 사칭과 소속 범주의 사칭은 구별하고, 전자에 대해서는 용서할 수 없다고 느끼지만 후자에 대해서는 반감을 덜 느낀다. 뿐만 아니라 우리는, 소속 집단의 당연한 요구라고 느껴 자신을 위장하거나 장난삼아 자신을 위장하는 사람들은 물질적·심리적 사익을 위해 자신을 위장하는 사람들과는 다르다고 여긴다.

마지막으로, '지위' 개념이 명료하지 않기 때문에 인물의 사칭이라는 개념도 명료하지 않다. 구성원 자격에 공적 승인이 필요하지 않은 지위가 많이 있다. 법대 졸업생이라는 주장은 참일 수도 있고 거짓일 수도 있지만 친구라거나 진정한 신앙인이라거나 음악 애호가라는 주장은 대충만 확인할 수 있을 뿐이다. 능력의 기준이 객관적인 것도 아니고 **진짜** 전문가라는 주장도 확인하기 어려운 것이다. 해당 분야 종사자들이 집합적으로 권한을 보호하기 위해 조직화한 분야가 아닐 경우, 개인이 전문가 행세를 하는 경우도 있다. 또 전문가가 아닌 게 탄로 나도 웃음거리가 될 뿐, 그 이상의 벌은 받지 않는다.

이 모든 혼란의 근원을 보여주는 예로 연령과 성별 지위를 다루는 우리의 일관성 없는 태도를 보자. 15세 소년이 18세라 속이고 자동차를 운전하거나 술집에서 술을 마시는 따위는 혼날 만한 일이지만, 여성이 자기 나이보다 젊고 성적 매력이 있는 것처럼 위장하지 않으면 오히려 사교적으로 부적절한 상황이 많이 생긴다. 어떤 여성이 보기보다 실제로는 그리 맵시가 좋지 않다고 말할 때와 의사처럼 보이는 여성이 실제로 의사는 아니라고 할 때의 '실제로'라는 말은 의미가 다르다. 더 나아가, 누군가가 개인 앞무대를 수정하면 사람들은 한동안 그것을 위장이라고 느끼지만 몇 해가 지나면 장식용이려니 여기기도 하는데, 이런 부조화는 우리 사회의 여러 하위 집단에서 언제든 찾아볼 수 있다. 예를 들면, 아직도 머리 염색을 용납하지 못하는 이들도 있긴 하나 최근에는 센 머리를 감추려고 하는 머리 염색은 널리 받아들여진다.[62] 이민자들이 옷차림이나 예법에서

---

62 "Tintair," *Fortune*, November 1951, p.102.

본토 미국인 흉내를 내는 것은 용납되지만 이름[63]이나 코[64]를 미국 식으로 고치는 행태는 미심쩍은 시선을 받는다.

또 다른 방식으로 위장을 이해해보자. '공공연하고' '노골적이며' 뻔뻔한 거짓말이란, 발설한 당사자가 거짓인 줄 알면서 의도적으로 말한 증거가 명백한 거짓말을 가리킨다. 특정 장소 특정 시점에 없었던 사실이 있었다고 주장하는 경우다. (어떤 인물을 사칭할 때 그런 거짓말을 할 경우도 더러 있지만, 인물 사칭과는 아무 관련이 없는 거짓말들도 많다.) 뻔뻔하게 거짓말하다가 탄로가 난 사람들은 상호작용을 하는 동안만 체면을 잃는 게 아니라 영원히 체면을 회복할 수 없는 처지가 될 수도 있다. 한번 거짓말을 한 사람은 결코 완전히 믿을 수는 없다고 느끼는 이가 많기 때문이다. 그러나 의사나 잠재적 고객이 듣는 사람의 기분을 배려해서 하는 '선의의 거짓말'을 끔찍하게 여기는 이는 별로 없다. (자신을 방어하려는 거짓말이 아니라 다른 이들을 보호하기 위한 거짓말에 대해서는 나중에 다시 다룰 것이다.) 더욱이 일상 삶에서는 공연자가 뻔히 드러날 거짓말로 궁지에 빠지지 않으면서도 얼마든지 거짓 인상을 만들어낼 수 있다. 빗대어 말하기, 모호성 전략 취하기, 결정적인 말 생략하기 따위의 의사소통 기법은, 엄밀히 따지면 딱히 거짓말이라 할 수는 없는 말로 왜곡된 정보를 전하는 사람이 이득을 누리는 방법이다. 대중매체 역시 나름

---

63 H. L. Mencken, *The American Language*(4th ed.; New York: Knopf, 1936), pp.474-525.
64 "Plastic Surgery," *Ebony*, May 1949; F. C. Macgregor and B. Schaffner, "Screening Patients for Nasal Plastic Operations: Some Sociological and Psychiatric Considerations," *Psychosomatic Medicine* XII, pp.277-291.

의 기법을 개발하여 적용한다. 카메라 각도와 편집을 영악하게 처리함으로써 유명인사에 대한 대중의 소소한 반응을 거센 흐름으로 전환시킬 수 있음을 보여준다.[65]

분명한 거짓과 분명한 진실 사이에는 미묘한 차이를 지닌 여러 표현이 있다. 그래서 벌어지는 난처한 상황이 공식적으로 인정되기도 했다. 부동산위원회 같은 조직은 의심스러운 인상을 주는 표현을 정도에 따라 과장된 진술, 절제된 진술, 생략된 진술로 구체화하는 명시적 코드를 개발하기도 한다.[66] 영국의 공무원 조직도 비슷한 이해를 바탕으로 운영되고 있는 듯하다.

'공개하기로 되어 있거나 공개되기 쉬운' 진술에 대한 이곳의 규칙은 단순하다. 진실이 아니면 아무 말도 하지 말라는 것이다. 한데 진실이라고 해도 관련 사항을 일일이 다 말하는 게 공공의 이익에 바람직하지 않고 또 필요하지도 않을 때가 있다. 또 관련 사실들도 편의상 순서를 조절할 수 있다. 이런 제한 규정을 숙련된 초고 작성자가 잘 지키면 아주 좋다. 냉소적이지만 어느 정도 진실성이 담긴 말로 하자면 이곳의 규칙은 이렇게 말할 수 있다. 의회가 제기한 난처한 질의에 대한 완벽한 답변은 짧고 완전해 보이는 답변, 이의가 제기된다 해도 단어 하나하나가 다 정확하다고 증명할 수 있는 답변, 그래서 어색하게

---

65 좋은 예가 1952년 시카고에서 열린 공화당 전당대회에 맥아더가 도착하는 장면을 다룬 연구에 나온다. K. and G. Lang, "The Unique Perspective of Television and its Effect: a Pilot Study," *American Sociological Review*, XVIII, pp.3-12.

66 E. C. Hughes, "Study of a Secular Institution: The Chicago Real Estate Board" (unpublished Ph. D. dissertation, Department of Sociology, University of Chicago, 1928), p.85.

'보충 설명'을 할 필요가 없는, 그러나 실제로는 아무것도 밝히지 않는 답변이다.[67]

법률은 수많은 세부적 사회 쟁점에 두루 적용할 수 있는 나름의 정확한 판단 기준을 제시한다. 미국의 법률은 고의성intention, 과실 negligence, 무과실책임strict liability을 구별한다.(영미 형법상의 세 가지 법리 기준이다. 무과실책임은 행위자의 고의성이나 과실 여부와 상관없이 행위자가 결과에 책임을 져야 한다는 뜻이다. — 옮긴이) 위장은 말이나 행동, 모호한 진술이나 오해의 소지가 있는 글, 사실의 비공개, 또는 사실 발견을 방해하는 고의적 행동으로 간주된다.[68] 유죄 판정을 받을 사실의 비공개는 분야에 따라 달라서 광고업계에 적용되는 기준과 상담 전문가에게 적용되는 기준이 따로 있다. 더 나아가 법률에는 다음과 같은 평가 기준도 있다.

진실이라고 정직하게 믿고서 한 표현이라도, 사실 확인이나 표현 방식에 합당한 고려가 없거나 특정 분야 또는 직업에 필요한 기술과 능력이 없다면 과실로 간주된다.[69]

피고가 사리사욕이 없었고, 최선의 동기가 있었고, 원고에게 친절을 베푼다고 생각했음이 사실이라 해도, 피고에게 원고를 오도하려는

---

67 Dale, 앞의 책, p.105.
68 William L. Prosser, *Handbook of the Law of Torts*(Hornbook Series; St. Paul, Minn.: West Publishing Co., 1941), pp.701-776.
69 같은 책, p.733.

86

의도가 있었다면, 피고는 책임을 면할 수 없다.[70]

노골적인 인물 사칭과 뻔뻔한 거짓말에서 다른 유형의 위장으로 시선을 돌리면 상식적 수준에서 참된 인상과 거짓 인상을 구분하기는 더 힘들어진다. 돌팔이로 취급받던 직업도 10년쯤 지나면 합법적 직업으로 인정받는 경우가 더러 있다.[71] 어떤 이들이 하면 합법으로 인정받는 활동이, 다른 이들이 하면 불법 돈벌이로 간주되기도 한다.

더욱 중요하게는, 합법적 직업이나 일상 관계에서 공연자가 겉으로 조성해놓은 인상과 맞지 않는 숨겨진 관행이 존재하지 않는 공연이란 거의 없다. 공연자가 아무것도 숨길 필요가 없는 공연, 배역, 배역 연기가 있을 수 있다. 그런 경우에도 공연자의 행동 전반에는 공개할 수 없는 부분이 있기 마련이다. 다룰 문제가 많을수록, 역할이나 관계에서 맡은 배역이 많을수록, 행위자가 비밀로 해야 할 것도 많다. 원만한 결혼생활을 하는 부부도 배우자에게 돈 문제, 과거, 외도, '나쁜' 습관이나 소비 성향, 사적인 소망과 근심, 자식들의 품행, 친척이나 친구들에 대한 내심 따위, 비밀로 해두는 게 있기 마련이다.[72] 그렇게 전략적으로 말조심해야 할 부분을 정해놓아야 삶의 전 영역에서 엄격한 협의를 거치지 않아도 바람직한 관계를

---

70 같은 책, p.728.

71 Harold D. McDowell, *Osteopathy: A Study of a Semi-orthodox Healing Agency and the Recruitment of its Clientele*(unpublished Master's thesis, Department of Sociology, University of Chicago, 1951).

72 David Dressler, "What Don't They Tell Each Other," *This Week*, September 13, 1953.

유지하는 게 가능하다.

무엇보다도 주목해야 할 중요한 점은, 개인이 배역 연기의 어느 한 부분에서 그릇된 인상을 보이면 관계 전체 또는 역할 전체에 위협이 될 수도 있다는 것이다. 개인이 어느 한 영역에서 신용을 잃을 행동을 했음이 드러나면, 감출 게 없는 다른 행동 영역에서도 의심을 사기 때문이다. 마찬가지로, 개인이 공연을 하는 동안 단 한 가지만 감추었을 뿐이고 그것도 공연의 어느 한 부분이나 단계에 겨우 드러날 뿐이라 해도, 공연자의 불안감은 공연 전체로 확산될 수 있다.

이 장 앞부분에서 나는 몇 가지 공연의 보편적 특성을 지적했다. 업무 관련 활동이 의사소통을 지향하는 활동으로 전환되는 경향이 있다는 것, 하나의 공연에 적합한 앞무대는 성격이 약간 다른 공연에도 적합할 수 있고 앞무대가 어느 한 배역 연기에만 완벽하게 들어맞지는 않을 수도 있다는 것, 잠정적 합의를 유지하기 위해서는 공연자의 충분한 자제력 발휘가 필요하다는 것, 어떤 사실은 부각하고 어떤 사실은 감춤으로써 이상화된 인상을 연출한다는 것, 그리고 공연자가 표방한 공연 목표보다는 관객이 오인할 수도 있는 사소한 부조화에 더 주의를 기울임으로써 표현의 일관성이 유지된다는 것 등이다. 이 모든 특성은 상호작용에서 개인의 활동을 공연으로 전환시키는 데에서의 제약으로 볼 수 있다. 개인은 그저 주어진 과제를 행하며 느끼는 대로 말하는 대신, 자기는 맡은 일을 한다고 표현하고 감정도 용납될 만한 방식으로 전달한다. 그렇다면, 일반적으로 활동에 대한 표현은 활동 자체와는 어느 정도 다를 것이고 그러니 위장이 불가피한 셈이다. 그리고 개인이 자기 활동을 설명하기 위해서는 신호에 기댈 수밖에 없기 때문에 그가 아무리 사실에 부합하는 이미지를 제시한다 해도 이미지가 인상에 좌우되는 만큼 갖가지 장애에 부딪히기 쉽다.

꾸민 겉모습이 실체와 일치하지 않으면 불신당할 수 있다는 상식적 견해를 우리가 고수할 수는 있겠지만 겉모습과 어긋나는 사실들이 꾸며낸 겉모습보다 더 참된 실체라고 주장할 근거는 없다. 일상 공연을 냉소적으로 보는 관점은 공연자가 조성하는 관점만큼이나 일면적이다. 공연자가 조성한 인상과 관객에게 보이지 않으려는 인상 가운데 어느 쪽이 더 참된 실체인지 가려낼 필요조차 없는 사회학적 쟁점이 많다. 가장 중요한 사회학적 쟁점은, 적어도 이 책에서는, 일상의 공연에서 조성된 인상은 무너지기 쉽다는 사실뿐이다. 우리의 관심은 어떤 종류의 실체가 조성된 인상을 깨뜨리는지 알려는 데 있다. 어느 쪽이 참된 실체인지의 문제는 다른 연구자들의 몫으로 남겨둔다. 우리가 묻고 싶은 질문은 "주어진 인상이 어떻게 무너지는가?"이다. 이 질문은 "거짓 인상이 어떻게 만들어지는가?"와는 다른 질문이다.

사기꾼이나 거짓말쟁이들이 하는 사기극은 일상 공연과 내용은 다르지만, 조성된 인상을 유지하기 위해 공연자들이 조심성을 발휘해야 한다는 점은 일상 공연과 다를 바 없다. 이를테면, 영국 공무원,[73] 미국의 야구 심판[74]에게 적용되는 공식 규칙은 부적절한 '거래' 뿐만 아니라 결백한 행동이라도 거래로 오인할 만한 우려가 있는 행

---

73 Dale, 앞의 책, p.103.
74 Pinelli, 앞의 책, p.100.

동 역시 금지한다. 진실을 전하고자 하는 정직한 공연자든 허위 사실을 전달하려는 부정직한 공연자든, 그들 모두가 공연에서 적합한 표현은 강조하고 인상을 망가뜨릴 표현은 배제해서 관객이 의도치 않은 의미를 부여하지 않도록 주의를 기울여야 한다.[75] 정직한 공연과 부정직한 공연이 공유하는 극적 조건이 있기 때문에, 아주 정직한 공연을 이해하기 위해서도 완벽한 거짓 공연을 연구하는 것이 이로운 점도 있다.[76]

신비화

지금까지 개인의 공연은 어떤 면을 강조하는 대신 어떤 면은 감춘다고 지적했다. 접촉과 친교의 한 형태가 지각이라면, 지각을 통제함은 곧 접촉을 통제한다는 뜻이고, 보이는 것을 제한하고 조절함은 곧 접촉을 제한하고 조절한다는 뜻이다. 그런 의미에서 정보 용

---

75 정직한 공연자를 폄하하는 말일지도 모르지만, 한 가지 예외를 지적해야겠다. 앞서 지적한 바와 같이 보통 합법적 공연은 배역 연기를 하면서도 독특성을 과장하는 경향이 있는 반면에 거짓 공연은 의혹을 잠재우기 위해 배역 연기를 과장하는 경향이 있다.

76 악명 높은 사기극 공연과 앞무대를 주목해야 할 또 다른 이유가 있다. 텔레비전 수상기를 가지고 있지 않은 사람들에게 가짜 텔레비전 안테나를 팔고, 생전 집을 떠나지도 않는 사람들에게 이국적인 상표가 붙은 여행용품을 팔고, 일반 승용차의 운전자에게 스포츠카 전용 캡을 판매하는 것을 보면, 도구적 물품에는 인상을 표현하는 기능이 있음을 분명히 알 수 있다. 우리가 진짜 안테나와 진짜 수상기 같은 실제 사물을 다룬다면, 충동적이거나 도구적이라고 주장하는 행동에 인상 표현의 기능도 있음을 결정적으로 밝히기 어려운 경우가 많을 것이다.

어와 의례 용어는 관련성이 있다. 관객이 받아들일 정보를 조절하는 데 실패하면 상황 정의가 무너질 수 있고, 관객의 접촉을 조절하지 못하면 공연자의 의례가 오염될 수 있다.

접촉 제한, 사회적 거리 두기가 관객에게 경외심을 불러일으키고 유지하는 방식이라는 생각은 널리 퍼져 있다. 케네스 버크Kenneth Burke(1897~1993, 20세기 철학·미학·비평이론·수사학이론에 지대한 영향을 미친 미국의 문예이론가 — 옮긴이)가 지적한 바와 같이, 관객이 공연자를 신비화된 상태로 남아 있게 만드는 방식이다. 쿨리의 진술이 그 좋은 보기다.

한 사람이 자기에 대해 남들이 그릇된 관념을 갖게 하는 데 어느 정도까지 영향을 미칠 수 있는지는 상황에 따라 다르다. 이미 지적한 대로, 한 사람의 실체는 그 사람에 대한 관념과 뚜렷한 관련이 없다. 사람에 대한 관념은 상상의 산물이다. 지도자에 대한 상상은 지도자와 추종자의 직접 접촉이 없어야 가능하다. 그래서 권위자는 개인적 약점을 가리려 할 때면 언제나 형식과 인위적 신비로 자신을 둘러싸려 한다. 권위자가 사람들의 친밀한 접촉을 막는 목적은 사람들이 상상력을 동원해 그를 이상화할 기회를 주려는 데 있다. (중략) 예를 들면, 육군과 해군의 규율은 상급자와 하급자를 분리하는 형식의 필요성을 뚜렷이 명시하고 있으며 상급자에게 무비판적 지배권을 보장하고 있다. 로스Ross 교수가 사회 통제에 관한 연구에서 지적한 바와 같이, 예법은 보통 세상 물정에 밝은 사람이 이용하는 자기 은폐의 수단이라 할 수 있다. 이러한 자기 은폐에는 다른 목적도 있겠지만 순박한 사람들에 대한 일종의 지배력을 확보하려는 데 주목적이 있다.[77]

폰슨비가 노르웨이의 국왕에게 조언을 건네며 내세운 이론도 똑같다.

어느 날 밤, 국왕 하아콘은 내게, 반대파 공화주의자들 앞에서 겪는 고충과 자기가 한 말과 행동의 결과에 얼마나 노심초사하는지 토로했다. 또 왕은 될 수 있으면 민중에게 가까이 가고 싶다고, 왕비 모드와 함께 자동차 대신 전차를 이용하면 인기가 오를 것 같다고 말했다.

나는 국왕에게, 그러면 친밀성이 오히려 경멸을 부를 수 있다, 그러니 큰 실수를 저지르는 결과를 초래할 것이라고 내 솔직한 생각을 말씀드렸다. 국왕은 해군 장교로서, 선장이라면 식사도 혼자 따로 하며 초연한 태도를 지켜야 한다는 사실을 알고 있었을 것이다. 그런 태도는 당연히 친밀성을 가로막는다. 나는 국왕은 단 위에 우뚝 올라서서 그 자리에 머물러야 한다고 말씀드렸다. 물론 국왕도 가끔은 단에서 내려설 수도 있고 그래도 해롭지는 않다. 그러나 민중은 자기네와 허물없이 어울리는 국왕보다는 그저 성스러운 신탁처럼 모호한 인물로 남아 있는 국왕을 원한다. 군주제란 사실상 각 개인의 머리에서 나온 창조물이다. 누구나 자기가 왕이라면 무엇을 할지 생각하기를 좋아한다. 민중은 상상할 수 있는 모든 미덕과 능력을 군주가 갖고 있다고 생각하고 싶어 한다. 그러니 평민처럼 거리를 걸어 다니는 국왕을 보았다면 필시 실망했을 것이다.[78]

---

77 Cooley, 앞의 책, p.351.
78 Ponsonby, 앞의 책, p.277.

옳든 그르든 간에, 이 같은 이론에 함축된 극단적 논리는 관객이 공연자를 절대로 보지 못하게 막는 것으로 귀결되고, 공연자의 뛰어난 자질과 권력을 주장할 때에는 언제나 효력을 발휘한다.

물론 사회적 거리 지키기에 관객 역시 공연자에게 부여된 성스러운 속성에 경외심을 드러내고 존중하는 태도를 연기함으로써 협조하는 경우도 흔하다. 지멜은 이렇게 지적한다.

두 번째 결정에 따르는 행동은 모든 인간에게는 자기만의 이상적 영역이 있다는 느낌(다른 영역에서도 작용하는)과 부합하는 행동이다. 관계하는 상대에 따라 방향과 크기는 달라지지만, 사람에게는 결코 침범할 수 없는 고유 영역이 있다. 한 사람의 고유 영역을 침범하면 그의 인성 가치가 무너진다. 그 고유 영역에 한 사람의 명예가 걸려 있다. '너무 가까이 왔다'는 말은, 한 사람의 명예에 대한 모욕을 신랄하게 지적하는 말이다. 말 그대로, 한 사람의 고유 영역을 다른 사람이 침범해 그의 명예에 모욕이 되었다는 뜻이다.[79]

뒤르켐도 비슷한 주장을 한다.

사람의 인성은 성스러운 것이다. 인성을 침해하지 않고 선線을 넘지 않으면서도 다른 사람들과 교감을 나누는 것이 가장 위대한 선善이다.[80]

---

79 *The Sociology of Georg Simmel*, trans. and ed. Kurt H. Wolff(Glencoe, Ill.: The Free Press, 1950), p.321.

80 Émile Durkheim, *Sociology and Philosophy*, trans. D. F. Pocock(London: Cohen

쿨리의 관점이 지닌 함의와는 달리, 사람은 자기보다 우월한 지위의 공연자를 대할 때와 마찬가지로 자기와 비슷하거나 낮은 지위의 공연자를 대할 때도(정도는 다를지도 모르지만) 분명 두려움과 거리감을 느낀다.

접근 금지가 관객에게 어떤 영향을 미치든, 공연자에게는 자기가 선택한 인상을 잘 가꿀 여유를 주고, 자기와 관객 모두를 위해 가까이서 보면 파괴될지도 모르는 공연을 보호하고 위험에 대처할 수 있게 해준다.

마지막으로, 공연자를 두려워해서 관객이 건드리지 않는 문제라면, 그것은 폭로되면 공연자가 수치심을 느끼기 쉬운 문제라는 점도 지적하고 싶다. 리츨러Riezler의 지적대로, 그래야 우리는 한 면에는 두려움이, 다른 면에는 수치심이 새겨진 사회적 마술 동전을 갖게 될 것이다.[81] 관객은 공연 이면의 신비스러운 힘과 비밀을 감지하고, 공연자는 비밀이 하찮기 짝이 없음을 안다. 셀 수 없을 만큼 많은 민담과 통과의례가 신비에 숨겨진 진짜 비밀은 종종 신비할 게 하나도 없다는 점임을 보여준다. 진짜 문제는 그 사실을 알아차리지 못하게 막는 것이다.

& West, 1953), p.37.

81 Kurt Riezler, "Comment on the Social Psychology of Shame," *American Journal of Sociology*, XLVIII, p.462ff.

실체와 책략

영미 문화에는 행동을 개념화하는 두 가지 상식적 모델이 있는 듯하다. 하나는 참되고 진지하고 정직한 행동을 가리키는 참된 공연 모델이다. 다른 하나는 우리가 심각하지 않게 받아들이는 연극배우의 공연이나 심각하게 받아들이는 사기꾼의 작업처럼 철저하게 꾸며낸 거짓 공연 모델이다. 우리는 참된 공연을, 일부러 꾸며낸 것이 아니라 상황에서 나타난 사실에 개인이 무의식적으로 반응해 나타난 의도치 않은 결과라고 보는 경향이 있다. 반면에 꾸며낸 공연은 즉각적 반응이라고 볼 만한 실체가 없으므로 하나하나 힘들여 거짓을 짜 맞춘 것으로 보곤 한다. 이런 이분법적 개념은, 정직한 공연자라는 이데올로기를 전제하기 때문에 공연을 하는 데는 강력한 힘을 발휘하지만, 공연을 분석하는 데는 빈약한 개념이라는 점을 알아둘 필요가 있다.

먼저, 습관적으로 투영하는 상황 정의가 참된 실체라고 진지하게 믿는 사람들이 많다고 인정하자. 나는 그렇게 믿는 인구 비율을 문제 삼을 생각은 없다. 그보다는 사람들의 진실성과 그들이 보여주는 공연의 구조적 관계를 다루려 한다. 공연이 이루어지려면 목격자들이 대체로 공연을 하는 사람들의 진실성을 믿을 수 있어야 한다. 진실성이 사건의 드라마에서 차지하는 구조적 위치가 바로 이 지점이다. 공연자가 진실한 사람 ── 진실하지 않은데도 자신이 진실하다고 믿는 사람 ──일 수도 있지만, 배역에 대한 애착이 설득력 있는 공연에 반드시 필요하지는 않다. 프랑스 요리사 행세를 하는 러시아 스파이나 한 남자의 아내면서 다른 남자의 정부 노릇을 하는 여자들이 많지는 않겠지만, 그런 이중행각이 실제로 존재하고 또 오랜 시간 성공적으로 유지되는 경우도 더러 있다. 이는 사람들의 됨됨이는 보통 겉모습으로 나타나지만 그런 겉모습 역시 관리될 수 있다는 점을 시사한다. 그렇다면 실체와 겉모습의 관계란 통계적인 것일 뿐 반드시 본질적이거나 필수적인 것은 아닌 셈이다. 사실, 공연에 영향을 미치는 뜻밖의 위협이라든가 동료 공연자와 유대를 유지하고 목격자와는 어느 정도 거리를 두어야 할 필요(나중에 논의해야할 문제)가 있는데도 공연자가 생각하는 내면의 실체와 확실하게 거리를 두지 못해 공연을 위험에 빠뜨리는 때가 있다. 완벽하게 거짓임에도 성공하는 공연이 있고, 완벽하게 정직해서 성공하는 공연이 있다. 그러나 일반적으로 공연의 본질은 그런 극단적 유형에는 속하지 않으며 연극적 관점에서 권장할 만한 것도 아니다.

이런 논의에는, 정직하고 진실하고 진지한 공연이 사람들의 생각만큼 견고한 실제 세계와 단단하게 연결되어 있지 않다는 의미가 함축되어 있다. 그리고 우리가 좀 더 거리를 두고 지극히 정직한 공연과 아주 교묘하게 꾸민 공연의 차이를 다시 살펴보면 그 함의가 더욱 강하게 드러날 것이다. 이와 관련하여 무대 연기에서 나타나는 주목할 만한 예를 들어보자. 훌륭한 공연자가 되려면 심층적 내면연기의 기법을 익히고, 오랜 시간 훈련을 받고, 심리학적 소양도 갖추어야 한다. 그렇지만 너그러운 관객 앞에서는 누구나 재빨리 각본을 익히고 꾸며낸 연기에 얼마쯤 진실성을 담을 줄 안다는 사실도 간과해서는 안 된다. 일상의 사회적 상호작용 자체가 극적으로 과장된 행동, 반응, 반응 중단을 주고받는 무대로 구성되기 때문이다. 미숙한 공연자의 손에 들린 각본도 생명력을 얻을 수 있다. 생명력은 극적 실현에서 생기는 것이기 때문이다. 물론 온 세상이 다 무대는 아니지만, 세상이 무대가 아님을 결정적으로 밝힐 수 있는 구체적 방법을 찾기는 쉽지 않다.

이와 관련해 최근 치료 기법으로 활용되는 '사이코드라마'가 제기하는 또 다른 쟁점이 있다. 정신의학적으로 연출된 무대에서 환자들은 맡은 배역을 꽤 효과적으로 연기할 뿐만 아니라 각본을 사용하지도 않는다. 환자들에게는 무대에서 재연할 수 있는 과거의 경험이 있다. 일단 환자가 한 배역을 정직하고 성실하게 연기하고 나면 나중에 꾸며낸 연기를 할 수도 있게 된다. 또한 환자에게는 중요한 타자가 환자 본인을 대하던 경험을 이용할 수 있어서 환자 자신일 때의 역할부터 타자의 역할로 연기 전환을 할 수 있다. 이와 같은 역할 전환 능력은 불가피한 경우에는 누구나 예견하고 발휘할 수 있다. 실제 삶에서 맡은 배역을 공연하는 법을 배우면서 우리는 말 상대가 보여주는 초기의 진부한 친밀성을 지나치게 의식하지 않음으로써 우리 나름의 공연을 꾸려나가는 법을 익힌다. 그리고 실제 삶에서 우리가 필요할 때 적절하게 배역 연기를 관리할 수 있는 것은 다가올 현실에 대비해 미리 학습해둔 '예기 사회화anticipatory socialization'[82]

---

82 R. K. Merton, *Social Theory and Social Structure*(Glencoe: The Free Press, revised and enlarged edition, 1958), p.265ff. 〔예기 사회화란, 사회적 행위자가 특정 역할을 맡기 전에 미리 특정 역할에 따르는 행동 규범(겉모습, 몸가짐, 행동 유형)을 익

덕분이다.

사회적 지위의 이동으로 새 배역을 맡은 사람은, 어떻게 행동해
야 하는지 구체적이고 자세한 이야기는 듣지 못한다. 또 새로운 상
황에서 처음부터 심사숙고할 겨를도 없이 행동을 결정해야 할 일들
이 마구 밀려들지는 않을 것이다. 그저 몇 가지 암시, 단서, 연출 방
향 정도만 주어지고 그에게는 새로운 무대에 필요한 갖가지 자잘한
연기 목록도 있을 것이다. 개인은 이미 겸손, 존중, 정의감이 어떻게
보이는지를 잘 알고 있어서 필요할 때면 그 목록들을 꺼내 연기에
이용할 수 있다. 심지어 자기에게 익숙한 행동 모델을 토대로 최면에
걸리기 쉬운 환자 역을 맡거나[83] '충동적' 범죄를 저지를 수도 있다.[84]

연극 공연이나 사기극에서는 배역 연기의 내용 중 말로 표현할 부
분에는 치밀하게 구성한 대본이 필요하지만, '암시 표현'이 필요한
방대한 부분은 흔히 모호한 무대 지시만 주어질 뿐이다. 환상을 보
여주는 공연자라면 자기 목소리, 얼굴 표정, 태도를 관리하는 방법
을 상당히 많이 알고 있을 것이다. 물론 공연자나 연출자가 그런 종
류의 지식을 일일이 말로 진술하기는 참으로 어려울 것이다. 그리고
우리는 우직한 보통 사람을 만나는 것도 사실이다. 우리는 사회화
를 통해 어느 한 가지 배역의 구체적 세목을 모두 학습하는 것은 아

히는 과정을 말한다. ─ 옮긴이]

83 이와 같은 최면에 관한 관점을 명쾌하게 보여준 글은 T. R. Sarbin, "Contributions to
Role-Taking Theory I: Hypnotic Behavior," *Psychological Review*, 57, pp.255-
270.

84 D. R. Cressey, "The Differential Association Theory and Compulsive Crimes,"
Journal of Criminal Law, Criminology and Police Science, 45, pp.29-40.

니며, 그럴 만한 충분한 시간이나 에너지가 없을 때가 많다. 개인은 어떤 배역을 맡든, 그 배역을 '채울' 만큼 표현법을 충분히 익혀두기만 하면 된다. 일상 삶의 진솔한 공연은 개인이 할 일이 무엇인지 미리 알고 또 원하는 효과를 겨냥해 '연기'하는 '연출'된 공연이 아니다. 암시 표현이란 그로서는 '생각할 수도 없는' 것이다.[85] 그러나 보통 사람이 연출된 연기를 하는 공연자처럼 자기의 시선과 몸 움직임을 미리 능숙하게 고안할 능력이 없다고 해서 자기의 행동 목록 중에서 이미 극화된 수단을 택해 자기 표현을 할 줄 모르는 것은 아니다. 요컨대, 우리는 모두 우리가 아는 것보다 훨씬 연기를 잘한다.

레슬링 선수가 속임수와 반칙을 쓰고 상대 선수에게 으르렁대는 모습을 텔레비전에서 보면, 우리는 그 소란에서도 그가 단지 '악역'을 연기할 뿐이며 다른 경기에서는 단정한 선수 역으로 등장해 대등한 재능과 능력을 보여줄 것임을 안다. 그러나 우리는 선수가 엎어지는 횟수나 모습을 미리 정해놓아도 선수의 미세한 표현이나 몸 움직임까지 각본대로 나오는 것이 아니라 계산이나 생각 없이 순간순간 습관적으로 기량을 발휘하는 데서 나온다는 사실까지는 잘 보지 못하는 것 같다.

'말horse'이 된 인디언이나 부두교의 신들린 사람 이야기를 읽어보면,[86] 신들린 사람이 자기에게 빙의된 신을 정교하게 묘사하는 데 놀

---

85 이 개념은 다음 글에서 도출했다. T. R. Sarbin, "Role Theory," in Gardner Lindzey, *Handbook of Social Psychology*(Cambridge: Addison-Wesley, 1954), Vol. 1, pp.235-236.

86 Alfred Métraux, "Dramatic Elements in Ritual Possession," *Diogenes*, 11, pp.18-36.

라게 된다. 그렇게 정확한 묘사가 가능한 것은 사실 그에게 "교단에서 예배를 하며 지내온 삶을 통해 축적된 지식과 기억"[87]이 있기 때문이다. 신들린 사람은 지켜보는 사람들과 올바른 사회관계를 맺고 있으며 그의 접신 상태는 그가 신들린 다른 무리와 더불어 일종의 짧은 종교극에 참여하여 의례적 의무를 수행하는 과정에서 일어난다. 여기서 중요한 사실은, 신들린 당사자를 둘러싼 맥락의 구조화가 신도들로 하여금 접신 상태가 참이며, 그들이 마음대로 선택할 수 없는 신이 접신 대상을 정한다고 믿게 한다는 점이다.

또한 미국에서 중간계급의 젊은 여성이 남자 친구를 위해 침묵을 지키는 모습을 보면, 우리는 그녀의 행동에서 교활한 책략을 쓴 부분을 즉각 짚어낸다. 그러나 그녀가 미국의 중간계급 소녀라는 점만은, 우리도 그녀 자신이나 그녀의 남자 친구와 마찬가지로 공연이 아닌 사실로 받아들인다. 그러나 우리는 그 공연의 더 큰 부분은 간과한다. 상이한 사회 집단들은 나이, 성별, 지역, 계급 지위 같은 속성을 저마다 다른 방식으로 표현하며, 그 적나라한 속성들을 나름의 독특한 문화적 복합체로 잘 다듬어 적절한 처신으로 삼는다는 사실은 상식에 속한다. 주어진 지위에 적합한 사람이 된다는 것은 단순히 필요한 속성을 갖추는 정도로는 부족하다. 품행의 기준과 소속 집단이 중요시하는 겉모습도 지켜야 한다. 공연자가 아무 생각 없이 편하게 기준을 지키며 배역 연기를 계속한다고 해서 공연을 하지 않는다고 말할 수는 없다. 참여자가 의식적으로 하는 공연이 아

---

87 같은 책, p.24.

니라는 뜻일 뿐이다.

지위, 직위, 사회적 위치는 소유하고 과시할 수 있는 물질이 아니라 일관성 있고, 미화되고, 적절하게 다듬어진 품행의 일종이다. 매끄럽든 어설프든, 의식적인 것이든 아니든, 교활하든 진실하든, 공연으로 실현해야 하고 표현해야 하는 것이다. 이러한 면에서 사르트르가 좋은 예를 들었다.

카페에서 일하는 종업원을 생각해보자. 그의 움직임은 민첩하고 조금 지나칠 정도로 정확하고 빠르다. 고객을 향한 그의 발걸음은 너무 빠르다. 지나칠 만큼 몸을 굽히고서 고객의 주문에 관심을 집중하고 있음이 그의 목소리와 시선에 배어 나온다. 그리고 돌아서서는 계속 불안정하게 흔들리는 몸과 손발을 조금씩 움직여 균형을 잡으려고 애쓰는 줄타기 곡예사처럼 그는 위태롭게 쟁반을 나르며 로봇처럼 뻣뻣하게 걷는다. 그의 모든 행동이 우리에게는 게임처럼 보인다. 그는 자기 움직임 하나하나를 마치 기계 장치처럼 연결하려 한다. 그의 몸짓과 목소리까지 기계 장치처럼 보인다. 그는 자신을 물건처럼 민첩하고 냉정하게 다룬다. 그는 게임을 즐기고 있다. 어떤 게임을? 우리는 오래 쳐다보지 않아도 설명할 수 있다. 그는 카페의 종업원 게임을 하고 있다. 놀라운 것은 하나도 없다. 승부와 탐색의 게임이다. 어린아이는 자기 몸을 탐구하고, 목록을 작성하고, 가지고 논다. 카페 종업원은 종업원이라는 존재를 **실현하기** 위해 자기의 존재 조건을 가지고 게임을 한다. 게임은 모든 직업인에게 부여된 의무와 다를 바 없다. 직업인의 존재 조건은 전적으로 의례의 한 요소다. 대중은 그들에게 의례로 직업인을 실현해주기를 바란다. 식료품 상인, 재단사, 경매사의 동

작은 그들이 단지 식료품 상인, 재단사, 경매사일 뿐임을 고객에게 납득시키려는 노력이다. 몽상에 잠긴 식료품 상인은 구매자에게는 모욕이다. 그런 사람은 온전히 식료품 상인만으로 있지 않기 때문이다. 사회는 그에게 식료품 상인 노릇만 하라고 강요한다. 보초병에게 차렷자세로 똑바로 앞을 보면서도 실은 아무것도 보지 않고 볼 마음도 없는 군인 기계가 되라고 지시하는 것과 다를 바 없다. 시선을 고정해야 할 지점('10보 앞')을 결정하는 것은 규율이지 보초병의 관심사가 아니다. 마치 한 사람이 느닷없이 자기를 가둔 조건을 무너뜨리고 도망치지나 않을까 하는 끊임없는 두려움 속에서 사는 것처럼, 우리는 실로 한 사람을 가두려는 수많은 예방 조치들에 둘러싸여 있다.[88]

---

88 Sartre, 앞의 책, p.59.

2장

팀

Teams

공연에 관해 생각하면, 우리는 공연 내용을 그저 공연자의 성격을 확대 표현한 것으로 가정하고 그런 개인적 면모에 국한해 공연의 기능을 보기 쉽다. 이렇게 제한된 관점으로는 상호작용을 위한 공연 일반에 함축된 기능상의 중요한 차이를 볼 수 없다.

첫 번째 차이는, 공연은 주로 공연 과제의 특성을 연출할 뿐 공연자 개인의 특성을 연출하지 않는다는 점이다. 전문직이든, 관료조직이나 사업체의 직원이든, 기능직이든, 서비스 업무를 행하는 사람들은 활기찬 몸가짐으로 자신들의 실력과 성실성을 표현한다. 그들의 몸가짐이 어떤 특성을 전하려 하든, 그 주된 목적은 그들이 제공하는 서비스나 제품에 관해 유리한 정의를 확보하려는 데 있다. 또한 공연자 개인의 앞무대는 그 자신의 모습이 아니다. 더 넓은 무대에서 효과를 거두기 위해 갖춘 겉모습과 몸가짐이다. 이런 관점에서 보면 왜 몸차림이 단정하고 발음이 정확한 젊은 여성을 도시에서 접수계 직원으로 선별 채용하는지 알 수 있다. 그런 여성이라야 자신과 조직을 위한 앞무대를 연출할 수 있다.

가장 중요한 점은, 어느 한 참여자가 투영한 상황 정의는 여러 참여자들이 긴밀하게 협력하여 조성하고 유지하는 통합적 요소라는 것이다. 예를 들면, 종합병원의 전문의 두 사람이 인턴 훈련의 일환으로 인턴에게 환자의 차트를 살펴보고 소견을 말하라고 시킬 때가 있다. 인턴은, 전날 미리 차트를 훑어본 두 전문의와 달리, 자기가 무지를 드러낼 수밖에 없음을 알아차리지 못한다. 그는 또 두 전문의가 한 팀으로서 묵시적 합의에 따라 차트를 반반씩 나누어 미리 살펴본 덕에 유능한 전문의라는 인상을 두 배로 확실히 할 수 있었음을 알 리 없다.[1] 적절한 문답을 적절한 순간에 주고받을 수 있는 유능한 전문의의 모습은, 협동 작업으로 연출되는 것이다.

더 나아가, 팀이 전반적으로 만족스러운 공연 효과를 거두려면 팀 성원들은 배역에 따라 각기 다른 연기와 면모를 보일 필요가 있다. 공식 만찬을 여는 집이라면 제복을 착용한 일꾼이 필요하다. 일꾼 배역을 맡은 사람은 일꾼에 대한 사회적 정의에 적합한 모습을 갖추어야 한다. 여주인 역을 맡은 사람 역시 지시를 내리고 일꾼에게 시중을 기다리는 게 자연스럽다는 사회적 정의에 적합한 겉모습과 몸가짐을 갖춰야 한다. 그런 모습은 필자가 연구한 셰틀랜드 섬의 관광호텔에서도 두드러졌다. 호텔 경영진은 중간계급, 고용인들은 시중꾼 연기를 하면서 호텔이 전반적으로 중간계급 서비스를 제공한다는 인상을 주었다. 지역의 계급구조로 볼 때 하녀 역을 연기하는 여자아이들이 실제로는 호텔 주인보다 지위가 높았음에도 불구하고 그랬다. 손님들이 없을 때는 계급 지위와 다른 역할을 연기하는 하녀 쪽에서 터무니없는 일을 용납하는 경우는 없었다. 중간계급의 가족 생활에서 또 다른 예를 볼 수 있다. 미국 사회에서는 부부가 저녁에 열리는 사교 모임에서 새로운 친구를 만날 때면, 평소 단둘이 있을 때나 오랜 친구들 앞에서 남편에게 까탈을 부리던 아내도 남편의 뜻과 견해를 존중하고 순종하는 모습을 보인다. 아내

---

1 필자의 미발표된 의료직 연구에서.

가 공손한 역할을 가정하면 남편은 지배자 역할을 맡는다. 결혼으로 맺어진 한 팀의 성원으로서 각자가 자기 배역을 연기함으로써 관객의 기대에 들어맞는 인상을 유지하는 것이다. 또 다른 예로 미국 남부의 인종 간 예절이 있다. 존슨Charles S. Johnson의 지적에 따르면, 흑인은 다른 백인이 근처에 없을 때는 백인 동료를 이름으로 부르지만, 다른 백인들이 가까이 다가오면 존칭을 붙인다고 한다.[2] 사업상의 예절에서도 비슷한 예가 있다.

외부인이 있을 때는 사업상의 형식이 더 중요하다. 당신이 하루 종일 비서를 '메리'라 부르고 동업자를 '조'라고 부르더라도, 사무실을 찾은 낯선 사람에게 그들을 소개할 때는 그들의 이름에 존칭을 붙여야 한다. 당신은 전화 교환원과 농담을 나눌 수도 있겠지만, 외부인이 통화를 들을 수 있는 자리에서는 그러지 말아야 한다.[3]

그녀(당신의 비서)는 낯선 이들 앞에서는 존칭으로 불리기를 바란다. 당신이 그녀를 '메리'라고 부르곤 해서 누구나 그녀에게 친밀한 호칭을 쓰게 만든다면, 그녀는 당신의 애칭을 달가워할 리 없다.[4]

나는 하나의 배역 연기를 무대에 올리는 데 협조하는 개인들의 집합을 '공연 팀' 또는 줄여서 '팀'이라 부르겠다.
지금까지 우리는 개인의 공연을 기본 준거점으로 택해 개인과 개

---

2 Charles S. Johnson, 앞의 책, pp.137-138.
3 *Esquire Etiquette*(Philadelphia: Lippincott, 1953), p.6.
4 같은 책, p.15.

인의 공연, 그리고 다양한 배역의 참여자들과 그들의 상호작용 전체라는 두 층위에서 상호작용을 살펴보았다. 이런 관점만으로도 상호작용의 종류와 면모를 연구하는 데는 충분할 것 같다. 이 준거틀에 들어맞지 않는 상호작용은 준거틀의 복잡성을 높여 다룰 수 있다. 각기 자기 배역을 연기하는 두 공연자의 협동 공연은 기본 분석틀을 수정하지 않고도 공모 또는 '암묵적 합의'의 형태로 분석할 수 있다. 그러나 특정 사회기관 사례 연구의 경우, 일부 참여자들의 협동은 단순히 앞서 다룬 주제의 변형으로 다루면 안 될 만큼 중요하게 보인다. 팀 성원들이 서로 비슷한 개인 공연을 펼치든 아니면 각자의 개인 공연들이 합쳐져 전체 공연을 구성하든, 새로 출현하는 팀이 주는 인상은 그 자체로, 개인 공연과 참여자들의 전체 상호작용의 중간에 속하는 제3수준의 사실로 다룰 수 있다. 우리의 관심사가 팀이 인상을 조성하는 과정에서 일어나는 우발적 사태와 그에 대처하는 특별한 인상 관리 기법에 있다면, 기본 준거점으로는 팀과 팀 공연이 가장 좋은 단위다.[5] 2인 상호작용의 경우라면 1인조 두 팀의 상호작용으로 다룰 수 있다. (논리적으로만 보자면, 공연자가 없는 특별한 사회적 상황에 깊은 인상을 받는 관객이 있다면 그는 구성원이 없는 팀 공연을 지켜보는 관객이라 할 수 있겠다.)

팀 개념을 적용하면 한 사람 이상이 하는 공연과 기타 사례도 다룰 수 있다. 앞서 나는 공연자가 자기 연기에 몰입해 인상을 조성하

---

5 팀을 (공연자와 대립된 의미로서) 기본 단위로 사용한 것에 대해서는 폰 노이만(Von Neumann)의 앞의 책 53쪽을, 특히 두 사람이 벌이는 브리지 게임을 분석한 부분을 참고했다. 어떻게 보면 게임을 하는 두 사람은 제각기 두 사람 몫을 하는 셈이다.

는 순간을 유일한 실체로 믿는다고 지적했다. 그럴 경우 공연자는 스스로의 관객이 된다. 공연자인 동시에 관찰자가 되는 셈이다. 아마도 공연자는 다른 사람들 앞에 있을 때 자기가 유지하려고 애쓰는 기준을 내면화해 통합할 것이고 그리하여 사회적으로 적절한 행동을 해야 한다는 양심의 요구를 받을 것이다. 공연자로서 알 수밖에 없었던 불미스러운 공연 관련 사실을 관객인 자기에게 숨기는 능력이 필요할 것이다. 일상 용어로 말하자면, 사람에게는 이미 알고 있었거나 알게 된, 그러나 자신에게조차 인정할 수 없는 일들이 있는 법이다. 이렇듯 복잡한 자기기만은 항상 일어난다. 이에 관한 뛰어난 임상 자료를 정신분석학자들은 억압과 분열이라는 이름을 붙여 제공해왔다.[6] 자기기만이 바로 자기 자신을 낯설게 느끼는 '자기 소원self-distantiation'의 원천인 셈이다.[7]

자신의 사적 활동을 통합된 도덕적 기준에 맞추려고 하는 사람은, 그 기준을 어떤 준거 집단과 결부시켜 그 자리에 없는 관객을 창조하기도 한다. 그래서 고려해야 하는 문제가 하나 더 있다. 개인은 내심 믿지 않는 행동 기준이라도 겉으로는 지킬 수 있다. 그 기준에

---

6 개인주의적 사고방식에서는 자기 기만이나 불성실을 개인 내면의 심층에서 잠자고 있다가 발현되는 성격적 결함으로 다루곤 한다. 그러나 개인의 내면에서 시작해 외부를 다루는 것보다 외부에서 시작해 개인의 내면을 다루는 방식이 더 낫다. 모든 문제는 개인 공연자가 관객 앞에서 상황 정의를 유지하는 과정에서 비롯된다. 개인이 잠정적 합의를 지켜야 하고 배역이 다른 공연을 하거나 주어진 배역을 상이한 관객 앞에서 공연을 해야 한다면 개인은 저절로 불성실해진다. 자기기만은 공연자와 관객이라는 각기 다른 두 역할이 한 사람에게 압축될 때 생긴다고 할 수 있다.

7 Karl Mannheim, *Essays on the Sociology of Culture*(London: Routledge & Kegan Paul, 1956), p.209.

서 벗어나면 처벌을 가할 눈에 보이지 않는 관객이 있다고 믿는 탓이다. 다시 말해, 개인은 스스로의 관객일 수 있고, 관객이 눈앞에 있다고 상상할 수도 있는 것이다. (이런 점이 팀 개념과 개인 공연자 개념의 분석적 차이점이다.) 그래서 우리는, 실제 물리적으로 공연을 보고 있지 않은 관객을 염두에 둔 공연을 팀이 할 수도 있음에 주목한다. 미국의 일부 정신병원은 연고가 없는 사망 환자들의 장례를 병원이 주관해 정성껏 치러준다. 이런 관행이, 열악한 조건과 사회의 무관심으로 최소한의 예를 갖추기 힘든 상황에서도, 도덕적 기준을 확실히 보장해줌은 물론이다. 유족이 나타나지 않는 경우에도 어쨌든 병원의 장의사와 직원 한두 명이 입관 등 장례에 필요한 일을 도맡고, 보는 사람이 없어도 고인을 위한 정중한 애도 의례를 행한다.

팀 성원들은 한 팀에 속한다는 이유로 서로가 매우 중요한 관계를 맺고 있음을 안다. 팀 성원들의 관계를 구성하는 기본 성분은 두 가지다.

첫째, 팀 공연이 진행되는 동안, 팀 성원은 누구나 공연을 포기하거나 부적절한 품행으로 공연을 망칠 힘이 있다. 성원 각자가 팀 동료들의 선행에 의지해야 하고 팀 동료들도 그에게 의지해야 한다. 그러다 보니 팀 성원들을 하나로 묶어주는 상호의존적 유대가 생길 수밖에 없다. 사회 조직에서 공식 지위와 계급이 각기 다른 구성원들이 한 팀이 되는 경우가 흔히 있는데, 그럴 때 우리는 성원 의식에서 비롯된 상호 의존성이 조직의 구조적·사회적 분열을 극복하게 함으로써 조직 결속의 기반을 마련해준다는 사실을 알 수 있다. 간부와 실무자가 지위 차이로 분열하기 십상인 조직에서도 공연 팀들은 분열을 통합시키는 경향이 있다.

둘째, 관객 앞에서 팀 성원들이 협력해 주어진 상황 정의를 지켜야 한다면, 분명 자기네끼리 있을 때 주고받던 인상은 유지할 수 없는 입장에 처한다. 그러면 그들은 특정 면모를 유지하는 공모자로서, 서로 '사정을 아는' 사이, 특정 앞무대는 유지할 수 없음을 이해하는 사이가 될 수밖에 없다. 그러면 팀 동료들은 팀으로 행동하는 횟수와 팀의 인상 보호impressional protectiveness에 속하는 문제의 수에 비례해 서로 '친밀성'을 나눌 권리가 있는 사이로 결속하기 마련이다. 팀 동료들 사이의 친밀성이란, 반드시 함께 시간을 보내면서 서서히 형성되는 유기적 관계의 친밀성이라기보다는 개인이 팀에 소속되는 순간 자동적으로 확대·수용되는 공식 관계에서 형성된 온기 없는 친밀성일 것이다.

상호 의존성과 상호 친밀성의 유대로 결합된 팀을 다른 방식으로 형성되는 집단, 가령 비공식 집단이나 파벌과 혼동하면 안 된다. 팀 동료란 주어진 상황 정의를 조성하고 유지하는 과정에서 형성되는 협력 관계에 있는 사람이다. 그런 사람이 비공식적 제재를 무시하고 공연을 포기하거나 방향을 바꾸자고 주장해도 그는 어쨌든 팀의 일원이다. 그가 문제를 일으킬 수 있는 것도 사실은 그가 팀의 일원이기 때문이다. 공장에서 동료들이 관행으로 정한 작업 속도를 어긴 외톨이가 그의 작업 생산성으로 다른 노동자들이 애써 고된 작업으로 보이도록 조성한 인상을 곤경 속으로 빠뜨린다 해도, 그는 팀의 일원이다. 우정을 나눌 상대로는 무시당하겠지만, 팀의 상황 정의를 위협한다는 점에서는 무시할 수 없는 존재다. 마찬가지로, 파티에서 헤프게 구는 젊은 여성이 있다 치자. 그녀는 다른 여성들의 기피 대상일지도 모르지만 명백히 같은 여성이고 또 젊은 여성이 성 상대로는 까다롭다는 그들의 집합적 정의를 훼손할 위험이 있으니, 무시할 수 없다. 이처럼 팀 동료들은 흔히 자기 보호를 위해 기울이는 노력 방식에 비공식적으로 동의한 사람들이고 또 그 과정에서 비공식 집단을 형성할 수도 있다. 그러나 비공식 동의가 팀을 정의하는 데 꼭 필요한 조건은 아니다.

팀 개념을 비공식 유흥을 함께 즐기는 소수의 사람들이라는 뜻으로 사용하는 비공식 파벌 역시 팀이 될 수도 있다. 파벌의 성원들이 외부의 어떤 이들에게는 파벌의 배타성을 요령껏 감추고 어떤 이들에게는 거드름 피우며 파벌을 광고하는 데 협력한다면 팀이라 할 수 있다. 그러나 팀과 파벌은 개념상 중요한 차이가 있다. 대규모 사회 조직에서는 같은 지위에 있는 사람들이 그들보다 높거나 낮은 지위의 사람들과 상황 정의를 유지하는 데 협력해야 해서 하나로 뭉친다. 그들은 어떤 면에서는 중요한 차이가 있어서 서로 사회적 거리를 두는 게 바람직한 사이라도, 공연을 할 때는 팀 동료로서의 특성을 연출해야 함을 안다. 소규모 파벌은 흔히 개인이 함께 공연하는 이들의 이익을 증진하기 위해서가 아니라 그들과 동일시하고 싶지 않을 때 자신을 보호하기 위해 형성하는 집단이다. 그렇다면 파벌은 지위가 다른 사람들보다는 지위가 같은 사람들 사이에서 개인을 보호해주는 기능을 하는 셈이다. 파벌의 성원은 지위가 같은 사람들로 구성되지만 같은 지위에 있다고 해서 모두가 파벌의 성원이 되는 것

은 아니다.[8]

무엇이 팀이고 무엇이 아닌지 결론을 내리자. 사람들은 이용 가능한 어떤 수단을 써서라도 취미나 집합적 목표를 증진하기 위해 공식·비공식 행동 집단을 형성할 수 있다. 사람들이 특정 인상을 유지하는 데 협력하고, 그 협력이 특정 목표를 달성하려는 수단이라면, 그들은 여기서 말하는 의미의 팀이다. 그런데 연극적 협력 말고도 목표를 달성할 수 있는 다른 수단을 가진 행동 집단도 분명히 있다. 물리력이나 협상력 같은 다른 수단들은 인상 조작 전략에 따라 많이 쓰일 수도 있고 적게 쓰일 수도 있다. 그러나 물리력이나 협상력 행사가 사람들을 하나의 집단으로 형성시키는 원천이라는 사실과 그렇게 형성된 집단이 때로는 연극적 의미에서 하나의 팀으로 행동할 수 있다는 사실은, 상호 관련성이 없는 별개의 문제다. (마찬가지로, 권력이나 리더십을 지닌 사람의 힘은 그의 겉모습과 몸가짐이 얼마나 적절하고 설득력이 있는가에 따라 강해지기도 하고 약해지기도 하지만, 지위의 근본 토대가 행동의 연극적 특성이라고 일반화해 말할 수는 없다.)

팀을 기본 준거점으로 하려면, 팀을 기본 단위로 사용하기에 적합하도록 앞서의 단계로 되돌아가 용어의 개념을 재규정하는 게 좋겠다.

---

8 물론 파벌 형성에 작용하는 토대는 많다. Edward Gross, *Informal Relations and the Social Organization of Work in an Industrial Office*(unpublished Ph. D. dissertation, Department of Sociology, University of Chicago, 1949). 이 책에서는 파벌은 업무상 경쟁 관계에 있지 않은 개인들을 하나로 결합시키기 위해 나이나 인종의 경계선을 넘어 형성되기도 한다고 지적한다.

나는 앞서 공연자의 목표는 상황에 대한 정의, 즉 실체에 대한 공연자의 주장을 표현하는 것이라고 지적했다. 도와줄 팀 동료가 없는 1인 팀일 경우 공연자는 어떤 입장을 취할지 빨리 정하고 그 입장이 그가 진심으로 선택할 수 있는 유일한 입장인 듯 연기할 수 있다. 또 선택한 입장을 자기 처지와 이익에 맞춰 조절할 수도 있다.

관점을 1인 팀에서 규모가 큰 팀으로 돌리면, 실체에 대한 정의도 바뀐다. 팀 성원 모두를 똑같이 만족시키는 노선은 없다. 그렇기에 상황에 대한 풍부한 정의 대신 빈약한 공동 노선으로 축소된다. 진지하게 팀 노선을 받아들이면서도, 장난삼아 거부한다는 반어법이 동료의 입에서 나올 수도 있다. 반면에 팀과 팀 동료에 대한 새롭게 충성심이 생겨 팀 노선의 지지 기반이 더 단단해질 수도 있다.

대체로, 팀 성원들은 팀에 공개적 이견이 있으면 일치되게 행동할 수 없고 팀이 지탱하는 실체의 정의도 궁지에 빠진다고 느끼는 듯하다. 팀 성원들은 팀의 인상을 보호하기 위해 팀의 입장이 정리될 때까지 공개적 입장 표명을 늦추라고 요구받기도 한다. 그리고 일단 팀의 입장이 정해지면 모두 그 입장에 따라야 한다. (팀의 입장이 정해지기 전에 '소련식 자아비판'이 누구에게 얼마나 허용되어야 하는지 따위의 문제는 이 글의 쟁점이 아니다.) 공공 행정 분야의 실례를 보도록 하자.

각료 위원회 회의에서는 공무원들이 자유롭게 견해를 밝히고 토론에 참여하지만, 소속 부처 장관에게 직접 반론을 제기하지 말아야 한다는 단서가 붙는다. 이견은 공개될 수도 없고 공개되어서도 안 된다.

장관과 공무원들 열에 아홉은 미리 어떤 노선을 택할지 합의한 후에 회의에 참석하고 특정 논점에 관해 장관의 견해에 동의하지 않는 나머지 하나는 회의에 참석하지 않을 것이다.[9]

도시의 권력구조를 다룬 최근 연구에서 또 다른 예를 볼 수 있다.

어떤 규모든 지역사회 사업에 관여해본 사람은 이른바 '만장일치의 원칙'에 거듭 깊은 인상을 받는다. 지역사회의 지도자들이 마침내 정책을 공식화하면 그들은 즉각 엄격한 의견 일치를 요구한다. 보통 의사 결정은 성급하게 내려지지 않는다. 특히 고위직에서는 사업 기획안을 토론하는 데 충분한 시간을 들이고 난 후에 결정된다. 이는 지역사회 사업에서도 마찬가지다. 토론을 위한 시간이 지나가고 노선이 정해지면 만장일치가 요구된다. 반대자들에게는 압력이 행사되고 기획안이 집행된다.[10]

관객 앞에서 이견을 표명하는 것은 틀린 음정으로 부르는 노래와 같다. 악보를 틀리게 적으면 안 되듯이 악보와 다른 음정을 내서도 안 된다. 두 경우 모두 상황 정의를 입증하는 문제인 것이다. 가수와 반주자가 연주회장에서 공연을 하며 부딪치는 문제를 작은 책에서 다루었다.

---

9 Dale, 앞의 책, p.141.

10 Floyd Hunter, *Community Power Structure*(Chapel Hill: University of North Carolina Press, 1953), p.181, p.118, p.212.

가수와 피아노 반주자가 도달할 수 있는 가장 이상적인 공연은 작곡가의 의도를 정확히 표현하는 것이겠지만, 가수가 반주자에게 작곡가의 악보 음정보다 반음 정도 낮출 것을 요구할 때가 있다. 가수는 강조 표시가 없는 부분을 강조하고 싶어 한다. 필요치 않은 부분에 음을 덧붙이고, 보통빠르기로 불러야 할 부분을 느리게 바꿔 부르고, 약하게 불러야 할 때 강하게 부르고, 감정을 절제해야 할 때 감상적으로 부르려고 한다.

목록을 만들자면 끝이 없다. 가수는 작곡가의 의도에 정확히 따른다고, 언제나 그것이 목표라고, 가슴에 손을 얹고 눈물 고인 눈으로 맹세할 것이다. 곤란하기 짝이 없는 상황이다. 가수가 노래하는 방식과 반주자가 연주하는 방식이 다르면 결과는 재앙이다. 토론도 소용없다. 대체 반주자가 할 수 있는 게 무어란 말인가?

공연에서는 반주자가 **가수 편**에 서겠지만, 그는 공연이 끝나면 그 기억을 지워버릴 것이다.[11]

그러나 만장일치가 팀 공연의 유일한 요건은 아니다. 삶에서 가장 진실하고 견고한 사실은, 개인이 독자적으로 동의한 사건의 기술이라고 보는 견해가 보편적이다. 우리는 행사에 참여한 두 사람이 그 경험을 솔직하게 이야기할 생각이라면 미리 말을 맞추지 않아도 두 사람의 입장이 같으리라고 여긴다. 그들이 진실을 말할 작정이라면 미리 의논할 필요는 없다. 또한 우리는, 두 사람이 거짓말을 하거나 사실을 좀 왜곡하고 싶으면 '말을 맞추기 위해' 사전 의논이 필요할

---

11 Gerald Moore, *The Unashamed Accompanist*(New York: Macmillan, 1944), p.60.

뿐만 아니라 사전에 의논한 사실도 감추어야 한다고 생각한다. 다시 말해, 상황 정의를 무대에 올릴 경우에는 팀의 여러 성원들이 취할 입장을 만장일치로 결정하고, 각자가 독자적으로 동의해서 이루어진 결정이 아니라는 사실에 대해선 비밀에 부쳐야 한다. (또한 팀 성원들이 서로에게 자존감을 보이려면 각자 스스로 선택한 입장이 아님을 자기에게나 남에게나 인정하지 않아야 한다. 그러면서도 팀이 택할 노선과 입장은 알고 있어야 한다. 그러나 그 문제는 기본 준거인 팀 공연의 범위를 넘어선다.)

팀 성원은 팀의 공식 표명이 나올 때까지 자신의 입장 선택을 유보해야 한다. 마찬가지로, 팀이 공식적으로 표명하는 입장도 팀 성원이 소속감을 가지고 맡은 배역에 이용할 수 있는 형태로 구성되어야 한다. 예를 들면, 한 연구자는 일부 중국 상인들이 고객의 겉모습에 따라 상품 가격을 어떻게 매기는지 살펴보았다.

고객에 관한 특별한 연구 결과가 하나 있다. 고객이 가게에 들어와 여러 가지 물건을 살펴보고 물건 값을 물어볼 경우, 확실하게 한 점원을 지정해 물어보지 않으면 쉽게 대답을 듣지 못한다. 질문을 받은 점원은 가게의 모든 점원에게 물건 값을 손님에게 말해주어도 되느냐고 물어본 다음에야 대답을 해준다. 이런 예방 조치를 소홀히 하면, 매우 드물긴 하지만 점원마다 물건 값을 다 다르게 말하는 경우가 생긴다. 그래서 결국 점원들의 고객에 대한 평가가 일치하지 않음을 보여주는 셈이다.[12]

---

12 Chester Holcombe, *The Real Chinaman* (New York: Dodd, Mead, 1895), p.293.

팀 동료에게 팀의 입장을 알려주지 않는 것은 사실상 팀 동료에게 그가 맡을 배역을 알려주지 않는 것이다. 어떤 입장을 택해야 할지 모르면서 관객에게 자기주장을 할 수 있는 사람은 없다. 외과 의사가 다른 의사로부터 의뢰받은 환자를 수술하는 경우, 통상의 예의에 따라 환자를 보내준 의사에게 수술이 언제 있는지 알려주고, 그가 수술에 참관하지 못할 경우에는 전화로 수술 결과를 알려주어야 한다. 의뢰한 의사는 그렇게 '보고를 받으면' 의료 행위에 참여하는 의사로서 환자의 친지들에게 훨씬 효과적으로 자신을 연출할 수 있다.[13]

공연 중의 노선 유지와 관련된 보편적 사실을 하나 더 지적하고 싶다. 관객이 보는 자리에서 팀 성원이 실수를 하면 다른 팀 성원들은 즉각 위반자를 벌하거나 가르치려는 충동을 억누르고 관객이 자리를 비울 때까지 기다려야 한다. 무엇보다도 즉각적인 교정 조치는 상호작용을 더욱 교란시킬 뿐이다. 또 앞서 지적한 대로, 팀 성원들만 알아야 할 비밀을 관객에게 드러내는 셈이 될 수도 있다. 따라서 고위층이 언제나 정당하며 일관된 앞무대를 유지하고 있음을 연출하는 권위주의적 조직에서는, 하위직이 동석한 자리에서 한 고위직이 다른 고위직에게 적개심을 보이거나 무례를 저지르는 일이 있어서는 안 된다는 엄격한 규칙을 종종 둔다. 사병들 앞에 선 장교들, 자식들 앞에 있는 부모,[14] 노동자들 앞에 선 관리자들, 환자 앞에 있

---

13 Solomon, 앞의 책, p.75.
14 가족 간에는 극적 연출이 어렵다. 부부의 성적 유대와 직계 가족의 유대가 엇갈려서 남편과 아내가 자식들 앞에서 권위를 보여주거나 친척들과 친소 관계를 연출할 때 서로를

는 간호사들은[15] 모두 일치된 모습을 연출한다. 하위직이 없는 자리에서는 그들도 서로에게 대놓고 공격적으로 비판할 수 있고 실제로도 그렇게 한다. 최근의 교사직 연구 결과를 보면, 교사들의 직업적 능력과 제도적 권위를 지켜주려면, 교장은 화난 부모들이 불만 사항들을 들고 학교로 찾아오더라도 교사들의 입장을 지지해주어야 한다고, 적어도 부모들이 학교를 떠날 때까지는 그래야 한다고 느낀다는 것이다.[16] 교사들 역시 학생들 앞에서는 동료 교사들에 대해 이견을 표명하거나 반론을 내놓지 말아야 한다는 생각이 강하다. "교사가 눈살을 찌푸리기라도 하면 아이들은 즉각 알아차린다. 아이들은 털끝 하나 놓치지 않는다. 그러면 교사에 대한 존경심은 사라진다."[17] 비슷한 예는 의료직의 엄격한 예법에서도 볼 수 있다. 환자가 있는 자리에서 자문 의사는 유능한 의사로서의 인상을 지키려는 주치의를 당황하게 만드는 언급은 결코 하지 않도록 조심해야 한다. 휴스가 지적하듯이, "[직업상의] 예절은 고객 앞에서 직업이 공유하는 앞무대를 보존하기 위한 일련의 비공식 의례에 속한다."[18] 아랫사람들 앞에 있을 때 윗사람들이 연대하듯이 윗사람들이 앞에 있을 때 아랫사람들도 연대한다. 최근의 경찰 연구에는 영웅적 연대의

'도와주기'가 힘들기 때문이다. 앞서 지적한 대로, 소속 노선의 엇갈림이 구조적 분열의 확대를 막아준다.

15 Taxel, 앞의 책, pp.53-54.

16 Howard S. Becker, "The Teacher in the Authority System of the Public School," *Journal of Educational Sociology*, XXVII, p.134.

17 같은 책, p.139의 인터뷰.

18 E. C. Hughes, "Institutions," *New Outline of the Principles of Sociology*, ed. Alfred M. Lee(New York: Barnes and Noble, 1946), p.273.

예가 나온다. 2인조 순찰 팀의 경찰관들은 서로가 동료의 불법이나 편법을 목격하고, 판사 앞에서 동료가 주장하는 합법성의 신빙성을 떨어뜨릴 절호의 위치에 있는데도, 동료가 진술로써 감추는 악행이 무엇이든, 그 진술을 믿어줄 사람이 있든 없든, 동료 편에 선다는 것이다.[19]

선택한 노선 유지에 주의를 기울이는 공연자들은 적절하게 공연 해주리라 확신할 수 있는 사람을 팀 동료로 택할 것이다. 집에 오는 손님에 따라 아이들이 공연에서 제외되기도 한다. 아이들은 그 집에서 연출하려는 인상과 일치하지 않는 행동을 자제하고 '얌전히 굴 것이라' 믿을 수 없기 때문이다.[20] 술만 있으면 고주망태가 되고, 취하면 말이 장황해지고, 자제시키기 '어려운' 이들은 공연을 위태롭게 한다. 취하지 않아도 바보같이 구는 이들, 집주인에게 일치된 인상을 보여주려는 방문객 일동의 묵시적 합의를 지키지 못하고 그 자리의 '정신에 동참'하기를 거부하는 일행도 마찬가지다.

나는 지금까지 상호작용의 무대에서는 일부 참여자들이 한 팀을 형성하고 특정 상황 정의를 고수하기 위해 팀 성원들의 협력에 의존할 수밖에 없다고 지적했다. 그런데 구체적 사회 조직체를 연구하다 보면, 우리는 팀 공연을 보고 있는 나머지 참여자들이 대응 팀을 형성하는 의미심장한 현상을 종종 발견한다. 각 팀은 서로 상대 팀에

---

19 William Westley, "The Police"(unpublished Ph. D. dissertation, Department of Sociology, University of Chicago, 1952), pp.187-196.
20 아이들이 '사람이 아닌' 존재로 규정되면 아이들은 엉뚱한 행동을 할 자격이 생긴다. 관객이 아이들 행동의 의미를 심각하게 여기지 않는 덕분이다. 그러나 사람이 아닌 취급을 받든 그렇지 않든, 아이들은 치명적 비밀을 폭로할 수 있는 위치에 있다.

대응해 나름의 배역 연기를 하는 것이므로 일방적 연기가 아니라 극적 상호작용이라 할 수 있고, 또 이 상호작용은 참여자 수만큼 다양한 목소리가 나오는 형태가 아니라 두 팀이 주고받는 형태를 띤다. 자연 상황에서는 왜 늘 상호작용이 다수가 관여하는 형태가 아니라 두 팀이 주고받는 형태가 되는지, 그 보편적 이유는 모르겠지만, 필자가 관찰한 바로는 그렇다. 지위 등급이 많은 대규모 사회 조직에서는 특정 상호작용이 지속되는 동안 일시적으로 지위가 다른 참여자들이 대개 두 팀으로 나뉘어 집단화하는 경향을 볼 수 있다. 예를 들면, 군대에서 중위는 어떤 상황에서는 동료 장교들 편에 서서 사병들과 대립하고, 선임 장교 앞에서 공연을 하는 다른 상황에서는 부하 사관들과 한 대열을 이룬다. 두 팀 모델이 적절치 않은 상호작용도 물론 있다. 분쟁의 중재 상황에는 세 팀 모델이 적합하고 경쟁적 성격을 띤 일부 '사교' 자리에는 다수 팀 모델이 적합할 것이다. 물론 팀 수와 상관없이 모든 상호작용은 참여자들이 협력해 잠정적 합의를 유지하려는 노력이라는 관점에서 분석할 수 있다.

상호작용을 두 팀 간의 대화로 다룬다면 편의상 한 팀을 공연자, 다른 팀을 관객이나 관찰자로 상정할 수 있겠다. 관객 역시 팀 공연을 할 수 있지만, 그 점은 잠시 미뤄두자. 두 개의 1인 팀이 공공기관에서 또는 집에서 상호작용을 할 경우, 공연 팀과 관객 팀을 임의로 정할 수 있다. 그러나 중요한 사회적 상황에서는 대개 어느 한 팀이 상호작용의 무대를 설치하고 관리한다. 그리고 그 무대에서는 대응하는 팀보다는 무대를 마련한 팀이 더 능숙하게 공연할 수 있다. 가게나 사무실을 찾아온 고객이나 집에 초대된 손님도 나름의 앞무대를 유지하며 공연하지만 무대장치를 직접 통제할 수는 없다. 그들의 앞무대는 단지 그들을 맞이하는 사람들이 연출한 공연의 구성 요소일 뿐이다. 그런 경우에는 무대를 통제하는 팀을 공연 팀으로, 상대 팀을 관객으로 다루는 게 낫다. 또한 더 활발하게 상호작용에 참여하거나 극적으로 더 두드러진 배역을 맡고 두 팀의 대화 상호작용에 방향과 속도를 조절하는 팀을 공연자로 보는 게 좋다.

팀이 조성한 인상을 지키려면 어느 한 개인이 팀과 관객 양쪽에 다 참여하는 일은 없도록 보장하는 장치가 있어야 한다. 예를 들어보자. 소규모 여성 기성복 매장 주인은 의류를 세일해 팔면서 때가 묻었다거나 철이 바뀌었다거나 다 팔고 한 벌만 남았다는 식으로 가격을 낮춘 이유를 대면서, 실은 색상과 스타일도 좋지 않고 잘 팔리지 않을 것 같아서 가격을 낮추었다는 사실을 감추려 한다. 또 그는 자기 가게도 아닌 가상의 뉴욕 매장을 들먹이거나 판매 점원에 불과한 여직원을 재고 관리자라고 호칭하며 고객에게 자신이 대단하다는 인상을 주려 한다. 그러려면 주말에 일할 임시직 여점원을 채용할 때 과거에 고객이었거나 앞으로 고객이 될지도 모르는 인근 지역 사람은 제외해야 한다.[21]

무대 통제권은 흔히 상호작용의 이점으로 간주된다. 좁은 의미에서 보면, 무대 통제권은 팀이 전략적 장치를 도입해 관객이 얻게 될 정보를 통제할 수 있게 해준다. 병명을 알리지 말아야 할 암 환자들

---

21 George Rosenbaum, "An Analysis of Personalization in Neighborhood Apparel Retailing"(Unpublished M.A. thesis, Department of Sociology, University of Chicago, 1953), pp.86-87에 나오는 실례.

을 다루는 의사라면, 환자가 배치된 병동의 특성에서 병명을 찾아낼 수 없도록 암 환자들을 여러 병동에 분산 배치하는 전략이 유용할 것이다. (이런 무대 전략 때문에 병원 직원들이 병실을 찾아 이동하고 장비를 옮기는 데 필요 이상 많은 시간이 걸린다.) 비슷한 예로, 예약 일정을 관리하는 우두머리 이발사는 손님이 없는 빈 시간에 가공인물의 이름을 적어놓은 예약 일정표를 누구든지 볼 수 있게 펼쳐둠으로써, 차를 마시며 쉴 자기만의 여유 시간을 확보하는 경우도 있다. 그러면 예비 고객은 예약을 피해야 할 시간을 알 수 있다. 미국 여대생 사교 클럽을 보도한 어떤 잡지 기사에 무대와 소품을 이용하는 재미있는 예가 나온다. 차별 대우를 한다는 인상을 주지 않으면서도 어떻게 클럽 가입 희망자들 가운데 적격자와 부적격자를 선별하는지 묘사하고 있다.

캐럴은 "추천장이 있어도 단지 몇 분 남짓 만나본 967명이나 되는 가입 희망자를 다 기억하기는 어렵다"고 인정했다. "그래서 우리는 좋은 아이인지 따분한 아이인지 구별하는 장치를 고안했죠. 초대장 수납함 세 개를 준비해 가장 매력적인 아이, 한 번 더 만나볼 아이, 떨어뜨릴 아이로 나눕니다."

"파티에서 가입 희망자와 활발하게 대화를 나누어본 회원은 그 아이가 초대장을 내놓을 즈음 적합한 수납함으로 그 아이를 넌지시 안내하죠." 이어서 캐럴은 덧붙였다. "가입 희망자는 우리가 뭘 하는지 절대로 알아차리지 못해요!"[22]

---

22 Joan Beck, "What's Wrong with Sorority Rushing?" *Chicago Tribune Magazine*,

호텔 지배인들의 수법에서도 그런 예를 찾아볼 수 있다. 호텔 직원은 호텔을 찾은 커플의 성격이나 의도가 수상쩍다고 여겨지면 안내 사환에게 '걸쇠를 풀어두라'는 비밀 신호를 보낸다. 이러한 신호는 직원들이 수상한 사람들에게서 쉽게 눈을 떼지 않도록 만드는 수단이다.

커플이 입실하면 안내 직원이 문을 닫으면서 몰래 둥근 문고리 안쪽의 작은 버튼을 눌러 바깥 문고리 중앙 부분에 잠김 표시가 보이게 해둔다. 손님의 눈에 잘 띄지 않는 그 표시를 호텔 청소부, 순찰원, 안내 직원 들은 주의해서 관찰하도록 훈련되어 있다. (중략) 또한 객실 안에서 큰 소리가 나거나 이상한 일이 벌어지면 보고하라는 훈련도 받는다.[23]

넓은 의미에서 보면 무대 통제권은 통제하는 팀에게 안전한 느낌이 들게 해준다. 한 연구자는 약사와 의사의 관계를 다음과 같이 지적한다.

약국이 또 다른 요인이다. 의사는 가끔 약품이나 정보를 좀 얻으려고 또는 대화를 나누려고 약국에 온다. 카운터 뒤에 선 사람은 객석에 앉은 관객을 내려다보는 연사와 대략 비슷한 이점을 누린다.[24]

January 10, 1954, pp.20-21.

23 Dev Collans, with Stewart Sterling, *I Was a House Detective*(New York : Dutton, 1954), p.56.

24 Weinlein, 앞의 책, p.105.

의료 행위에서 약사에게 독립성을 느끼게 해주는 요인이 약국이다. 약국은 어떤 의미에서는 약사의 일부다. 포세이돈이 바다의 일부로 존재하는 동시에 바다 위로 솟아오르는 모습의 표상인 것처럼, 약사들의 뇌리에는 온갖 약병과 기구가 쌓인 선반과 카운터와 더불어 약국의 일부로 존재하는 동시에 그 모든 것 위에 우뚝 선 엄숙한 모습의 약사상이 있다.[25]

무대의 통제권을 빼앗겼을 때 어떤 결과가 생기는지, 프란츠 카프카Franz Kafka의 작품에 멋진 문학적 예가 나온다. 『소송The Trial』에서 주인공 K가 자기 하숙집에 들이닥친 감시관을 만나는 장면을 보자.

그는 옷을 갈아입고 뒤에 바짝 붙어 따라오는 빌렘과 함께 지금은 비어 있는 옆방을 통해 이중문이 활짝 열린 그다음 방으로 들어가야 했다. K가 아주 잘 알고 있는 그 방은 타자수 뷔르스트너 양이 쓰고 있었는데, 그녀는 아침 일찍 출근해서 밤늦게 돌아오고 K와는 스치듯 몇 마디 주고받은 적이 있을 뿐이었다. 침대 옆 탁자는 방 한가운데로 옮겨져 책상으로 쓰이고 있었는데 감시관이 거기에 앉아 있었다. 그는 다리를 꼬고 한 팔은 의자 뒤에 걸친 채 앉아 있었다. (중략)

"요제프 K씨?" 감시관이 물었다. 그는 K의 두리번거리는 시선을 자기에게 붙잡아놓으려 했을 것이다. "아침에 일어난 사건에 많이 놀라셨겠지?" 그는 탁자 위에 놓인 양초, 성냥갑, 책, 바늘꽃이 따위를 중요한 증거물이라도 되는 것처럼 가지런히 정돈하면서 물었다. "그럼요," 요제프는 그렇게 대답하며 마침내 문제를 토론할 수 있는 분

25 같은 책, pp.105-106.

별력 있는 사람을 만났다는 기쁨에 마음이 벅차올랐다. "놀라긴 했죠. 하지만 그렇게 많이 놀라지는 않았어요." "많이 놀라지는 않았다고?" 감시관은 탁자 가운데 놓인 양초 둘레에다 다른 물건들을 모아놓으며 물었다. "저를 오해하시는 것 같네요," K는 서둘러 덧붙였다. "무슨 말이냐 하면요." K는 말을 멈추고 앉을 만한 의자가 있는지 둘러보았다. 그리고 물었다. "앉아도 되겠습니까?" 감시관이 대답했다, "그건 곤란하네."[26]

자기 근거지에서 공연할 수 있는 특권을 가진 사람이 치러야 할 대가도 있다. 무대장치를 통해 자신에 관한 정보를 전해줄 기회가 있지만, 또 무대장치에는 감출 수 없는 사실도 들어 있다. 잠재적 공연자가 자랑스럽지 않은 공연을 피하려고 자신의 무대와 통제력을 포기해야 하는 경우도 있다. 단지 새 가구가 미처 도착하지 않아서 사교 파티를 미루는 것 이상의 큰 문제가 있을 경우다. 런던의 빈민가 지역에서는 이런 일도 생긴다.

다른 지역 산모들에 비해 이 지역 산모들이 병원 출산을 더 선호한다. 주된 원인은 집에서 출산하는 경우 산파가 요구하는 기준에 맞춰 수건과 목욕통 따위를 사야 하고 그만큼 비용이 많이 든다는 데 있다. 또 집에 낯선 여인이 있으면 집안 청소도 더 잘 해놓아야 한다.[27]

---

26 Franz Kafka, *The Trial*(New York: Knopf, 1948), pp.14–15.

27 B. M. Spinley, *The Deprived and the Privileged*(London: Routledge and Kegan Paul, 1953), p.45.

팀 공연을 살펴보면 극적 연기를 지시하고 통제할 권리를 부여받은 사람이 따로 있음을 알 수 있다. 궁중의 시종무관이 좋은 예다. 공연을 지배하거나 지시하는 사람이 공연에서 실제로 배역을 맡아 연기할 때도 있다. 한 소설가는 결혼식에서 성직자가 맡는 배역을 관찰한 뒤 이렇게 묘사했다.

> 목사는 문을 조금 열어두어 그들(신랑 로버트와 들러리 리오넬)이 신호를 알아듣고 지체 없이 입장할 수 있게 했다. 그들은 남의 말을 엿듣는 사람처럼 문 옆에 서 있었다. 리오넬은 주머니 속에 든 반지를 감촉으로 확인하고 로버트의 팔에 손을 올렸다. 신호로 정한 말이 들리자, 리오넬은 문을 열고 신호에 따라 로버트를 앞으로 인도했다.
> 목사가 엄하게 신호를 보내기도 하고 위엄을 보이려 눈썹을 치켜뜨기도 하며, 결혼식이 엄격하고 능숙하고도 순조롭게 치러졌다. 하객들은 로버트가 쩔쩔매며 신부 손가락에 반지를 끼워주는 모습은 눈치채지 못했지만 신부의 아버지가 너무 많이 우는데 어머니는 전혀 눈물을 흘리지 않는 모습은 알아챘다. 그러나 그 모든 것은 곧 잊힐 사소한 것들이었다.[28]

일반적으로 팀 성원에게 연출자 역할을 허용하는 정도와 방식은 성원에 따라 다르다. 다양해 보이는 배역 연기에는 구조적 유사성이 있어서 어떤 상황에서든 연출자는 동일한 마음 상태가 된다. 장례식이든 결혼식이든, 카드놀이든 하루 반짝 세일이든, 교수형이든 소

---

28 Warren Miller, *The Sleep of Reason* (Boston: Little, Brown and Company, 1958), p.254.

풍이든, 연출자의 관점은 공연이 '순조롭게' '성공적으로' '아무 지장 없이' 진행되는지 아닌지, 그리고 지장이 생길 경우에 사전 대비가 되어 있는지 여부에 있다.

대개 공연은 두 가지 기능을 충족해야 한다. 팀에 연출자가 있으면 기능 충족 임무는 연출자가 맡는다.

첫째, 연출자는 팀 노선과 어긋난 공연을 하는 팀 성원을 바로잡아줄 임무를 맡는다. 연출자가 성원들에게 흔히 사용하는 방법은 달래기와 제재 가하기이다. 야구 경기에서 팬들을 위해 경기를 진행시켜야 할 심판을 예로 들 수 있다.

심판들은 하나같이 선수들이 스스로 자제력을 발휘해 심판의 판정을 비웃는 몸짓 따위는 하지 말아야 한다고 주장한다.[29]

선수일 때는 나도 솟구치는 울화를 터뜨리곤 했다. 엄청난 긴장을 풀어버릴 안전판이 필요했다. 나는 선수들을 동정할 수 있다. 그러나 나는 심판으로서 경기를 지연시키지 않고 경기의 품위를 떨어뜨리지 않으면서도 심판인 나를 모욕하고 공격하고 비웃는 선수의 짓거리를 어느 선까지 참아줄지 판단해야 했다. 야구장에서 생기는 말썽이나 관련자들을 다루는 게 정확한 판정을 내리는 것만큼이나 중요하고 또 어려운 일이었다.

심판이 엄지를 치켜들어 선수를 퇴장시키기는 쉽다. 선수를 경기에 남아 있게 만드는 것, 험악한 다툼으로 번지지 않도록 선수의 항의를

---

29 Pinelli, 앞의 책, p.141.

예상하고 이해하는 것이 어려울 때가 훨씬 많다.[30]

　나는 경기장에서 벌어지는 어릿광대 짓은 참지 않는다. 심판이라면 누구라도 그럴 것이다. 코미디언은 무대나 텔레비전에 있어야지 야구장에 있어서는 안 된다. 경기를 조롱하고 희화화하는 것은 경기를 싸구려로 만드는 짓이고 그런 상황을 초래한 심판 역시 조롱을 당한다. 익살꾼이나 잘난 체하는 작자들이 그들의 배역 연기를 시작하자마자 쫓겨나는 모습을 당신이 볼 수밖에 없는 이유가 바로 여기에 있다.[31]

　물론, 연출자는 팀 성원들의 부적절한 감정을 억누르려 하기보다는 적절한 감정 몰입을 독려해야 할 때가 훨씬 많다. 그래서 로터리 클럽에서는 때로 '공연 띄우기'라는 말을 쓰기도 한다.
　둘째, 연출자는 배역을 나누고 각 배역에 고유한 앞무대를 마련하는 특별한 임무를 맡는다. 공연 팀에는 예비 공연자들에게 맡길 배역들과 공연에 쓰일 신호 수단이나 의례용 소품들이 쌓여 있기 때문이다.
　연출자가 배역에 부적절한 공연자의 겉모습을 바로잡고 크고 작은 특권을 배정하면, 연출자를 향한 팀 성원들의 태도는 팀 동료들을 향한 태도와는 다를 것이다. (그들은 집단으로서 관객에게 보여줄 공연에도 관심이 있지만 서로에게 보여줄 공연에도 관심이 있다.) 더욱이 공연에 연출자가 있음을 알면 관객은 공연의 성패는 공연자의 책

30　같은 책, p.131.
31　같은 책, p.139.

임이 아니라 연출자의 책임이라고 생각한다. 공연에 대한 책임감으로, 연출자는 공연자들이 스스로 택하지 않은 극적 요건을 공연에 부과하기 마련이다. 그러면 팀 성원들이 연출자에게 느끼는 소외감은 더 커진다. 그래서 연출자는 팀의 일원으로 시작했지만 점차 관객과 공연자 사이에 낀 주변적 역할로 밀려나 두 진영에 한 발씩 걸친 채 보호해줄 사람도 중재해줄 사람도 없는 처지에 빠진다. 최근에 거론된 예가 바로 공장의 작업반장이다.[32]

공연에 필요한 인원이 많은 팀의 배역 연기를 연구하다 보면, 우리는 팀의 어느 한 성원을 스타, 지휘자, 관심의 초점으로 만드는 현상을 발견하게 된다. 그 극단적 실례를 궁전에서 볼 수 있다. 온갖 시중꾼들을 살아 있는 정물처럼 가득 배치한 궁전에서는 왕이 자리 잡은 중앙에 시선이 집중된다. 공연의 스타로서 왕은 무대에 있는 그 누구보다 화려한 복장을 하고 높은 곳에 자리 잡는다. 더욱 큰 관심을 집중시키는 장엄한 광경은 40~50명의 무용수가 여주인공을 둘러싸고 부복하는 모습을 연출하는 뮤지컬일 것이다.

우리는 왕족에게 부여된 겉모습의 화려함에 주목한 나머지 궁전이라는 장소의 중요성을 간과하는 잘못을 해선 안 된다. 사실 궁 밖에도 궁전은 널려 있다. 할리우드 영화 제작 스튜디오도 궁전이다. 추상적으로만 보면, 사람들이 즐겨 어울리고 스스럼없이 관계를 맺

---

32 Donald E. Wray, "Marginal Men of Industry: The Foreman," *American Journal of Sociology*, LIV, pp.298-301. Fritz Roethlisberger, "The Foreman: Master and Victim of Double Talk," *Harvard Business Review*, XXIII, pp.285-294. 중재자의 역할은 나중에 다시 살펴본다.

는 상대는 사회적 지위가 같은 사람들로 국한되는 경향이 있다. 그러나 사회계급을 자세히 살펴보면 그 안에 분리된 사교 집단들이 있고, 각 집단은 반드시 계급 지위가 다른 사람을 보조역으로 둔다는 사실을 알 수 있다. 그리고 사교 집단은 공연 무대에서 관심의 초점을 계속 유지하는 지배적인 인물을 중심으로 형성된다. 에벌린 위 Evelyn Waugh가 영국의 상류 계급을 묘사한 글을 보자.

25년 전을 돌아보라. 그때는 여전히 견고한 귀족 구조가 상당하게 남아 있었고 세습 귀족들이 영향력을 나눠 갖고 있었다. 귀족들은 친족이 아니면 서로를 피했던 것으로 기억한다. 그들은 국가 행사나 경마가 열릴 때 만나기는 했지만 서로의 집을 방문하는 관습은 없었다. 공작이 소유한 성 안에는 회복기 환자, 궁핍한 사촌, 조언을 해주는 전문가가 있었고, 아첨꾼, 난봉꾼, 공갈범도 있었다. 성 안에서 절대로 볼 수 없었던 단 한 가지가 있다면 그것은 가문 귀족들이 한데 모여 있는 모습이다. 내가 보기에 영국 사회는 각기 나름의 추장과 원로, 마법사와 용사, 고유한 방언과 신, 강한 외국인 혐오증을 보유한 부족들의 복합체였다.[33]

대학이나 지식 관료 조직의 인사들이 즐기는 비공식 사교생활 방식도 비슷하다. 조직 정치의 소규모 정파와 분파가 여가생활의 궁전을 형성한다. 그리고 그곳에서는 소영웅들이 기지, 실력, 깊이를 갖

---

33 Evelyn Waugh, "An Open Letter," in Nancy Mitford, editor, *Noblesse Oblige* (London: Hamish Hamilton, 1956), p.78.

추었다는 나름의 명성을 안전하게 지킬 수 있다.

그렇다면, 일반적으로 팀 공연을 돕는 이들 각자에게 주어지는 무대 지배력의 정도가 다 다르고 각 팀의 배역 연기도 팀이 성원들에게 부여하는 지배력의 차이에 따라 다름을 알 수 있다.

극적 지배력과 연출 지배력이라는 개념을 **필요한 부분만 약간 수정**하면, 공연에서 나타나는 대조적 권력 유형을 상호작용 일반에 적용할 수 있다. 권력 유형 가운데 어느 팀이 어떤 종류의 권력을 가지고 있는지, 두 팀 참여자들을 통틀어 어떤 공연자가 그 두 지배력을 모두 앞장서 행사하는지 가려낼 수 있다.

물론 어느 한 유형의 지배력을 가진 팀 혹은 공연자가 다른 유형의 지배력도 가진 경우는 흔하지만, 늘 그런 것만은 아니다. 예를 들면, 장례식장에서 안치된 시신을 보여주는 사회적 무대는 보통 유족 팀과 조직 팀(장의사 등 장례 대행 기관)을 비롯해 모든 참여자들이 죽은 이와 그 관계를 기리는 감정을 표현하도록 마련된다. 그러나 유족 측은 미숙하고 비탄에 잠겨 있으며 공연의 주인공은 깊은 잠에 빠져 있기 때문에 공연의 연출은 장의사가 한다. 물론 장의사는 시종일관 시신 옆에 머물거나 앞에 나서지 않고 다른 방에서 또 다른 공연을 준비한다.

극적 지배력과 연출 지배력은 연극 용어이다. 어느 한 종류의 지배력을 누리는 공연자라도 다른 유형의 권력과 권위는 없을 수도 있다. 리더십을 발휘하는 것처럼 보이는 공연자가 사실은 타협책으로 또는 잠재적 위협이 될 지위를 무력화하거나 앞무대 이면의 실세 권력을 감추기 위해 전략적으로 선택된 허수아비에 불과할 수도 있다.

그래서 무경험자나 하급자를 임시 지휘할 형식적 권위만 부여받은 사람은 매번 하급자가 연출하는 공연에 매수되어 형식적으로만 지배자 역을 떠맡을 때가 많다.[34] 1차 세계대전 당시 영국 보병 부대에 관해 이런 이야기가 떠돈 적이 있다. 노동 계급 출신의 노련한 하사관들은 새내기 소위들에게 유사시에는 소대 지휘자로서 선두에 서서 공립학교 출신답게 장렬히 전사하는 극적인 모습을 연출하라고 몰래 훈련시켰다고 한다. 그러면서 정작 하사관 본인들은 얌전히 소대 뒷줄에 서서 동료 하사관들한테 살아남는 법을 가르쳤다고 한다.

극적 지배력과 연출 지배력은 팀 성원 개개인의 위치에 따라 달라질 수 있는 두 유형이라고 지적했다. 준거점을 조금 바꾸면 제3의 변형도 찾아낼 수 있다.

일반적으로 사회 조직에 참여하는 이들은 조직 활동을 특별하게 연출하는 일에 협력하면서 팀의 성원이 된다. 그러나 공연자 역할을 맡은 개인이 비연극적 관심사, 다시 말해 극화 작업이 아닌 조직 활동 자체에 기울이는 노력을 멈출 필요는 없다. 특정 팀에서 공연을 하는 사람들이 순수한 활동과 순전히 극화한 공연에 시간을 할애하는 방식에는 차이가 있다. 한쪽 극단에는 관객 앞에 좀체 모습을 드러내지 않고 또 겉모습에 연연해하지 않는 사람들이 있다. 반대쪽 극단에는 이른바 '순전히 의례적 역할'만 하는 사람들도 있다. 예컨대, 전국노동조합의 위원장과 연구소 소장은 둘 다 조합 본부의 사

---

34 David Riesman, in collaboration with Reuel Denny and Nathan Glazer, *The Lonely Crowd*(New Haven: Yale University Press, 1950), "The Avocational Counselors," pp.363-367.

무실에서 시간을 보내며 조합의 품위가 드러날 앞무대에 어울리는 옷차림을 하고 어울리는 말을 쓴다. 그러나 연구소 소장은 위원장의 보좌진에 참여하는 것 말고는 개입하는 일이 별로 없는 반면, 조합 위원장은 대다수 중요한 의사 결정에 참여한다. 노동조합의 임원들은 그처럼 단순히 의례적 역할만 하는 배역을 '전시용'으로 여긴다.[35] 이런 식의 분업은 가정에서도 볼 수 있다. 단순한 일거리 이상의 의미를 띠는 일이 있다. 현대 사회에서 친숙한 주제인 과시적 소비에는, 남편이 그럴듯한 사회경제적 지위를 누릴 만한 직업을 가지고 있고 그 남편의 지위를 과시하는 것이 아내의 일이라는 의미가 들어 있다. 시대를 더 거슬러 올라가면, 역할 전문화를 더 명쾌하게 보여주는 예로 하인의 존재가 있다.

수행 하인의 존재가치는 주로 서비스를 직접 해준다는 데 있다. 하인은 주인의 재력을 손쉽게 광고할 수 있는 수단이다. 하인을 두는 목적은 생산적인 일은 거의 하지 않는 이들을 고용해 거느릴 만큼 주인의 재력을 과시하는 데 있다. 그러나 모든 하인이 똑같은 효과를 내지는 않는다. 높은 급료를 요구할 만큼 비상한 솜씨와 전문적 훈련을 받은 이들은 임금이 낮은 하인보다 주인의 신망을 높이는 데 더 효과적이다. 주인의 재력을 더 잘 보여줄 수 있는 하인이란 눈에 잘 뜨이는 임무를 맡고 언제나 안 보이는 자리에서 일하는 하인에 비해 자신을

---

35 Harold L. Wilensky, "The Staff 'Expert': A Study of the Intelligence Function in American Trade Unions"(unpublished Ph. D. dissertation, Department of Sociology, University of Chicago, 1953), chap.iv. 학위 논문의 자료와 더불어 여러 의견을 제시해준 윌렌스키에게 감사드린다.

더 잘 드러내는 이들이다. 마부에서 말단 시종에 이르기까지, 제복을 착용한 하인들이 가장 효과적이다. 그들의 배역 연기가 가장 두드러진다. 수행 하인이 그중 으뜸이다. 수행하인의 배역 연기는 다른 어떤 하인의 일보다 더 지속적으로 눈에 띈다. 그래서 주인의 재력을 과시하는 핵심 배역은 수행 하인이 맡았다.[36]

순전히 의례적 역할만 하는 사람이 반드시 공연을 지배하는 사람일 필요는 없다는 점도 지적해둔다.

그렇다면, 팀이란, 상황 정의를 투영하고 유지하는 과정에서 서로 긴밀하게 협력하는 일군의 사람들이라고 정의할 수 있겠다. 팀은 집단의 일종이지만 사회구조 및 사회 조직과 관련된 집단이 아니다. 팀은 적합한 상황 정의를 유지하는 상호작용에 관련된 집단이다.

지금까지 살펴보았고 또 앞으로 더 분석할 내용은, 공연이 효과적이려면 협력의 성격·정도가 감춰지고 비밀이 지켜져야 한다는 사실이다. 팀에 비밀결사의 성격이 있음을 뜻한다. 물론 관객에게는 없는 유대로 팀 성원 전체가 묶여 있음을 관객이 알아차릴 수도 있다. 고객은 서비스 기관에 들어서면서 종업원과 고객의 공식 역할이 다르다는 사실을 분명히 인식한다. 간부들은 지위로 보면 팀 성원이 아니고 다만 특정 상황 정의 유지에만 협력할 뿐이다. 그들은 보통 자신이 간부임을 감추려는 노력은 전혀 하지 않는다. 하지만 간부들

---

36 J. J. Hecht, *The Domestic Servant Class in Eighteenth Century England*(London: Routledge, Kegan Paul, 1956), pp.53-54.

이 어떻게 특정 상황 정의의 유지에 함께 협력하고 있는지 그 비밀을 지킨다면, 그들도 비밀결사 팀에 속한다. 팀은 사람들이 소속 집단의 극적 공연에 협력하는 과정에서 창조되지만, 자신과 소속 집단을 극적으로 연출할 때 그들은 집단 성원이 아니라 팀 성원으로서 행동한다. 그런 의미에서 팀은 비밀결사이다. 비성원들에게 팀 성원들은 아주 배타적인 비밀결사의 성원들로 알려질 수도 있다. 그러나 이렇게 알려진 경우라면, 성원들이 팀으로 행동했다고 볼 수 없다.

우리는 모두 이런저런 팀에 참여하고 있기 때문에 자신이 음모자라는 일종의 달콤한 죄책감을 가지고 살아야 한다. 그리고 팀마다 특정 상황 정의의 안정적 유지에 골몰하는 과정에서 어떤 사실은 감추거나 하찮게 다루기 때문에, 우리는 얼마쯤 교활한 음모자 노릇을 실행하는 공연자일 수밖에 없다.

3장

영역과 영역 행동

Regions and region behavior

영역region은 지각perception을 가로막는 울타리가 쳐진 장소라고 정의할 수 있다. 물론, 영역은 크기가 다르고 의사소통 매체에 따라 차단하는 지각의 종류도 다르다. 방송통제실의 두꺼운 유리판은 청각을 차단하고 사무실의 칸막이는 시각을 차단한다.

실내 생활이 위주인 미국 사회에서, 공연은 지극히 제한된 영역에서 대개 정해진 시간대에 이루어진다. 인상을 조성하고 소통하는 공연으로 가득 찬 시공간에 있는 사람은 누구나 공연을 지켜보고 공연이 조성하는 상황 정의에 따를 수밖에 없다.[1]

대규모 집회장에서 이루어지는 정치 연설이나 진료실에서 환자와 의사가 나누는 대화처럼, 흔히 공연에는 공연자와 관객이 주의를 기울이는 시각적 초점이 하나뿐이다. 그러나 제각기 말로 상호작용을 하는 여러 무리로 구성된 공연도 있다. 칵테일 파티에서는 대화에 합세하는 성원이나 규모가 바뀌는 여러 하위 집단이 있게 마련이다. 상품 매장 역시, 판매원과 고객 여러 쌍이 제각기 말로써 상호작용의 초점을 형성하며 공연을 하는 곳이다.

특정 공연에 준거점을 둔다면, 편의상 공연이 이루어지는 장소에 '무대 위front region'라는 용어를 사용하는 게 좋겠다. 무대에 설치된

---

1 라이트(Wright)와 바커(Barker)는 연구방법론 논문에서 '행동 장(behavioral setting)' 이라는 구성개념을 통해 사람들의 품행에 대한 기대는 특정한 장소와 관련해 생기는 감각이라는 매우 명쾌한 명제를 내놓았다. Herbert F. Wright and Roger G. Barker, *Methods in Psychological Ecology*(Topeka, Kansas: Ray's Printing Service, 1950).

고정 신호 수단에 우리는 이미 '무대장치'라는 용어를 쓴 바 있다. 이제 관객이 아니라 무대 위에 영향을 미치는 공연의 몇 가지 면모를 살펴볼 차례이다.

무대 위에서 하는 개인의 공연은, 영역을 지키고 특정 기준을 실행하는 겉모습을 보여주려는 노력으로 볼 수 있다. 기준은 크게 두 종류로 나뉜다. 하나는 관객과 대화를 나누거나 대화에 준하는 몸짓을 주고받는 과정에서 관객을 대우하는 방식에 관한 기준이다. 이른바 '존대 예절'이라고도 한다. 다른 하나는 관객과 대화를 나누지는 않지만 관객이 보고 들을 수 있을 만큼 가까이 있을 때 공연자가 취할 태도와 관련된 기준이다. 이는 '처신 예절'이라 할 수 있다. 물론 이 용어들을 정당화하려면 약간의 해명과 단서를 붙여야 할 것이다.

타인과의 대화에서 상대를 대하는 방식과 관련 없는 처신 예절의 요건을 검토하는 경우, 우리는 처신 예절의 요건을 다시 도덕적 요건과 도구적 요건으로 나누곤 한다. 도덕적 요건은 그 자체가 목적이 될 수 있다. 즉, 남들을 방해하거나 괴롭히지 말아야 한다는 규칙, 성적 예절과 관련된 규칙, 성역에 대한 경의 표현과 관련된 규칙을 가리킨다. 도구적 요건은 예절을 위한 것이 아니라 고용주가 종업원에게 요구하는 업무 수칙, 이를테면, 자산을 소중히 다루라든가 정해진 작업 수준을 유지하라든가 하는 의무 요건을 가리킨다. 우리는 도덕적 기준에만 처신 예절이라는 용어를 적용하고 도구적 기준에는 다른 용어를 사용해야 한다고 생각하는 경향이 있다. 그러나 어느 한 영역에서 유지되는 질서를 살펴보면, 처신 예절을 지켜야 할 개인에게는 도덕적 요건과 도구적 요건이 거의 비슷한 영향을 미친다. 그리고 두 요건의 근거 또는 합리화는 모두 유지되어야 할 기준의 정당성에 있다. 제재가 따르고 제재를 하는 사람이 있다면, 그 기준이 도구적 근거로 정당화되는지 도덕적 근거로 정당화되는지, 기준을 지키라고 요구받는지 아닌지를 공연자가 생각할 겨를이 없을 때가 많다.

앞서 지적한 개인 앞무대의 구성 요소 가운데 '몸가짐'은 존대 예절에서, '겉모습'은 처신 예절에서 중요한 부분이다. 처신 예절을 지키는 행동은 개인이 위치한 영역과 무대장치에 존중을 표현하는 형태를 취할 것이다. 그런데 존중의 표현은 관객에게 호의적 인상을 주고 제재를 피하려는 동기에서 나오는 행동이기도 하다. 마지막으로 처신 예절은 존대 예절보다 생태학적으로 더 널리 퍼져 있는 요건이라는 점도 주목해야 한다. 관객은 무대 위 영역 전반의 처신 예절을 계속 주시할 수도 있겠지만, 관객이 무대 위를 살피는 동안 관객에게 직접 말을 걸고 존대를 보여주어야 할 의무를 느끼는 공연자는 거의 없으리라. 그러나 공연자는 명시 표현은 하지 않을지언정 암시 표현을 하지 않을 수는 없다.

사회 조직 연구에서는 조직에 만연한 처신 예절의 기준을 기술하는 것이 중요하다. 그러나 정보 제공자와 연구자가 모두 당연히 여기는 기준을 찾아내어 기술하기란 어렵다. 처신 예절의 기준은 사고가 나고 위기가 닥치고 특수한 사정이 생겨야 비로소 드러나기 때문이다. 예를 들면, 업종에 따라 직원들에게 업무 중 잡담을 허용하는 기준이 다르다는 것은 잘 알려진 사실이지만, 외국인 난민을 상당

수 고용하고 있는 일터를 연구하지 않고서는 외국어로 나누는 잡담은 허용 범위에 들지 않는다는 사실은 알 수 없다.[2]

우리는 교회처럼 성스러운 조직에서 통하는 처신 예절의 규칙은 일터의 규칙과는 아주 다를 것이라고 생각한다. 그러나 우리는 성스러운 조직의 규칙이 일터의 규칙보다 더 많고 더욱 엄격할 것이라고 가정해선 안 된다. 여자는 교회에서는 앉아도 되고 백일몽을 꾸거나 졸아도 된다. 반면에 옷가게에서 일하는 여점원은 항상 정신을 바짝 차리고 서 있어야 하고, 껌을 씹지 말아야 하고, 이야기를 나누는 사람이 없어도 얼굴에는 미소를 띠고 있어야 하고, 마음에 들지 않는 옷도 입어야 한다.

사회 조직에서 처신 예절의 한 형태로 '일하는 척하기'에 대해 연구가 이뤄졌다. 많은 조직에서 노동자들은 업무 지시에 따라 일정 기간 안에 정해진 생산량을 맞추어야 함은 물론, 이와 더불어 열심히 일한다는 인상을 연출해야 한다고 인식하고 있다. 한 조선소의 예를 보자.

현장감독이 선체 안 작업장에 있다거나, 회사 본부 감독관이 온다는 말이 들리면, 갑자기 작업장 분위기가 바뀌는 모습이 재미있다. 반장과 조장들이 노동자들에게 달려와 눈에 띄는 작업을 하라고 부추겼다. "앉아서 쉬는 모습을 들키지 말라"는 경고를 거듭하며 멀쩡한 파이프를 구부리거나 끼우고 이미 제자리에 잘 조여 있는 나사를 더 세게 조이면서 바삐 일하는 척하라는 것이다. 이는 작업 현장의 순찰

---

2 Gross, 앞의 책, p.186.

에 나선 감독관에게 노동자들이 일사불란하게 바치는 공식 헌정이자 오성장군의 사열만큼이나 그들에게 익숙한 관행이었다. 거짓되고 공허한 공연의 세부 사항을 한 가지라도 빠뜨린다면 그것은 있을 수 없는 불경의 표지로 해석되곤 했다.[3]

병원에서도 비슷한 사례를 볼 수 있다.

관찰자가 병동에서 일을 시작한 첫날, 직원들에게서 들은 말은 아주 분명했다. 환자를 때리는 모습을 '들키지' 말고, 주임이 병동을 순찰할 때는 바쁜 척하고, 그가 말을 걸어 오지 않는 한, 절대로 먼저 말을 건네지 말라는 것이었다. 일부 직원들은 주임이 가까이 오는 것을 보고 다른 직원들에게 꼬투리 잡힐 짓을 해서 걸리는 일이 없게 하라고 경고하는 모습도 눈에 띄었다. 일부 직원들은 주임이 나타날 때 바쁜 척해서 업무를 더 떠맡는 불상사를 피하려고 할 일을 남겨두기도 한다. 직원들의 행동 변화는 대체로 개별 직원, 관리자, 병동의 상황에 따라 달라서, 직원 대다수가 행동 변화를 보이는지는 분명치 않다. 그러나 주임을 비롯해 관리직이 나타나면 거의 모든 직원들의 행동이 달라진다. 그럴 때 공개적으로 규칙과 규제를 어기는 사람은 없다.[4]

일하는 척하기에서 한 단계 더 나아가 작업 속도, 사적인 이해 관심, 경제성, 정확성과 같이 작업에서 지켜야 할 겉모습과 관련된 다

---

3 Katherine Archibald, *Wartime Shipyard*(Berkeley and Los Angeles: University of California Press, 1947), p.159.

4 Willoughby, 앞의 책, p.43.

른 기준도 살펴볼 수 있다.[5] 일반적 작업 기준에서 한 발짝만 더 들어가도 일터에서 지켜야 할 중요한 처신 예절의 도구적·도덕적 측면, 이를테면, 갖추어야 할 복장, 허용되는 목소리 크기, 금지된 오락·방종·감정 표현 따위를 살펴볼 수 있다.

여러 면으로 나타나는 일터 처신 예절과 더불어 일하는 척하기는 보통 하위직만 떠맡는 몫으로 보인다. 그러나 연극적 접근에서는 일하는 척하기와 함께 일하지 않는 척하기도 살펴볼 필요가 있다. 19세기 초반 근근이 살아가는 지체 높은 집안의 삶을 기록한 한 전기를 보면 다음과 같은 사실을 알 수 있다.

사람들은 방문 문제에 극도로 예민했다. 「플로스 강변의 방앗간*Mill on the Floss*」(영국 작가 조지 엘리엇George Eliot의 소설 ─ 옮긴이)에 나오는 방문 예절을 떠올리는 이도 있을 것이다. 일정한 간격을 두고 방문해야 하고 심지어 방문 날짜와 답방 날짜까지 거의 정해져 있었다. 방문은 허례와 가식이 극심한 의례였다. 놀랍게도 일하는 모습을 보이는 사람은 하나도 없었다. 지체 높은 집안의 여성은 저녁식사가 끝난 후에는 힘든 허드렛일을 하지 않는 법이라 산책을 하거나 남의 집을 방문하거나 집에서 고상한 취미를 즐기면서 시간을 보내야 한다는 환상이 있었다. 그래서 아가씨들은 방문객이 찾아왔을 때 실용적인 일을 하는 중이었다면 일거리를 소파 밑에 집어넣고 책을 읽는 척, 그림을 그리는 척, 뜨개질을 하는 척, 편안하고 사교적인 대화를 나누는 척하곤 했다. 지역에서는 누구나 아가씨들이 옷을 짓고, 수선하고,

---

5 위의 사례에서 도출한 주요 작업 기준의 분석은 그로스(Gross)의 앞의 책에서도 볼 수 있다.

천을 잘라 재봉을 하고 장식을 다는 따위의 일을 하면서 산다는 사실을 다 알고 있었는데도 왜 그들이 그토록 교묘하게 위장을 해야 하는지 나는 도무지 알 수가 없었다. 지역 유지의 딸들이 스스로를 위장할 만큼 영리하지 않았다면 그렇게 용감한 위장극을 연출할 수 있었을까? 물론 그것이 위장임을 모르는 사람이 없었는데 왜 그녀들은 사실을 인정하려 하지 않았는지, 지금은 누구도 이해할 수 없다. 그것은 아마도 실용적인 일과는 무관한 여성이라고 알려져야 지역 사교계에 당당하게 들어가 상류층과 어울릴 수 있을 것 같은 그들의 생각, 희미한 소망, 헛된 꿈 때문이었을 것이다.[6]

일하는 척하는 이들과 일하지 않는 척하는 이들은 동선상으로는 반대편에 속하지만, 무대 연기에 적응해야 한다는 점에서는 분명히 한편이다.

앞서 개인이 남들 앞에서 행동할 때 자신의 어떤 면모는 강조하고 인상을 해칠 법한 자신의 다른 면모는 억제한다고 지적했다. 무대 위에서는 강조 표현된 면모의 겉모습이 나타나지만, 표현을 억제한 면모가 겉모습으로 나타나는 다른 영역, '무대 뒤' 또는 '뒷무대'가 있다. ('무대 위 / 무대 뒤'와 '앞무대 / 뒷무대'는 약간의 개념상 차이가 있다. 무대 위 / 무대 뒤는 영역을 가리키는 개념이고, 앞무대 / 뒷무대는 겉모습, 몸가짐, 무대장치 같은 공연의 구성 요소와 공연자의 행동방식을 포함한 개념이다. 공연의 특성을 다룬 1장의 '앞무대' 부분을 보면 개

---

6 Sir Walter Besant, "Fifty Years Ago," *The Graphic Jubilee Number*, 1887. Lames Laver, *Victorian Vista*(Boston: Houghton Mifflin, 1955), p.147에서 인용.

념의 차이가 더욱 드러날 것이다. — 옮긴이)

'무대 뒤'는, 사람들이 공연에서 조성된 인상과 어긋난 면모를 알면서도 버젓이 드러내는 장소라고 정의할 수 있다. 그런 장소 특유의 기능이 있다. 무대 뒤는 관련자들이 공연에서 무언가를 표현할 수 있는 역량을 공들여 가공하고 공공연하게 환상과 인상을 꾸미는 곳이다. 개인 앞무대를 장식하는 수단과 소품들 그리고 공연자가 무대 위에서 보여준 온갖 연기와 인물의 성격을 허문 잔해가 쌓여 있는 곳이기도 하다.[7] 무대 뒤는 술, 옷가지 따위 등급이 다른 여러 의례 수단들이 무대 위에서와는 달리 취급됨을 관객이 보지 못하도록 감출 수 있는 곳이다. 전화기 같은 소품들을 '사사로운' 용도로 쓸 수 있게 따로 비치해두는 곳이기도 하다. 그곳에서 공연자는 결함을 바로잡기 위해 개인 앞무대를 장식할 의상과 기타 소품들을 다듬고 살피는 작업이 이루어진다. 불쾌감을 느낄 관객이 없는 그곳에서 팀은 공연 전반에 과감한 표현은 없는지 점검하고 리허설해볼 수도 있고 연기력이 서툰 팀 성원들을 훈련시키거나 공연에서 빼버리기로 결정하기도 한다. 그곳에서는 공연자가 대사 외우기를 멈추고 배역에서 벗어나 쉴 수 있다. 시몬 드 보부아르는 남성 관객이 없는 상황에서 여성들이 누리는 뒷무대를 생생하게 묘사한 바 있다.

---

7 메트로(Métraux)는 부두교(마법과 주술의 힘을 믿는 아이티 종교 — 옮긴이) 의식도 그런 수단을 필요로 한다고 지적한다.(앞의 책, p.24)
　"접신 의식에는 분장으로 연출하는 연극적 측면이 있다. 신전에 딸린 곁방은 접신에 든 사람에게 필요한 소품을 갖춰놓은 곳으로 극장에 딸린 무대 뒤와 다르지 않다. 접신 의식은 히스테리 환자가 자신의 불안과 갈망을 드러내는 사적 표현 수단인 증상과는 다르다. 접신 의식은 신비스러운 인물의 전형적 이미지와 부합하는 의식이어야 한다."

여성들 사이의 관계에서 소중한 가치는 솔직함이다. 여성은 남성을 만나면 언제나 연기를 한다. 주변화된 타자의 지위를 수용하고, 행동과 의상을 모방하고, 용의주도한 대사를 골라 상상의 인물을 연출하면서 거짓말을 한다. 여성이 이런 과대포장을 하려면 끊임없이 긴장해야 한다. 남편이나 애인과 함께 있을 때면 여성은 대개 '이건 내가 아니'라고, 남성 세계는 거칠고 신랄하고, 목소리는 너무 크고, 조명은 너무 조잡하고, 접촉은 너무 난폭하다고 생각한다. 다른 여성들과 함께 있는 자리가 여성에게는 무대 뒤다. 전쟁터를 벗어난 무대 뒤에서 여성은 자신의 무기를 손질한다. 의상을 바로잡고 화장을 고치고 계략을 짠다. 무대에 오르기 전의 곁방에서 여성은 잠옷과 실내화 차림으로 있어도 좋다. 여성은 그처럼 따뜻하고 편하고 느긋한 분위기를 좋아한다. (중략)

어떤 여성들은 허례에 불과한 남성과의 관계보다 이렇게 따뜻하고 허물없는 친밀성을 더 소중히 여긴다.[8]

무대 뒤는 보통 무대 한쪽 끝에 칸막이로 분리하고 작은 통로를 둔다. 무대 위와 무대 뒤를 이어놓으면 공연자는 무대에 올라 공연을 하는 동안 무대 뒤로부터 도움을 받을 수 있고, 잠시 무대 뒤로 들어가 공연을 멈추고 긴장을 풀 수도 있다. 그래서 무대 뒤는 관객이 침범할 수 없는 영역이어야 한다.

무대 뒤에는 공연의 결정적 비밀이 있다. 또 공연자가 배역의 가면을 벗고 행동할 수 있는 곳이다. 때문에 관객에게는 무대 뒤 접근이

---

8 Beauvoir, 앞의 책, p.543.

금지되거나 감춰진다. 이는 바로 널리 행해지는 인상 관리의 기법인데 더 논의를 진전시킬 필요가 있겠다.

뒷무대의 통제력은 노동자들이 조직의 단호한 요구에 맞서 스스로를 보호하려는 '작업 통제' 과정에서 중요한 역할을 하는 게 분명하다. 공장 노동자가 하루 종일 열심히 일하는 척하기에 성공하려면, 하루의 실제 산출량을 줄여 제출한다든가 하는, 꼼수를 감출 안전한 장소가 있어야 한다.[9] 장의사가 유족에게 고인이 사실은 깊고 고요한 잠에 들어 있다는 환상을 갖게 하려면 시신을 염하고 화장을 시키는 따위의 마지막 장례 공연을 준비하는 작업실에는 유족의 출입을 금해야 한다.[10] 정신병원에서 입원 환자를 문병하려는 친지에게 병원에 대해 좋은 인상을 갖게 하려면, 병동, 특히 만성질환으로 장기 입원한 환자들의 병동에는 출입을 막을 수 있어야 한다. 문병객의 출입을 실내장식이 잘된 면회실로 한정해 문병객에게 환자들이 잘 씻고, 잘 입고, 좋은 대우를 받으며 비교적 잘 지낸다는 확신을 주는 것이 중요하다. 서비스 직종 역시 고객이 수리가 필요한 물건을 맡기고 돌아가게 한 다음 담당 기사가 고객이 안 보는 곳에서 작업하게 한다. 그리고 고객이 맡긴 시계, 양복 바지, 라디오, 자

---

9 Orvis Collins, Melville Dalton, and Donald Roy, "Restriction of Output and Social Cleavage in Industry," *Applied Anthropology*(now *Human Organization*), IV. pp.1-14. 특히 9쪽을 볼 것.

10 관련 세미나에서 하벤스타인(Habenstein)은 일부 주에서는 장의사에게 시신을 수습하는 작업실에 사망자 친지의 출입을 금지할 법적 권리를 부여한다고 지적했다. 사망자의 모습을 좋게 보이도록 처리하는 광경이 비전문가, 특히 유족에게는 엄청난 충격을 주리라는 이유 때문이다. 유족 역시 자신의 병적인 호기심을 염려해 장의사의 작업실을 보지 않으려 한다는 점도 지적했다.

동차 따위를 찾으러 왔을 때 수리가 잘된 상태로 내준다. 그러면 수리 작업의 양과 종류, 수리에 실패한 횟수 등, 청구 경비의 근거를 고객이 판단할 수 없게 숨길 수 있다.

서비스직 종사자들은 관객의 무대 뒤 출입금지를 당연한 권리로 여긴다. 때문에 그 같은 보편적 전략을 적용할 수 없을 경우에는 더욱 신경이 쓰일 수밖에 없다. 그런 면에서 미국의 주유소 지배인에게는 골칫거리가 많다.[11] 고객은 흔히 업소를 믿고 수리가 필요한 자동차를 밤새 또는 하루 종일 맡기려 하지 않는다. 게다가 고객은 정비사가 차를 수리하고 정비하는 모습을 지켜볼 권리가 있다고 여기기 마련이다. 정비사가 환상적인 서비스를 해주고 수리비를 청구하려면 작업 과정을 샅샅이 지켜보는 사람의 눈앞에서 작업해야 한다. 실제로 고객 가운데는 업소 직원들만이 누릴 수 있는 무대 뒤의 권리를 무시할 뿐만 아니라 업소 전체를 일종의 남성용 비무장 도시라도 되는 양, 옷을 더럽힐 위험을 감수하면서까지 무대 뒤 특권을 당연하게 누리려 하는 이들이 많다. 그들은 작업장을 어슬렁거리고, 모자챙을 삐딱하게 젖히고, 침을 뱉고, 욕설을 하고, 무료 서비스나 여행 정보 따위를 요구하기도 한다. 화장실, 주유소의 비품, 사무실 전화를 멋대로 사용하거나 필요한 소모품을 찾으려고 업소 창고를 직접 뒤지는 이들도 있다.[12] 차도의 정지 신호를 피해 주유소

---

11 이어지는 진술은 사회조사연구소가 행한 200개 소규모 사업장의 경영자들에 관한 연구에서 인용했다.

12 스포츠 차 정비소에서 있었던 일을 내게 말해준 지배인도 있었다. 고객이 멋대로 창고에 들어가 찾아낸 주유 마개를 들어 보이며 카운터 뒤에서 물었다.
　　　고객 : 얼마요?

진입로를 가로질러 가는 운전자도 있다.

노동자들이 뒷무대를 충분히 통제하지 못할 때 생기는 문제를 세틀랜드 호텔에서도 찾아볼 수 있다. 고객들의 식사를 준비하고 직원들이 밥을 먹고 쉬기도 하는 호텔 주방은, 농부들의 문화가 지배했다. 그 세부 내용을 몇 가지 살펴보자.

주방에서는 농촌식 고용주-고용인 관계를 보였다. 설거지하는 열네 살짜리 소년이 서른 살이 넘은 주인에게 존칭도 붙이지 않고 이름을 부르곤 했다. 호텔 주인 부부와 고용인들은 격의 없이 잡담과 풍문을 나누며 함께 밥을 먹었다. 호텔 주인이 친척과 친구들을 불러 주방에서 잔치를 열 때는 호텔 일꾼들도 합석했다. 이처럼 경영진과 고용인들의 대등하고 친밀한 모습은 그들이 고객이 있는 앞에서 행하는 모습과는 달랐다. 또 투숙 업무를 처리하며 고객을 상대하는 지배인과 고객의 가방을 나르고 구두를 닦아주고 객실 변기를 청소하는 시중꾼들의 관계는, 사회적 거리를 지켜야 하는 관계라는 고객들의 통념에도 어긋난 모습이었다.

또한 호텔 주방에서 그들은 섬사람의 식습관을 지켰다. 고기가 있으면 삶아 먹고 생선은 가끔씩 삶거나 소금에 절여 먹었다. 하루

지배인: 손님, 은행에서 창구 뒤로 들어가 동전을 집어 들고 은행원에게 갖다 주면 무슨 일이 생기는지, 어디에 갇히는지 아십니까?
고객: 여긴 은행이 아니잖소.
지배인: 그래도 그건 내 자산이죠. 자, 무엇을 원하십니까, 손님?
고객: 그렇다면, 알았소. 당신 권리이긴 하지. 51인치짜리 마개가 필요해요.
지배인: 그건 54인치짜리인데요.
지배인이 들려준 일화는, 실제로 나눈 말과 행동 그대로는 아니겠지만, 그가 당한 상황과 느낌만은 충분히 전해진다.

의 주식으로 빠지지 않는 감자는 언제나 껍질째 쪄서 섬사람 방식으로 먹었다. 사람들은 큰 냄비에 찐 감자를 골라서 포크로 찍고 나이프로 껍질을 까 먹고 껍질은 한자리에 모아두었다가 나이프로 걷어냈다. 식탁보는 기름 먹인 천을 썼다. 그들은 대개 식사 전에 수프를 한 그릇 마시고는 새 접시 대신 그 그릇에 나머지 음식을 담아 먹곤 했다. (거의 모든 음식이 끓인 것이니 실용적 사용법인 셈이다.) 포크와 나이프는 주먹을 쥐듯이 잡고, 차는 잔에 따라 받침도 없이 내놓았다. 여러 면에서 섬사람들의 식습관은 적절해 보였고 식사 예절도 매우 섬세하고 용의주도하게 행해졌지만, 섬사람들은 그 모두가 영국 중간계급 식사법과 다를 뿐 아니라 일종의 위반이라 여겼다. 아마도 더 확실한 차이가 드러나는 때는 고객들에게 내놓는 음식을 주방에서 먹는 경우였을 것이다. (드문 일은 아니었지만 종업원들은 고객에게 내놓는 음식보다 섬사람들의 음식을 더 좋아했기 때문에 아주 흔한 일도 아니었다.) 그럴 때 그들은 주방 한쪽에서 음식을 장만해 개인별로 나누기보다는 한 그릇에 담아 함께 먹었다. 가끔은 뼈에 살이 좀 붙어 있는 고기나 먹다 남긴 파이 조각도 있었다. 고객에게 내놓는 음식과 같지만 약간 맛이 간 것도 섬사람 기준에 따르면 버려야 할 정도로 나쁜 건 아니었다. 쉰 빵과 케이크로 만든 푸딩도 손님에게 내놓을 수준은 못 되지만 주방에서는 먹어도 괜찮았다.

또한 주방에서는 농부식 옷차림과 태도가 나타나곤 했다. 호텔 지배인도 때로는 지역 관습에 따라 모자를 쓴 채로 있거나 설거지하는 소년이 석탄 양동이에다 코를 풀어버리기도 하고 여자들이 숙녀답지 못하게 다리를 들어 올리고 앉아 쉬기도 했다.

주방과 객실은 문화 차이 외에 다른 면에서도 차이가 났다. 객실 구역에서 지켜야 할 호텔 서비스 기준이 주방에서는 온전히 지켜지지 않았다. 주방 한쪽 부뚜막에는 아직 내놓지 않은 수프에 곰팡이가 피어 있었다. 주방 난로에 올려놓은 찜통 위에다 젖은 양말을 널어 말리기도 하는데 이는 섬에서는 흔한 일이다. 주방 사람들은 고객이 새로 우린 차를 주문하면 말린 지 몇 주나 된 찻잎이 바닥에 깔린 주전자에 차를 끓여 낸다. 신선한 청어를 씻을 때는 배를 갈라 신문지로 내장을 닦아낸다. 얼마 전에 썼던, 무르고 모양이 변한 버터 덩어리를 다시 잘 다듬고 신선해 보이도록 만들어 식당에 내놓기도 한다. 주방에서 먹기엔 너무 훌륭한 먹음직스러운 푸딩을 손님들에게 내가기 전에 손가락으로 떠먹기도 한다. 바쁜 식사 시간에는 이미 사용된 유리잔을 다시 씻는 대신 얼른 내놓기 위해 그저 비우고 문질러두기만 한다.[13]

이처럼 호텔 객실에서 조성되는 인상과 상반된 활동이 주방에서 다양하게 이루어진다는 사실은, 왜 주방에서 호텔의 다른 구역으로 통하는 문이 항상 민감한 곳일 수밖에 없는지 알려준다. 식당 종업원들은 음식을 나를 때 드나들기 쉽고, 손님들이 식사 시중을 받을 준비가 되었는지 아닌지 알 수 있고, 보고 따라 배워야 할 식당 종업원들과 되도록 접촉을 많이 할 수 있으니 문을 열어두고 싶어 했다. 고객 시중을 드는 종업원들은 고객이 열린 문 앞을 지나치며

---

13 실체와 겉모습이 일치하지 않는 사례들을 극단적 예외로 간주하지 말아야 한다. 서구의 중간계급 가정의 뒷무대도 가까이서 관찰해 보면 실체와 겉모습의 차이가 크다. 어느 정도 상업화된 곳이라면 차이가 더 클 것이다.

주방 안 광경을 얼핏 보더라도 잃을 게 별로 없다고 여겼다. 반면에 중간계급 역할을 맡은 호텔 관리직은 주방을 노출해 망신당하지 않도록 문이 닫혀 있기를 바랐다. 문이 성난 듯 큰 소리를 내며 여닫히지 않고 무사히 지나가는 날은 하루도 없었다. 현대식 레스토랑처럼 발끝으로 문을 여닫을 수 있게 했다면 무대 연출 문제는 어느 정도 해결될 수 있었을 것이다. 흔히 소규모 업소에서 그러듯 밖을 내다볼 수 있도록 문에 작은 창을 내는 방법도 도움이 되었을 것이다.

뒷무대의 어려움을 보여주는 또 다른 재미있는 예가 있다. 라디오와 텔레비전 방송국에서 카메라가 비추지 않는 곳이나 '켜져 있는' 마이크에 소리가 잡히지 않는 곳은 모두 무대 뒤라 할 수 있다. 아나운서는 카메라 앞에서 광고주의 제품을 들어 보이면서도 화면에 얼굴이 잡히지 않는 순간이면 자기 코를 잡고 동료들과 장난을 치기도 한다. 방송인들은 이런 이야기를 많이 들려준다. 무대 뒤에 있다고 생각한 출연자들의 모습이 그대로 방송을 타고 그 바람에 뒷무대식 행동이 방송의 상황 정의를 얼마나 망가뜨렸는지 하는 식의 이야기들이다. 기술적인 문제 때문에 방송인들이 숨어야 할 뒷무대 가로막이 믿을 수 없을 만큼 허술해서 마이크 스위치가 켜져 있거나 카메라가 돌아갈 때도 있다. 방송인들은 늘 이런 우발적 사태와 더불어 살아가고 있다.

비슷한 경우로, 요즘의 주택단지 건축 방식에서 비롯된 뒷무대의 특별한 문제가 있다. 옆집과 맞댄 벽이 너무 얇아서 시각적으로는 옆집과 분리되어 있으나 집안의 뒷무대와 앞무대에서 이웃이 움직이는 소리가 옆집에 다 들린다. 영국 연구자들이 묘사한 이웃집과 공유하는 '경계벽'의 문제를 들여다보자.

주민들은 생일을 축하하는 왁자지껄한 소리에서부터 일상사를 처리하는 소리까지 온갖 '근접' 소음을 듣게 된다. 밤에 아기가 우는 소리, 기침 소리, 잠들 시간에 신발 떨어뜨리는 소리, 아이들이 계단을 오르내리고 실내를 뛰어다니는 소리, 피아노를 치며 노래 부르는 소리, 웃음을 터뜨리거나 큰 소리로 떠드는 소리, 부부 침실까지 들려오는 이웃의 소리는 충격적이다. "냄비 쓰는 소리까지 들려요. 얼마나 기분이 나쁘고 끔찍한지 몰라요." 마음을 산란하게 만드는 소리도 있다. "나는 이웃이 잠자리에서 다투는 소리도 들었어요. 한 사람은 책을 읽겠다 하고 또 한 사람은 자고 싶다더군요. 침대에서 소음을 듣게 되는 일은 참 곤혹스러워요. 그래서 내 침대를 반대쪽으로 옮겼답니다." (중략) "나는 침대에서 책 읽기를 좋아하는데 귀가 밝아서 그이들의 대화가 거슬려요." 듣지 말아야 할 소리도 있다. "남편이 아내에게 발이 차다고 말한다든지 하는 아주 은밀한 이야기가 들릴 때도 있어요. 나라면 그런 말은 귓속말로 하겠다 싶어요." 그리고 "밤에 침실에 들어갈 때 발끝으로 살금살금 걸어야 할 만큼 조심스러워요."[14]

잘 알지도 못하는 이웃들이 서로를 너무 많이 알 수밖에 없는 난감한 처지에 놓였음을 알 수 있다.

뒷무대의 어려움에 관한 마지막 예로, 고위층 인사가 겪기 마련인 상황을 한번 보자. 그들은 너무 성스러운 존재라서 지위에 걸맞

---

14 Leo Kuper, "Blueprint for Living Together," in Leo Kuper and others, *Living in Towns*(London: The Cresset Press, 1953), pp.14-15.

은 겉모습이란 수행원들을 거느리고 의식의 중심에 서는 것밖에 없다. 어떤 상황 맥락에서든 고위층 인사가 성스러운 존재로서 부여받은 신비스러움에 의구심을 불러일으킬 털털한 모습으로 사람들 앞에 나서는 것은 부적절한 행동으로 간주된다. 그래서 고위층이 휴식을 취하는 장소는 일반대중의 출입이 금지되는 곳이고는 했다. 19세기 중국 황제의 경우처럼 휴양지가 너무 넓거나 머물 곳이 애매할 때에는 무단출입 문제가 심각해진다. 빅토리아 여왕은 궁전 정원에서 조랑마차를 탈 때, 여왕이 가까이 다가오는 모습을 본 사람은 누구든 얼굴을 돌리거나 다른 길로 가라는 규칙을 정해 시행하기도 했다. 그러다 보니 고위 정치인일지라도 때로는 갑자기 여왕이 다가오는 모습을 보면 위엄이 손상되는 것을 무릅쓰고 관목 숲 속으로 뛰어들어야 했다.[15]

이런 사례들은 뒷무대의 어려움을 보여주는 다소 극단적인 경우지만, 뒷무대의 통제와 관련된 문제가 없는 사회 조직은 없다.

뒷무대의 통제와 관련해 대조를 보이는 두 영역이 작업 공간과 휴식 공간이다. 미국 사회에서 보편적으로 공연자들에게 통제권을 부여하는 또 하나의 공간이 생리적 욕구를 해소하는 곳이다. 배변은 청결함과 깔끔함이라는 공연의 표현 기준에 들어맞지 않는다. 또 공연자가 대면 상호작용에서 체면을 지키려고 쓰고 있던 가면을 벗고 옷차림을 허물며 '연기를 멈춘' 순간이다. 동시에, 그런 상황에서는 갑자기 상호작용을 해야 할 필요가 생겨도 그는 자기 앞무대를

---

15 Ponsonby, 앞의 책, p.32.

재정비하기가 힘들다. 화장실 문에 잠금장치를 다는 것도 그 때문일 것이다. 사람들은 자는 동안에는 움직이지 못하고 잠이 깨더라도 곧장 제대로 상호작용할 만큼 자신을 추스르지 못하며 얼마쯤 시간이 지나야 사교적 표정도 지을 수 있다. 침실을 집 안의 활동 공간과 분리 배치하는 관행도 그 때문이다. 또한 침실은 또 성 행위가 이루어지는 곳이고, 성 행위는 행위자를 곧장 또 다른 상호작용에 들어갈 수 없게 만드는 상호작용의 형태이기 때문에, 분리 배치된 침실이 더 쓸모가 있다.

인상 관리를 관찰하기에 가장 흥미로운 때는 공연자가 무대 뒤에서 관객이 있는 무대 위로 나가는 순간이나 공연을 마치고 무대 뒤로 되돌아오는 순간이다. 공연자들이 배역의 가면을 쓰고 벗는 놀라운 모습을 볼 수 있기 때문이다. 조지 오웰George Orwell은 뒷무대 관점에서 접시닦이들이 바라본 웨이터들 이야기를 들려주었다.

웨이터가 호텔 식당으로 들어가는 모습은 놀라웠다. 식당으로 들어서는 순간, 웨이터의 자세는 완전히 바뀐다. 어깨를 곧추세우고 먼지와 조급함과 짜증을 순식간에 털어버린다. 근엄한 성직자와도 같은 분위기를 풍기며 카펫 위를 미끄러지듯 걷는다. 나는 다혈질의 이탈리아인 호텔 부지배인이 문간에 서서 와인 병을 깨뜨린 보조 웨이터에게 야단치던 모습을 기억한다. 그는 보조 웨이터의 머리에다 주먹을 휘두르며 고함을 질렀다.(다행히도 어느 정도 방음이 되는 문이었다.)

"뭐 하는 짓거리야, 너 따위가 웨이터라고, 이놈아? 웨이터냐고! 넌 네 어미 사창굴에서 걸레질도 못할 놈이다. 이 뚜쟁이 같은 놈!"

말문이 막히자 그는 문 쪽으로 돌아섰다. 마지막 욕설을 퍼붓고는 마치 서부 소설 『톰 존스』에 나오는 지주와도 같은 몸가짐으로 문을 열었다.

그러고는 손에 접시를 들고 백조처럼 우아한 몸짓으로 식당 안으로 들어갔다. 10초 후 그는 고객에게 공손하게 절하며 미소를 지었다. 그런 모습을 보면 잘 훈련된 웨이터의 온화한 미소가 고객을 하인의 시중을 받는 귀족으로 만드는 것 같아 수치심이 들 정도였다.[16]

영국의 하류층을 연구한 참여관찰자가 들려주는 또 다른 예도 있다.

에디라는 이름의 하녀와 여종업원은 마치 무대에서 연기하는 것만 같았다. 그들은 무대를 휩쓸고 물러나는 것처럼 쟁반을 높이 쳐들고 긴장되고 거만한 표정을 지으며 주방으로 들어가곤 했다. 그들은 새 음식 준비로 바쁜 주방에서 잠시 긴장을 풀었다가 표정을 고쳐 짓고 식당 안으로 미끄러지듯 들어가곤 했다. 요리사와 나는 설거지 더미에 묻혀 마치 다른 세상을 엿보고 보이지 않는 청중의 박수갈채를 듣는 듯했다.[17]

가정부를 두는 관행이 쇠퇴하면서 중간계급 주부에게도 오웰이 말한 것 같은 재빠른 변신이 필요해졌다. 친구들을 초대해 저녁을

---

16 George Orwell, *Down and Out in Paris and London*(London: Secker and Warburg, 1951), pp.68-69.

17 Monica Dickens, *One Pair of Hands*(London: Michael Joseph, Mermaid Books, 1952), p.13

대접할 경우, 주부는 부엌과 식당을 오가며 행동과 몸가짐과 기분을 바꾸고, 여주인 역할과 가정부 역할을 번갈아 하면서 지저분한 부엌 일을 처리해야 한다. 예법서는 그런 변신에 도움이 되는 지침을 들려준다. 아내가 잠자리 준비 따위로 한동안 무대 뒤로 물러나야 할 때는, 남편이 안주인의 인상을 지켜주기 위해 손님들을 데리고 나가 정원 산책이라도 하라고 말이다.

미국 사회 어디서나 무대 위와 무대 뒤를 분리하는 경계선을 볼 수 있다. 앞서 지적한 것처럼 하위 계급 가정을 제외한 모든 가정에서 욕실과 침실은 관객의 출입이 금지된 영역이다. 거기서 몸을 씻고 옷을 입고 화장을 한 몸이라야, 다른 방에 있는 친구를 만날 수 있다. 욕실과 침실에서 몸을 단장하듯이 부엌에서는 음식을 준비한다. 사실상 중간계급의 생활과 하위 계급의 생활을 구분해주는 무대장치가 바로 부엌이다. 그러나 실외 공간을 무대 위와 무대 뒤로 나누는 경향은 미국 사회의 모든 계급에서 다 볼 수 있다. 집의 외관은 비교적 잘 꾸미고 수리도 잘하고 깔끔하게 해놓지만 뒤뜰은 허접한 상태로 방치한다. 그런 배치에 걸맞게 사회적으로 대접받는 성인은 앞문으로 드나들고 그렇지 못한 가사도우미, 배달부, 어린아이들은 뒷문으로 드나들곤 한다.

우리는 집 안팎의 무대장치에는 익숙하지만 다른 무대장치는 별로 의식하지 못한다. 미국에서 여덟 살에서 열네 살 정도 된 청소년과 불량배들은, 주택가 집집마다 뒷길과 뒷골목으로 통하는 출입구가 있어 종종 이용된다는 것을 알고 있다. 나이가 들면 잊히겠지만, 그들은 그런 통로가 열리는 모습을 또렷하게 목격한다. 상가 건물의 수위와 청소부들은 뒷마당으로 통하는 작은 문들을 잘 알고 있으며 눈에 띄지 않게 더러운 세탁물과 덩치가 큰 무대장치들을 실어 나르고 자신들도 이용하는 불결한 운송 체계에 아주 익숙하다. 상점에도 그와 비슷한 용도로 쓰이는 '계산대 뒤'나 창고 따위의 무대 뒤가 있다.

한 사회가 소중히 여기는 가치가 있다면 그 가치를 물질적으로 만들어내는 장소를 두기 마련이고, 그런 장소는 인접 구역과는 대조적인 무대 뒤가 될 수밖에 없다. 미국 사회에서는 실내장식가가 기량을 발휘해, 서비스를 준비하는 곳은 검은색으로 칠해 앞무대와 분리하고 앞무대는 개방식 벽돌을 쌓아 흰색 벽토로 장식한다. 고정 장치를 설치해 분리하기도 한다. 고용주들은 보기에 좋지 않은 모습으로 일하는 종업원들은 뒤에 두고 '인상이 좋은' 종업원들을 앞에 배치하여 완벽한 조화를 이루려고 한다. 좋은 인상을 주지 못할 노동자들은 예비 인력으로 고용해 관객에게 감추어야 할 일을 시킨다. 감출 필요가 없는 일을 시키기도 한다. 에버릿 휴스가 지적한 바와 같이[18] 미국 공장에서는 공장 운영의 핵심 영역만 아니라면 흑인 화학자도 수월하게 간부직에 오를 수 있다. (이 모든 사실은 잘 알려져 있는 일종의 생태학적 분류 과정이다. 그렇지만 그에 대한 연구는 별로 이루어지지 않았다.) 그리고 기업주는 흔히 무대 뒤에서 일하는 이들에게는 기술 관련 기준의 실현을, 반면에 무대 위에서 일하는 이들에게는 표현 관련 기준의 실현을 기대한다.

---

18 시카고 대학교의 세미나에서 지적한 내용.

보통 특정 공연 장소에 설치된 장식과 고정 장치는 정규 공연 및 공연자와 마찬가지 파급 효과가 있기 때문에 정규 공연이 없을 때도 무대 위의 특성을 간직한다. 그래서 성당이나 학교의 교실 같은 장소의 분위기는 수리공들만 있는 경우에도 그대로 유지된다. 수리공들이 작업 중 경건치 못한 품행을 보일 수도 있지만, 그럴 때도 그들의 마음에는 평소처럼 굴어서는 안 된다는 느낌이 든다. 특정 기준을 지킬 필요가 없는 은신처로 알려진 장소가 무대 뒤 영역으로 정착되기도 한다. 가령 사냥꾼 숙소나 체육 시설의 탈의실이 그런 곳이다. 너그러운 앞무대를 허용하는 여름철 휴양지 역시, 관습을 존중하는 보통 사람들마저 평소 낯선 사람들이 보는 자리에서는 결코 입지 않을 옷을 걸치고 거리에 나선다. 범죄 소굴이나 심지어 우범 지역 역시 '합법적'일 필요가 없는 행동이 계속되는 곳이다. 그 흥미로운 예가 파리에 있었다는 장소이다.

17세기에는 철저한 은어 연구자가 되려면 거지처럼 구걸은 물론이고 소매치기와 좀도둑질에도 능란한 솜씨가 있어야 했다. 그런 솜씨는 사회의 온갖 쓰레기들이 몰려든 부랑인촌, '기적의 마당Cours des Miracles'이라 불리는 곳에서 익혀야 했다. 17세기 초반의 작가 말을 믿는다면, 휴양소로 불린 집들의 풍경은 이러했다. "깡패, (중략) 절름발이, 지체장애인, 수종병자 등, 온갖 종류의 지체장애인 노릇을 하며 하루를 보낸 작자들이 밤이면 쇠고기, 송아지고기, 양고기를 품에 안고, 허리춤에는 포도주 병을 차고서 집으로 돌아온다. 마당에 들어서자마자 그들은 목발을 집어 던지고 건강하고 활기찬 모습을 되

찾는다. 집주인이 저녁을 준비하는 동안 그들은 손으로는 전리품을 높이 쳐들고 고대의 주신 바쿠스 흉내를 내며 각양각색의 춤을 춘다. 절름발이가 똑바로 서서 걷는 위대한 기적을 이 마당보다 더 잘 보여줄 곳이 달리 있는가?"[19]

이와 같은 무대 뒤 영역에서는 무슨 중대한 목적을 노리는 사람이 없기 때문에 서로들 어떤 문제든 허물없이 나누는 사이처럼 행동하도록 상호작용의 분위기가 조성되는 경향이 있다.

공연과 관련해 어떤 영역은 공식적으로 무대 위 또는 무대 뒤로 정해져 있지만, 많은 영역들이 때에 따라 그리고 보기에 따라 무대 위 기능도 하고 무대 뒤 기능도 한다. 고위 경영진의 개인 사무실은 사무실 가구의 질이 그의 조직 내 지위를 강하게 표현해준다는 점에서는 분명히 무대 위 영역이다. 그렇지만 그곳은 그가 윗도리를 벗고, 넥타이를 느슨하게 풀고, 편하게 마실 수 있는 술병을 가까이 두고 같은 직급 동료들과 정을 나누고 분방하게 행동할 수 있는 곳이기도 하다.[20] 회사 밖 사람들과 주고받는 서류에 환상적인 유대의 문구가 박힌 편지지를 사용하는 기업 조직 역시 이러한 조언을 따

---

19 Paul LaCroix, *Manners, Custom and Dress during the Middle Ages and during the Renaissance Period*(London: Chapman and Hall, 1876), p.471.

20 오직 한 사람만 쓸 수 있는 작은 사무실이 무대 뒤로 바뀔 수 있다는 사실은 속기사들이 때로는 개방된 대형 사무실보다 작은 개인 사무실에서 일하기를 좋아하는 까닭을 설명해준다. 개방된 대형 사무실에서는 그들이 꾸준히 근면성실하다는 인상을 보여주어야 할 상대가 있지만, 작은 사무실에서는 상사가 사무실을 비울 때 일하는 척하기 같은 온갖 장식적 행동을 그만둘 수 있다. Richard Rencke, "The Status Characteristics of Jobs in a Factory"(unpublished Master's thesis, Department of Sociology, University of Chicago, 1953), p.53.

른 것이라 할 수 있다.

회사 안 사무실에서 주고받는 서류는 예법보다는 경제성을 고려해야 한다. 값싼 종이든, 색깔 있는 종이든, 인쇄물의 이면지든, '가족끼리'는 어떤 종이를 써도 괜찮다.[21]

이 예법서는 뒷무대의 상황 정의에 제약이 있다는 점도 덧붙인다.

기억하려고 갈겨쓰곤 하는 개인용 메모 용지를 실무에 쓰지 말라는 제약은 없다. 그러나 한 가지 경고해둘 점이 있다. 개인용 메모 용지가 아무리 편리해도 하위직은 사용할 수 없다. 사무실 바닥에 깔린 양탄자나 문에 걸린 명패처럼 개인용 메모 용지도 어떤 조직에서는 지위 상징에 속하기 때문이다.[22]

마찬가지로, 일요일 아침이면 모든 가정이 담을 이용해 느슨한 집안 모습을 감출 수 있다. 옷차림도 시민 노릇의 긴장도 다 풀어버리고 쉴 수 있도록, 가족은 부엌과 침실로 한정시켰던 비공식성을 집안 전체로 확대한다. 미국의 중간계급 주거 지역에도 오후 시간에는 어린이 놀이터와 집 사이에 뒷무대로 규정된 곳이 있다. 그곳에서 어머니들은 청바지와 편한 신발을 걸치고 최소한의 화장만 하고 돌아다니고, 입에 담배를 문 채 유모차를 밀거나 이웃과 잡담을 나눈

---

21 *Esquire Etiquette*, p.65.
22 같은 책, p.65.

다. 파리에서는 노동계급 전용 구역에 사는 여성들이 이른 아침 이웃과 잡담을 나눌 만큼 뒷무대를 확대할 권리가 있다고 여긴다. 하여 침실용 슬리퍼와 잠옷을 걸치고 머리에는 망을 쓰고 화장도 않은 채 신선한 빵과 우유를 가지러 발소리를 내며 내려간다. 미국의 주요 도시에는 모델들이 화보를 찍기 위한 의상을 입고 주위 시선을 거의 의식하지 않은 채 서둘러 번화한 거리를 가로질러 갈 때가 있다. 손에는 모자 상자를 들고 머리에는 머리 모양을 고정시키는 망을 쓰고서, 화보 촬영이 시작되기 전에 건물 뒤편 대기실로 이동하는 동안 겉모습을 망가뜨리는 일이 벌어지지 않도록 조심스레 자신의 몸을 이동시킨다. 물론 정기 공연을 위해 마련된 무대도 공연 전후로 무대 뒤로서 기능하는 때가 있다. 무대의 고정 장치를 수선·복구·재배치하거나 공연 전 최종 리허설이 이루어질 때다. 그와 같은 종류의 광경을 보려면 레스토랑, 상점, 가정집 문이 열리기 전에 단 몇 분만 보면 된다. 그렇다면 무대 위와 무대 뒤라고 말할 때, 우리는 특정한 공연을 준거로 삼는 것이고, 공연이 이루어지는 순간에 그 공간이 제공하는 기능을 말하는 것임을 명심해야 한다.

팀 공연에 협력하는 팀 성원들은 친밀한 사이가 되는 경향이 있다고 앞서 지적했다. 그런데 이 친밀성은 보통 팀 성원들이 관객 앞에서 유지하고 싶은 인상과는 모순된 것인지라 관객이 없을 때 나타난다. 관객의 시선에서 자유로운 무대 뒤에는 사교적인 분위기를 자아내는 상호 친밀성이 있을 테고 무대 위로는 형식적 분위기가 지배할 것이다.

서구 사회에는 대체로 무대 뒤에서만 통하는 언행과 공연에서만 쓰이는 언행이 따로 있다. 뒷무대식 언행에는 여러 종류가 있다. 허물없이 주고받는 호칭, 일사불란한 의사 결정, 불경한 말투, 노골적인 음담패설, 불평불만, 흡연, 허술한 옷차림, '단정치 못한' 자세, 사투리나 수준 이하의 어법, 중얼거리는 말투와 큰 소리, 거친 농담과 '조롱', 남들을 배려치 않는 사소하지만 상징적인 언행, 콧노래나 휘파람, 군것질, 트림과 방귀 따위다. 앞무대식 언행은 이 모든 짓거리를 하지 않는 것이다. 그렇다면 일반적으로 뒷무대식 언행은 함께 있는 다른 이들과 그 자리를 허물없이 친밀하게 대한다는 뜻으로 받아들일 수 있는 사소한 언행인 반면, 앞무대식 언행에는 무례함이 용납되지 않는다. 뒷무대식 품행은 심리학자들이 '퇴행'이라 부르는 언행이라는 점도 주목된다. 물론 문제는 무대 뒤가 개인에게 퇴행의 기회를 주는지, 아니면 임상적 의미의 퇴행이 부적절한 계기에 사회적으로 용납될 수 없는 동기에서 나오는 것인지에 있다.

사람들은 뒷무대식 품행으로 어떤 영역이든 무대 뒤로 바꿀 수 있다. 대다수 사회 조직에서 공연자들이 무대 위 영역 한구석에 모여 허물없이 어울림으로써 그곳을 나머지 영역과 상징적으로 분리시키는 모습을 볼 수 있다. 예를 들면, 미국의 일부 레스토랑에서는 직원들이 문에서 가장 멀고 주방에서 가장 가까운 곳을 차지하고 '해방구one-arm joint'라 일컫는다. 그러고는 마치 그들 스스로가 뒷무대인 양 행동한다. 마찬가지로, 붐비지 않는 저녁 시간대 여객기에서는 승무원들이 첫 임무를 마친 다음 편한 신발로 갈아 신고 안락의자에 깊숙이 기대앉아 담뱃불을 붙이며 서비스 임무에서 벗어나 말없이 긴장을 풀 수 있는 휴식 공간을 만들어낸다. 때로는 가까운 자리에 앉은 승객 한둘을 끼워주기까지 한다.

비공식 언행이 적합한 상황인지, 공식 언행이 적합한 상황인지, 상황 정의는 어느 한쪽으로 기우는 경향이 있다. 그런데 더 중요한 점은 실제 상황에서 어느 한쪽 언행만 나타나지는 않는다는 사실이다. 그렇게 순수한 상황은 없다. 한 공연에서 팀 동료였던 이들이 다른 공연에서는 공연자가 되고 관객이 되기도 하면서 공연마다 팀 동료들이 바뀔 가능성도 아주 없지는 않기 때문이다. 그래서 우리는 실제 상황에서 어느 한쪽 언행이 더 우세하리라 예상하며 실제로 그 두 가지 언행이 뒤섞여 있으면 일종의 죄의식이나 의구심을 느낀다.

실제 상황에서 사람들이 하는 행동은 언제나 공식 언행과 비공식 언행 사이의 타협이라는 사실을 강조하고 싶다. 뒷무대의 비공식성에는 세 가지 공통된 제약이 있다. 첫째, 관객이 없을 때 팀의 각 성원은 자기가 팀의 비밀을 지킬 수 있으며 관객이 있을 때 맡은 배역을 서투르게 연기할 사람은 아니라는 인상을 주려 한다. 팀 성원은 저마다 관객이 자기를 훌륭한 인물로 여기기를 바라는 한편, 팀 동료들 역시 자기를 충성스럽고 단련이 잘 된 공연자로 생각해주기를 원한다. 둘째, 공연자들이 곧 무대에 올릴 공연이 잘 되리라는 또는 막 마친 공연이 별로 나쁘지 않았다는 인상을 유지하기 위해 서로 사기를 북돋우는 뒷무대의 순간이 있다. 셋째, 연령대나 인종 집단과 같이 사회적 속성에 의해 구분되는 집단을 대표하는 사람들이 팀에 있으면 뒷무대식 언행을 자제하는 분위기가 조성된다. 그런 면의 분리가 선명히 드러나는 보기가 성별 구분이다. 아무리 가까운 사이라도 이성 앞에서 지켜야 할 겉모습을 따로 규정하지 않는 사회란 없기 때문이다. 미국 서해안의 조선소에서 좋은 사례를 볼 수 있다.

보통 남성 노동자들은 여성 노동자들을 점잖고 정중하게 대했다. 여성들이 선실이나 선착장 외딴 숙소에 찾아오면 남성들은 벽에 붙인 나체 사진이나 도색 화보를 떼어내 공구 상자 속에 감추는 배려를 잊지 않았다. '숙녀'의 출현을 존중하여 몸가짐을 바로잡고, 면도를 하고, 목소리도 낮추었다. 여성들이 듣기에 부적절한 이야기에 대한 금기는 너무나 극단적이어서 우스울 정도였다. 여성은 실제로 금기시된 단어를 별로 낯설어하지도 불쾌해하지도 않는다는 말을 분명히 했다. 그런데도 적당한 구실만 있으면 거친 말을 쓰고 싶어 하는 남성들이 여성 관객을 의식하면 갑자기 당황해서 얼굴을 붉히고 목소리를 낮추어 웅얼거리곤 했다. 남성들은 남녀가 어울리는 점심시간과 허물없는 잡담으로 친밀감을 나누는 휴식 시간이나 심지어 조선소의 낯선 환경에서도 집에서 하던 행동 방식을 거의 그대로 고수했다. 그들은 정숙한 아내와 어진 어머니, 세상 물정 모르는 누이와 딸을 대하듯, 존중, 세심한 우애, 보호하는 마음으로 여성들을 대했다.[23]

체스터필드Chesterfield도 비슷한 지적을 한다.

대등한 사이의 남녀가 동석한 자리(남녀가 동석한 자리에서는 모두가 어느 정도 대등하다)에서는 더 편하고 자유로운 분위기가 허용된다. 그래도 서로 간에 지켜야 할 예절은 있다. 상대를 존중해야 한다. 겸

---

23 Archibald, 앞의 책, pp.16-17.

손하고 조심스럽게 이야깃거리를 내놓을 수는 있지만, 약점이 있는 사람 집에 가서 그 약점과 관련된 소재를 꺼내서는 안 된다. 네가 취할 수 있는 단어, 몸짓, 태도는 많지만 무한정 허용되는 것은 아니다. 너는 손을 주머니에 찌르고 콧소리를 내거나 내키는 대로 앉거나 서거나 걷거나 할 수는 있겠지. 하지만 나는, 네가 휘파람을 불고, 모자를 벗지 않고, 양말을 벗거나 허리띠를 풀고, 소파에 눕거나 자러 들어가고, 안락의자에서 뒹구는 행동을 예의라고 여기지는 않으리라 믿는다. 그런 짓거리는 혼자일 때 누릴 수 있는 자유분방함이지만 윗사람에게는 충격이고, 대등한 사이에서는 무례한 짓이고, 아랫사람에게는 잔인한 모욕이다.[24]

킨제이 보고서에서는 미국 사회에서 남편과 아내 간에 알몸 노출을 금기시하는 정도를 조사했다. 그 자료를 보면, 특히 구세대 노동 계급의 경우 이와 동일한 관점을 갖고 있다.[25] 물론 알몸을 보이지 말라는 금기에 정숙함이라는 요인만 작용하는 것은 아니다. 셰틀랜드 섬의 두 여성은 결혼을 앞두고 잠자리에서 항상 잠옷을 입고 있겠다는 정보를 주며 목소리를 높였다. 자기들이 정숙하기 때문만은 아니고 자기네 몸매가 현대 도시의 이상형과 거리가 멀기 때문이라는 이유를 댔다. 그들은 그렇게 세심하게 주의할 필요가 없는 친구 한두 명을 지목하기도 했다. 몸무게가 줄면 정숙함도 줄어든다고 여

---

24 *Letters of Lord Chesterfield to His Son*(Everyman's ed.; New York: Dutton, 1929), p.239. (이 책은 영국의 정치가, 외교관, 문필가였던 체스터필드 경이 네덜란드 대사로 있을 때 아들에게 보낸 서간집이다. — 옮긴이)

25 Alfred C. Kindsey, Wardell B. Pomeroy and Clyde E. Martin, *Sexual Behavior in the Human Male*(Philadelphia: Saunders, 1948), pp.366-367.

기는 모양이었다.

무대 뒤에서는 공연자들이 격식에 얽매이지 않고 스스럼없이 편안하게 행동하지만, 무대 위에서 공연을 할 때는 정신을 바짝 차린다. 그렇다고 해서 그들이 예의 바름, 따뜻함, 너그러움, 남들과 어울리는 즐거움 같은 유쾌한 대인 관계란 언제나 뒷무대의 몫이고 의심, 속물 근성, 권위 과시 따위는 앞무대의 몫이라고 생각지는 말아야 한다. 우리의 열정과 생생한 관심사가 무엇이든, 우리는 그것을 공연을 볼 사람들의 몫으로 간직해둔다. 뒷무대의 유대를 볼 수 있는 가장 확실한 신호는 공연자들이 제각기 초조함을 조용히 가라앉히고 비사교적 분위기에 빠져들어 안전함을 느끼려는 모습이다.

팀은 '공연에서 보여주지 않는' 뒷무대의 불미스러운 행동은 잘 알 수 있다. 그런데 팀은 상호작용을 하는 상대 팀의 뒷무대식 행동은 쉽게 알 수 없는 입장이라는 점도 흥미롭다. 학생들은 쉬는 시간에 교실에서 벗어나 친구들과 놀며 나쁜 짓을 하면서도 선생님들도 쉬는 시간에 '교무실'로 돌아가면 욕설을 뱉고 담배도 피우며 뒷무대식 행동을 한다는 사실은 잘 모른다. 물론 우리는 팀 성원이 하나뿐인 경우에도 그의 내면에 매우 어두운 면이 있고, 개인 내면의 죄의식을 완화해주는 정신분석학자들이 개인에게 다른 이들의 삶의 진상을 들려주는 일로 먹고산다는 것도 알고 있다. 자기 자신에 대한 성찰과 남들에 대한 환상의 이면에는 지위의 상승 이동, 하강 이동, 수평 이동 같은 중요한 사회 이동social mobility의 역학과 좌절감이 도사리고 있다. 무대 위의 행동과 무대 뒤의 행동이라는 두 얼굴을 가진 세상에서 벗어나려는 사람들은, 새로운 지위를 얻으면 그 지위에 걸맞은 인물이 되더라도 공연자는 되지 않으리라 생각할 것이다. 물론 그들은 새로 맞이한 상황에서도 이전 상황과 다를 바 없는, 예상치 못한 유사성이 있음을 발견할 것이다. 새로운 상황에도 역시 관객에게 연출하는 공연이 있고, 공연에 필요한 지저분한 말썽거리를 처리하는 연출자는 있기 마련이다.

이른바 노동계급의 문화적 특성을 감안하더라도, 지위가 높은 이들은 거칠게 친밀감을 표현하는 방식이 다를 것이란 통념이 있다. 상류 계급은 소집단에서 말로 이뤄지는 공연에 시간을 많이 보내는 반면, 노동계급은 대규모 집단에 속해 하루를 거의 무대 뒤에서 보내거나 무언의 공연을 한다는 통념이다. 위계 구조에서 높은 지위에 있는 사람일수록 친하게 지내는 사람 수도 적고 무대 뒤에서 보내는 시간도 짧고 예의 바르고 점잖게 행동해야 할 때가 더 많다. 하지만 시간이 있고 죽이 맞는 동료가 있다면 아주 경건한 사람이라도 천박하게 굴거나 그러라고 강요당하기도 한다. 우리는 보통 숫자로나 전략으로나 노동자들이 뒷무대식 처신을 보인다고 생각하지만, 왕들도 노동자와 다를 바 없이 처신한다는 생각은 잘 하지 못한다. 동료가 없는 행정 수반들에게서 흥미로운 사례를 볼 수 있다. 가끔 긴장을 풀고 여가를 즐기고 싶을 때는, 허물없이 지내는 친구들에게 의례적으로 팀 동료의 지위를 부여하는 편법을 쓰는 것이다. 앞서 다룬 바 있는 '짝패'의 기능을 보여주는 예다. 궁전의 시종들이 주로 그런 역할을 맡는다. 폰슨비는 1904년 영국 국왕 에드워드가 덴마크 국왕을 방문했을 때의 경험을 묘사하며 좋은 예를 보여준다.

만찬에는 여러 종류의 코스 요리와 와인이 나왔고 만찬 시간은 한 시간 반이 넘게 걸리곤 했다. 만찬이 끝나면 우리는 서로 팔짱을 끼고 줄을 지어 다시 덴마크 국왕과 왕족들이 죽 늘어선 응접실로 나갔다. 우리는 8시쯤 담배를 피우러 객실로 돌아왔지만 덴마크 수행원이 우리를 따라다녔기 때문에 우리의 대화는 정중하게 두 나라의 관습을 묻는 데 국한되었다. 9시에는 응접실로 되돌아가 내기를 걸지 않은 채 루Loo라는 카드 게임을 했다.

10시가 되어서야 우리가 묵는 방으로 돌아가 쉬어도 좋다는 자비로운 허락이 떨어졌다. 그런 저녁은 우리에게 극도의 고역이었지만 우리 국왕께서는 시대에 한참 뒤떨어진 휘스트whist라는 카드 게임을 하고 낮은 점수를 감수하며 천사처럼 행동하셨다. 그러나 한 주를 그렇게 보내고 나자 우리 국왕께서는 브리지bridge 게임을 하기로 결정하셨다. 단, 덴마크 국왕이 잠자리에 든 후라고 단서를 붙이셨다. 10시까지는 공식 일정을 치르고, 그다음에는 러시아 사절단의 데미도프 왕자가 찾아와 국왕, 포테스큐, 그리고 내가 합세해 브리지를 즐기곤 했다. 우리는 방문을 마칠 때까지 그러기를 계속했다. 그것이 완고한 덴마크 왕실 분위기에서 우리가 긴장을 풀 수 있는 유일한 즐거움이었다.[26]

뒷무대식 관계에 대해 마지막으로 지적해둘 부분이 있다. 힘을 합쳐 함께 공연을 하는 사람들이 관객이 없는 자리에서 서로에게 친밀감을 표현할 때, 앞무대 행동(과 인물)에 길들여진 나머지 긴장 해소도 공연 때처럼 하는 사람도 생길 수 있다는 점이다. 뒷무대식 친밀

---

26 Ponsonby, 앞의 책, p.269.

성의 표현이 그 인물 연기의 연장이라면 긴장을 풀기 위한 공연자의 표현은 앞무대의 공연보다 더한 가식이 될 수도 있다.

이 장에서 나는 뒷무대의 유용성과 뒷무대를 통제할 수 없을 때 생기는 극적인 문젯거리를 다루었다. 이제 무대 위의 접근을 통제하는 문제를 다루자. 그러자면 기존 준거틀을 조금 더 확장할 필요가 있다.

지금까지 경계가 확실한 두 영역, 즉 특정 공연이 이루어지거나 이루어질 예정인 무대 위와, 공연과 관련 있지만 공연에서 조성하는 태도와 상반되는 행동이 벌어지는 무대 뒤를 살펴보았다. 그 외의 나머지 공간을 제3의 영역으로 추가해 다루는 것이 타당해 보인다. 그것을 '외부 영역the outside'이라고 할 수 있겠다. 특정 공연과 관련해 무대 위도 아니고 무대 뒤도 아닌 곳을 외부 영역으로 보는 관점은 사회 조직에 대한 우리의 상식에 잘 들어맞는다. 우리가 보는 건물에는 대부분 정기적으로 또는 임시로 무대 위로도 쓰이고 무대 뒤로도 쓰이는 곳이 있고 건물의 외벽이 그 두 공간을 모두 바깥세상과 분리하고 있다. 조직 외부에 있는 사람들을 우리는 '외부인'이라고 부르지 않는가.

외부 영역이란 개념은, 당연해 보이지만 또 조심스럽게 다루지 않으면 우리를 오도하고 혼란에 빠뜨릴 수 있는 개념이기도 하다. 관점을 무대 위나 무대 뒤에서 외부로 돌리면, 우리의 준거점도 한 공연에서 다른 공연으로 바뀌기 때문이다. 진행 중인 공연을 준거로 하면 외부인이 실제적·잠재적 관객이 될 수 있지만, 외부인들을 상대로 하는 공연은 진행 중이던 공연과는 아주 다를 수도 있고 비슷할 수도 있다. 공연이 진행 중일 때 외부인이 느닷없이 무대 위나 무대 뒤로 들어올 경우, 그 의외의 출현이 초래하는 결과를 연구할 수 있는 가장 좋은 방법은 진행 중인 공연에 미치는 영향을 보기보다는 다른 공연, 즉 공연자나 관객이 외부인을 관객으로 해서 연출하는 공연으로 보는 것이다.

개념은 다른 면에서도 신중히 다룰 필요가 있다. 무대 위와 무대 뒤를 외부 영역과 분리하는 벽이 공연에 영향을 미침은 분명하다. 그러나 건물 외벽의 장식은 또 다른 공연의 일부로 보아야 한다. 외벽 장식이 더 중요한 작용을 하는 경우도 있다. 영국 시골 마을의 주택에서 그런 면모를 볼 수 있다.

대다수 마을 주택에, 밖에서 보이는 각도에 따라 창문마다 질이 다른 커튼을 걸려 있음을 볼 수 있다. 밖에서 가장 잘 보이는 창의 커튼 소재는 밖에서 안 보이는 창의 커튼보다 훨씬 질 좋은 '최상품'이다. 그런 천은 보통 바깥을 향한 한쪽 면에만 무늬가 있다. 가족의 성취 지위를 드러낼 수 있는 가장 유리하고 전형적인 수단이 '멋있고' 비싼 소재의 커튼인 셈이다.[27]

맡은 배역을 연기하는 순간, 공연자는 그 배역이 자기에게 가장 중요하고 자타가 인정하는 특성이 자기의 본래 자질이라는 인상을 주려고 하거나 그와 어긋나는 인상은 주지 않으려 한다고 1장에서

---

27 W. M. Williams, *The Sociology of an English Village*(London: Routledge and Kegan Paul, 1956), p.112.

지적했다. 사람들은 대개 자기가 의도한 공연은 물론이고 의도치 않은 공연에도 몰입하지 못한다. 버크가 지적하듯, 공연자 역시 혼란에 빠지는 것이다.

사무실에서는 폭군이지만 가정에서는 약골인 사람이나 음악에 관해서는 독선적이지만 사적인 인간관계에서는 자기주장을 앞세우지 않는 음악인처럼, 우리는 모두 영역에 따라 대응을 달리 한다. 분리된 영역을 통합하면 분리 대응이 어려울 수밖에 없다. (이를테면, 사무실에서는 폭군이고 집에서는 약골인 사람이 갑자기 아내나 자녀를 고용할 입장이 되면 분리 대응을 할 수 없어 갈피를 잡지 못하고 쩔쩔맬 것이다).[28]

분리 대응의 문제는 개인이 공연을 아주 정교한 무대장치에 의존해야 하는 경우 특히 심각해진다. 허먼 멜빌Herman Melville이 환멸 조로 들려주는 회고담에서도 그런 문제를 발견할 수 있다. 멜빌이 군 복무를 하던 전함의 함장은 갑판에서 마주치면 그를 제대로 '쳐다보지도' 않았는데, 멜빌이 군복무를 마친 후 워싱턴 사교 파티에서 만났을 때는 그를 상냥하게 대하더라는 이야기다.

갑판에 있을 때 함장은 어떤 식으로든 나를 인간적으로 대하는 일이 한 번도 없었다. 그건 나도 마찬가지였다. 우리는 장관이 연 사교 파티에서 마주쳤는데, 그곳에서 지나칠 정도로 수다를 떨었다. 하지

---

28 Kenneth Burke, *Permanence and Change*(New York: New Republic, Inc., 1953), fn. p.309.

만 외국의 고위 공직자나 미국 각지의 거물들 사이에 있는 내 소중한 친구의 모습에서는 네버싱크호의 갑판 뒤쪽 난간에 기대어 홀로 서 있을 때의 고고함 따위는 찾아볼 수 없었다. 고귀한 양반들이 대개 그렇듯, 함장이 가장 돋보이는 곳은 역시 그가 지극한 존대 예우를 받던 그의 마음의 집, 함선이었다.[29]

관객을 분리해서, 공연자가 어느 한 배역을 연기할 때의 관객이 공연자가 다른 배역을 연기할 때의 관객이 되지 않도록 하는 것이 문제를 해결할 수 있는 방법이다. 프랑스계 캐나다인 목사는 친구들과 바다에서 수영도 할 수 없는 엄격한 삶을 살고 싶어 하지 않지만 바닷가에서는 교구민들과 만나지 않는 게 상책이라고 생각한다. 바닷가에서 필요한 친밀성과 교구에서 필요한 거리감이나 존경심은 양립할 수 없기 때문이다. 관객을 분리하는 한 가지 방법은 무대 위를 통제하는 것이다. 공연자가 무대 위의 통제력을 유지할 수 없으면, 한순간에서 다음 순간으로 이동할 때 어떤 성격을 투영해야 할지 모른다. 그러니 결국 양쪽에서 다 극적 성공을 거두기 어렵다. 처방전을 들고 온 고객에게는 판매원이나 초라한 물품 관리자처럼 굴던 약사가 다음 순간 우표나 초콜릿 아이스크림을 사러 온 사람에게 근엄하고 냉철하며 빈틈없는 의료 전문가 노릇을 한다면, 그한테서 느낄 수 있는 것이라곤 연민뿐일 것이다.[30]

29 Herman Melville, *White Jacket* (New York: Grove Press, n.d.), p.277.
30 Weinlein, 앞의 책, pp.147-148.(미국의 약국에서는 처방약뿐 아니라 스낵과 잡화도 판매한다. ─ 옮긴이)

공연자는 현재 공연의 관객이 나중에 자기가 상반된 모습을 연출하게 될 공연에는 들어오지 않아야 편하고, 또 과거 자기의 공연을 본 관객은 그와 상반된 현재 공연을 보지 않아야 편하다. 현저하게 지위가 상승했거나 추락한 사람들은 단호하게 고향과 절연함으로써 관객을 분리한다. 공연자는 관객에 따라 배역 연기가 달라야 편하고, 같은 배역 연기라도 관객을 분리하는 게 더 편하다. 똑같은 배역 연기를 보는 관객은 많아도 그 사실을 미처 모르는 관객이 저마다 자기처럼 귀한 대접을 받는 사람은 달리 없으리라 믿게 만드는 데는 관객 분리가 유일한 방법이다. 무대 위 영역의 통제가 중요한 것은 그 때문이다.

관객 분리는 적절하게 공연 일정을 짜야 가능하다. 그래야 공연자가 한 공연을 마치고 다음 공연에 들어가기 전에 잠시나마 심리적·육체적으로 자신의 각기 다른 앞무대를 점검할 여유가 생긴다. 그래도 한 팀의 여러 성원들이 또는 여러 팀의 성원들이 동시에 여러 명의 관객을 상대해야 하는 사회 조직에서는 문제가 생길 수 있다. 서로의 말소리가 들리는 거리에 있으면, 관객 개개인에게 특별한 서비스를 한다는 인상을 주기 힘들다. 손님들이 저마다 따뜻한 환대와 전송을 받는다고 느끼게 하려면 여주인은 손님들이 모여 있는 방과 분리된 곁방을 따로 마련해두어야 한다. 장의사가 하루에 두 건을 처리해야 하는 경우에는, 두 집안이 드나드는 통로가 겹치지 않도록 따로 두어, 장례식장을 내 집처럼 편안하게 느끼도록 고객을 지켜줄 필요가 있다. 가구점에서 점원이 고객의 마음을 좀 더 값비싼 가구류로 '돌리려' 한다면, 그보다 값이 더 싼 가구에서 지금 그

가구 쪽으로 고객을 유도하는 다른 점원의 말소리가 자기 고객에게 들리지 않도록 신경을 써야 한다. 한 점원이 평가 절하하는 가구를 다른 점원은 높이 평가하는 꼴이 되기 때문이다.[31] 물론 관객을 분리하는 벽이 있으면 공연자는 이쪽저쪽을 재빠르게 오가며 좋은 인상을 유지할 수 있다. 관객 분리 수단으로 두 개의 진료실을 두는 관행이 미국의 의사들 사이에서 인기가 있는 것도 그 때문이다.

관객 분리에 실패해 뜻밖의 외부인이 공연 자리에 있다 치자. 그러면 공연자는 인상을 관리하기가 힘들다. 문제를 처리하고 수습하는 방법은 두 가지다. 첫째는 이미 관객이 된 사람들이 단합해서 재빨리 뒷무대의 지위를 받아들이고 침입자가 봐도 괜찮을 연기로 바꾸는 공연자에게 협력하는 것이다. 말다툼을 벌이던 부부도 지인과 갑자기 마주치면, 부부간의 허물없는 다툼을 멈추고 그 앞에서 다정한 부부 사이를 연출할 것이다. 세 사람이 공유할 수 없는 관계나 얘깃거리는 제쳐둔다. 새로 참석한 사람이 자리에 익숙해지도록 대접하려면, 공연자는 그가 적절하다고 여길 수 있게 공연의 성격을 재빨리 바꾸어야 한다. 새로 온 사람이 공연자의 재빠른 변신을 자연스럽게 여기고 그런 환상을 계속 유지시킬 수 있을 만큼 순조롭게 변신이 이루어지는 경우는 드물다. 또 공연자의 변신이 순조롭게 이루어져도 변신 전부터 그 자리에 있던 관객은 공연자의 본질적 자아로 생각했던 모습이 사실은 본질적인 것이 아니었음을 느끼기 마련이다. 외부인이 들어오면 사람들은 그를 통합시키기 위한 수습 방

---

31 Louise Conant, "The Borax House," *The American Mercury*, XVII, p.172.

법으로 상황 정의를 바꾼다고 지적했다. 문제를 처리하는 두 번째 수습 방법은 외부인에게 그도 처음부터 자리를 함께했어야 했다며 분명히 환영의 뜻을 밝히는 것이다. 그다음에 이어지는 공연은 새로 참석한 사람을 포함시키기 위한 공연이다. 어떤 사람이 약속도 하지 않고 친구 집을 방문했는데 마침 파티를 하는 중이었으면, 그는 대개 떠들썩한 환영과 함께하자는 달콤한 권유를 받는다. 환영이 그다지 열렬하지 않으면 그는 자기가 배제당했음을 알아차리게 된다. 다른 계기가 있어도 외부인과 집주인이 우정과 호감을 꾸민 앞무대를 쉽사리 믿지 못할 것이다.

그러나 보통은 그 두 기법 중 어느 쪽도 크게 효과를 거두지는 못한다. 무대 위에 침입자가 나타나면 공연자들은 다른 때와 장소에서 그에게 하던 대로 공연할 준비를 한다. 그런데 갑작스럽게 공연 방식을 바꾸려 하면 적어도 일시적으로는 공연자들의 연기 노선에 혼선이 생긴다. 공연자들은 순간 자기가 두 가지 가능성 사이에서 우왕좌왕한다고 느낀다. 팀 성원들이 서로 신호를 주고받기 전에는 어떤 노선을 택해야 할지 갈피를 잡지 못해 당황할 수밖에 없다. 그런 상황이면 침입자는 위에서 든 두 가지 수습 기법 가운데 어느 쪽 대우도 받지 못하고 없는 사람 취급을 당하거나 때로는 나가달라는 매우 무례한 소리를 듣는 경우도 생긴다.

4장

모순적 역할

Discrepant roles

어떤 팀이든, 팀은 전반적으로 공연이 조성하는 상황 정의를 유지하는 데 목적을 둔다. 어떤 사실은 부풀리고 어떤 사실은 축소시키며 의사소통한다는 뜻이다. 실체를 극적으로 과장한 공연은 취약하다. 그리고 표현적 응집력을 필요로 한다. 그런데 이 점을 주의 깊게 살펴보면, 공연이 조성한 인상을 믿을 수 없고, 혼란스럽고, 쓸모없게 만드는 사실들이 있음을 간파할 수 있다. '파괴적 정보'라 부를 수 있는 사실들이다. 그렇다면 공연의 근본 문제는 정보 통제의 문제일 것이다. 주어진 상황 정의를 파괴할 만한 정보는 관객에게 알려지면 안 된다. 그러니까, 팀은 팀의 비밀을 지키고, 비밀을 지킨다는 그 사실조차 감출 수 있어야 한다.

논의를 전개하기 전에 몇 가지 비밀 유형을 정리할 필요가 있으리라. 어떤 유형의 비밀인가에 따라, 비밀 노출이 공연을 위협하는 방식도 다 다를 수 있기 때문이다. 여기서 제시하는 비밀의 유형이란, 비밀이 어떤 기능을 하는지, 비밀 및 비밀을 가진 사람에 대한 다른 이들의 생각이 어떤 관련이 있는지를 근거로 분류한 것이다. 동시에 나는 여러 유형에 속하는 비밀도 있다고 가정한다.

첫째, '추악한' 비밀이 있다. 추악한 비밀은 팀이 알면서도 숨기는 사실, 팀이 관객 앞에서 유지하려고 하는 팀 이미지와 부합하지 않는 사실이다. 추악한 비밀은, 감추어진 치명적 사실이 있다는 것과 그 사실이 공개적으로 인정되지 않았다는 점에서 이중적 비밀이다. 추악한 비밀에 관해서는 위장을 다룬 1장의 절에서 살펴본 바 있다.

둘째, '전략적' 비밀이 있다. 팀이 도모하려는 상황에 관객이 효과적으로 대응하지 못하도록 팀의 의도와 역량을 감추는 것이다. 전략적 비밀은 군대나 기업이 적수에 맞서 앞으로의 작전을 기획할 때 택하는 방법이다. 팀이 전략적 비밀이 없는 것처럼 위장하지 않는한, 팀의 전략적 비밀이 꼭 추악한 비밀일 필요는 없다. 그러나 추악한 비밀에 속하지 않아도 전략적 비밀이 노출되면 팀 공연은 혼란에 빠진다. 느닷없이 비밀이 노출되면, 그간 팀이 지켜야 했던 조심성, 자제력, 모호한 조치 따위가 쓸모 없었음이 드러나기 때문이다. 비밀이 단지 전략적인 비밀일 뿐일 경우, 팀이 은밀하게 진행해온 조치를 완수하면 결국 드러나게 되지만, 동시에 추악한 비밀이기도 하면 감추려는 노력이 계속된다. 또한 이러한 정보는 당장의 전략적 중요성뿐만 아니라 언젠가 전략적 중요성이 생길 수도 있기 때문에 은폐되는 경우가 흔하다.

셋째, '내부 비밀'도 있다. 집단의 비밀을 안다는 것은 개인에게는 집단의 성원임을 확인하게 해주고, 집단에게는 '비밀을 알지' 못하는 부류와는 별도의 특별한 집단이라는 의식을 갖게 한다.[1] 내부 비밀은 집단 성원들의 주관적 사회적 거리감에 객관적 지식을 채워준다. 사회 조직에서 거의 모든 정보는 이처럼 일종의 배타적 기능이 있으며 아무나 알 필요는 없는 정보로 간주된다.

전략적 중요성이 별로 없고 그다지 추악하지 않은 내부 비밀도 있다. 그런 비밀은 발각되거나 우발적으로 노출되더라도 팀 공연을 심

---

1 '내부 정보에 밝은 사람'을 다룬 리스먼(Riesman)의 앞의 책, pp.199-209 참조.

각한 혼란에 빠뜨리지는 않는다. 공연자들은 다른 일에서 비밀스러운 재미를 찾으면 된다. 물론 전략적 비밀이자 (또는) 추악한 비밀이 매우 심각한 내부 비밀일 경우도 있어서 추악한 전략적 비밀의 속성이 과장되기도 한다. 때로는 사회집단의 지도자들이 중요한 전략적 비밀과 관련된 딜레마에 직면한다는 점도 매우 흥미롭다. 마침내 비밀이 드러났을 때, 집단의 비밀을 공유하지 못한 성원들은 집단에서 배제된 데 대해 모욕을 느낄 것이다. 반면에, 비밀을 아는 사람이 많을수록 고의성 여부와 상관없이 비밀이 누설될 가능성도 크다.

팀의 비밀을 알게 되는 경로에 따라, 두 가지 유형으로 비밀을 구분할 수 있다. 첫째는 '위탁받은' 비밀이다. 팀의 비밀을 위탁받은 사람은 팀과의 관계를 위해 비밀을 지켜야 한다. 비밀을 위탁받은 사람이 팀에게 믿을 수 있는 사람임을 보여주려면 자신에 관한 비밀이 아니어도 지켜야 한다. 예를 들면, 변호사가 고객의 부적절한 면모를 노출하면, 성격이 매우 다른 두 가지 공연이 모두 위태로워진다. 법정에서 결백을 주장하는 고객의 공연과 고객의 신뢰를 얻기 위한 변호사 자신의 공연이 모두 위험해지는 것이다. 추악하든 그렇지 않든, 팀의 전략적 비밀은 팀 성원 개개인에게는 위탁받은 비밀이니, 각자가 충성스러운 팀 동료로서의 모습을 연출하기 마련이다.

둘째는 '공공연한' 비밀이다. 누군가의 비밀을 알게 된 사람이 자기 이미지를 훼손하지 않고도 폭로할 수 있는 비밀을 말한다. 우연히 발견되거나 드러난 사실 또는 경솔한 자백이나 전해 들은 비밀이 있을 수 있다. 공공연한 비밀이나 위탁받은 비밀은 대개 팀의 추악한 비밀 또는 전략적 비밀이라는 사실, 그리고 팀의 결정적 비밀을 남들이 알고 있으면 팀은 그들에게 그 비밀을 위탁받은 비밀로 하라고 강요한다는 사실도 주목할 필요가 있다.

이 장의 관심사는 팀의 비밀을 알게 되는 사람들의 부류 및 그 부류가 특권적 지위를 누리는 근거와 위협 요소를 살피는 데 있다. 그에 앞서 팀의 파괴적 정보가 모두 비밀에만 들어 있지는 않다는 점, 그리고 정보의 통제는 비밀 유지 이상의 문제라는 점은 분명히 해야겠다. 대부분의 공연에는 공연이 조성하는 인상과 부합하지 않는 사실이 들어 있게 마련이다. 그런데 그런 사실들이 누구나 이용할 수 있는 형태로 수집되고 조직되지는 않는다. 노동조합 신문은 구독자가 너무 적다. 그래서 자기 직업을 걱정하는 신문 편집인은 전문 구독률 조사에 응하지 않음으로써 자기든 다른 누구든 자신이 무능하다는 증거를 확보하지 못하게 막는다.[2] 이는 잠재적 비밀에 속한다. 잠재적 비밀을 그대로 묻어두는 것은 비밀을 지키는 것과는 아주 다른 문제다. 비밀이 되지 못하는 파괴적 정보의 또 다른 예는 앞서 다루었던 의도치 않은 몸짓 따위다. 그런 몸짓은 공연자들이 투영한 주장과 모순되는 정보를 전하는 사건이지만, 그런 뜻밖의 사건이 비밀인 것은 아니다. 부적절한 표현을 피하는 것도 정보의 통제에 속하지만 여기서는 다루지 않겠다.

우리는 특정 공연을 준거로, 중요한 역할을 세 유형으로 구분했다. 공연을 하는 사람, 공연을 보는 사람, 공연에 참여하지도 않고 공연을 보지도 않는 외부인이다. 역할을 맡은 사람이 흔히 이용할

---

2 Wilensky, 앞의 책, chap.VII.

수 있는 정보를 근거로 중요한 역할을 구분할 수도 있다. 공연자들은 그들이 어떤 인상을 조성하는지 알고 있으며, 공연에 관한 파괴적 정보도 가지고 있다. 관객은 다양한 비공식 경로를 통해 수집한 정보와 치밀한 관찰로 정보를 알아낸다. 대체로 관객은 공연이 조성하는 상황 정의에 대해서는 알지만, 공연에 대한 파괴적 정보는 모른다. 외부인은 공연의 비밀도 모르고 공연이 조성한 실상도 알지 못한다. 마지막으로, 접근 가능 영역을 기준으로 역할을 구분할 수도 있다. 공연자는 무대 위와 무대 뒤를 모두 드나들 수 있고, 관객은 무대 위 영역에만 접근할 수 있고, 외부인은 두 영역에 모두 접근할 수 없다. 그렇다면 공연이 이루어지는 동안 역할의 기능, 이용할 수 있는 정보, 접근 가능 영역은 서로 관련이 있을 것이라고 예상할 수 있다. 그래서 우리는 개인이 접근할 수 있는 영역을 알면 그가 맡은 역할과 보유한 정보도 알 수 있으리라 가정하게 된다.

그러나 실제로 역할의 기능, 보유 정보, 접근 가능 영역이 완벽하게 일치하는 경우는 아주 드물다. 기능, 정보, 장소의 관계를 복잡하게 만드는 또 다른 유리한 위치가 있다. 그 특수 위치는 흔히 활용되고 공연에 중요한 작용을 하기 때문에 역할이라 할 수 있는데, 앞의 세 가지 중요한 역할과 비교하면 모순적 역할이라고 해야 적절하다. 그중 두드러진 몇 가지를 살펴본다.

아마도 가장 극적으로 드러나는 모순적 역할은 사회 조직체에 위장 잠입한 이들의 역할일 것이다. 다양한 유형이 있다.

첫째, '정보원informer' 역할이다. 정보원은 공연자들에게 팀 성원으로 행세하며 뒷무대의 파괴적 정보를 얻어내 공공연하게 또는 몰래 관객에게 팔아넘기는 사람이다. 정치, 군사, 산업, 범죄 분야에 이런 역할이 있음은 잘 알려진 사실이다. 처음 정보원이 팀에 동참할 때 아주 진지했고 팀의 비밀을 폭로할 계획이 없던 사람이라면, 특히 그가 좋은 팀 동료로 삼을 만한 인품을 가지고 있다면, 우리는 그 정보원을 배신자, 변절자, 비겁한 사람이라 칭한다. 처음부터 팀의 정보를 팔아넘기기로 작정하고 단지 그 목적으로 팀에 합류한 사람은 '첩자'로 불린다. 배신자든 첩자든, 정보원은 비밀을 사려는 사람들의 비밀도 함께 팔아넘기며 양다리 걸치기를 할 최적의 위치에 있다는 점에서 흔히 주목의 대상이 된다. 정보원을 다르게 분류할 수도 있다. 한스 스파이어Hans Speier처럼, 직업적 훈련을 받은 전문가와 그렇지 않은 아마추어, 지위가 높은 이와 낮은 이, 정보 제공이 돈벌이 수단인 사람과 신념의 소산인 사람으로 분류할 수도 있다.[3]

둘째, '바람잡이' 역할이다. 바람잡이는 평범한 관객 행세를 하지만 실은 공연자들과 한통속이다. 그는 공연자가 관객에게서 얻어내려는 반응의 본보기를 보여주거나 공연의 전개상 필요한 순간에 관객의 호응을 유도한다. 연예계에서 쓰이던 '바람잡이'와 '박수부대'라는 명칭이 이제는 통상 쓰인다. 이런 역할은 틀림없이 축제장에서 유래되었을 것이다. 다음과 같은 용어의 정의에서 바람잡이 개념의 출처를 짐작해보자.

허수아비stick: 명사. 사람들을 도박에 끌어들이려는 협잡꾼('고정' 도

---

3 Hans Speier, *Social Order and the Risks of War*(Glencoe: The Free Press, 1952), p.264.

박단 운영자)으로, 가짜 상금을 탈 역할에 고용한 사람. 현지 얼간이를 고용할 때도 있다. '진짜 도박'이 시작되면, 허수아비들은 내보내고 협잡과 무관한 외부인에게 상금을 준다.[4]

앞잡이shillaber: 명사. 서커스단이 고용해 호객 임무를 끝내자마자 매표구로 달려가 입장권을 사는 호객꾼. 그가 동료 앞잡이들과 함께 표를 사서 공연장 안으로 들어가면 그 자리에 모인 마을 사람들도 오래지 않아 그 뒤를 따른다.[5]

통속적인 공연에만 바람잡이가 있는 것은 아니다. (주어진 배역을 아무런 자의식 없이 체계적으로 연기할 수 있는 사람은 점잖지 못한 바람잡이밖에 없겠지만). 사사로운 대화 모임에서 아내가, 남편이 꺼낸 얘깃거리를 이미 여러 번 들었고 또 남편이 처음 말하는 것처럼 꾸민다는 사실을 알면서도, 재미있다는 듯 적절히 장단을 맞춰주는 일 같은 건 흔하다. 바람잡이는 관객처럼 보이지만 실은 공연 팀을 위해 눈에 띄지 않게 정교한 솜씨를 발휘하는 사람이다.

이제 관객 가운데 있으면서 공연자가 아니라 관객을 위해 눈에 띄지 않게 능숙한 기량을 발휘하는 감찰관을 살펴보겠다. 꾸민 겉모습이 실체와 다르지 않음을 확실히 보여주기 위해 공연자가 지켜야 할 기준을 점검하는 역할로 고용된 사람을 예로 들 수 있다. 그런 사람은 순진무구한 대중을 보호할 공식·비공식 임무를 맡은 대리인

---

4 David Maurer, "Carnival Cant," *American Speech*, VI, p.336.
5 P. W. White, "A Circus List," *American Speech*, I, p.283.

으로서 평범한 관찰자보다 더욱 예민한 감수성과 윤리적 엄격성을 지니고 관객 노릇을 한다.

그런 감찰관 역을 맡은 사람이 공연자에게 미리 감찰이 있을 것임을 알리고 공개리에 감찰에 들어가기도 한다. 그러면 감찰 대상이 된 공연자들은 자신의 언행이 무엇이든 평가의 근거가 되리라는 경고를 공정하게 받는 셈이다. 감찰의 목적을 밝힌 감찰관은 처음부터 자기를 관찰할 기회를 감찰 대상에게도 주는 것이다.

그러나 때로는 감찰관이 몰래 잠입하여 잘 속아 넘어가는 관객 행세를 하면서 공연자가 걸려들 덫을 놓기도 한다. 이 '암행 감찰관'은, 아무런 경고 없이 일상 거래에 잠입해서 미움을 받는다. 판매 직원은 자신이 참을성 없이 불손하게 대한 고객이 실은 본사에서 고객 대응 태도를 감시하기 위해 파견한 대리인이었음을 뒤늦게 알아차릴 수도 있다. 식료품 상인이 부당한 가격으로 물품을 판매한 상대가 물품 가격에 정통한 권위자였음이 밝혀지기도 한다. 철도 승무원들도 같은 문제를 겪곤 했다.

한때는 열차 승무원이 승객에게 존대를 요구할 수도 있었다. 그러나 지금은 높은 계급 의식, 유럽이나 호텔 업계에서 비롯된 관행의 확산, 다른 교통수단과의 경쟁으로 인해, 여성 승객이 탄 객차에 들어설 때 모자를 벗고 승객에게 깍듯한 예우를 갖추라는 규정을 지키지 않은 승무원은 '감찰관'의 '신고' 대상이 될 수 있다.[6]

---

6 W. Fred Cottrell, *The Railroader*(Stanford: Stanford University Press, 1940), p.87.

거리의 여인은 그녀에게 배역 연기를 시작하라고 거래를 부추기는 관객이 실은 속임수를 쓰는 **경찰관**[7]임을 발견할 때가 있다. 늘 그럴 가능성은 열려 있으니 거리의 여인은 수상쩍은 관객을 만나면 경계하게 되고 그러다 보면 연기도 어색해진다.

그렇지만 진짜 감찰관과 감시자 역을 자처하는 '독설가'나 '군자' 연하는 사람은 신중히 구별해야 한다. 감시자 역을 자처하는 이들은 뒷무대의 작동을 잘 아는 듯이 굴지만 실은 아는 바도 없고 법적으로나 관습상으로나 관객을 대표할 권한도 없다.

오늘날 우리는 공연의 기준과 공연자를 감찰하는(공개적으로 밝히든 아니면 경고 없이 집행하든) 대리인들을 서비스 구조의 일부로, 특히 정부 조직이 고객이나 납세자를 대표하여 행사하는 사회적 통제의 일부로 생각하는 데 익숙하다. 그러나 이런 종류의 감시 업무는 더 광범한 분야에서 빈번하게 이루어진다. 명문가의 관리실과 국가 의전 담당국이 잘 알려진 사례다. 이들 대행 기관은 귀족과 고위 공직자들을 보호하고 지위를 사칭하는 이들을 처리하는 일을 맡는다.

관객 가운데는 또 다른 특이한 일꾼이 있다. 공연 중에 눈에 띄지 않게 관객에 섞여 있다가 공연 팀의 경쟁자인 자기 고용주에게 간다. 그리고 목격한 바를 보고한다. 전문 정탐꾼이다. 메이시 백화점을 정탐하는 짐블 백화점 직원, 짐블 백화점을 정탐하는 메이시 백화점 직원, 패션 스파이, 국내 항공사 회의에 참석하는 외국인 등이 그런 정탐꾼들이다. 정탐꾼은 공연을 볼 수 있는 형식상의 권리가

---

7 J. M. Murtagh and Sara Harris, *Cast the First Stone* (New York: Pocket Books, Cardinal Edition, 1958), p.100; pp.225-230.

있지만 가끔은 자기만의 무대 뒤에 머물 정도의 품위는 지켜야 한다고 생각한다. 공연에 대한 그의 관심이 그릇된 관점에서 비롯된 만큼 철저하게 구경꾼의 관점에서 볼 때보다 공연에 더 생생한 재미를 느끼기도 하지만 더 지루해지기도 하기 때문이다.

모순적 역할에는 중개인 또는 중재자로 불리는 유형도 있다. 중개인은 양쪽의 비밀을 다 알고 또 그 비밀을 지킬 것이라는 진실한 인상을 양쪽 모두에게 주지만, 동시에 양쪽이 제각각 상대보다는 자기 쪽에 더 충성한다고 여기게끔 그릇된 인상을 주기도 한다. 노사 분쟁을 조정하는 중재자는 적대적일 수밖에 없는 두 팀이 서로에게 모두 이익이 되는 합의에 이르도록 도와주는 기능을 한다. 때로는 연극 배우처럼, 양쪽이 좀 더 친밀한 관계를 맺도록 양쪽 모두에게 상대 쪽의 정보를 각색해 전해주는 기능을 할 때도 있다. 결혼 중매인의 경우처럼, 중개인은 양쪽 당사자가 서로 간에 공개적으로 내놓으면 승낙하거나 거절하기가 곤란한 요구를 대신 전달하는 기능을 하기도 한다.

중개인이 자신도 구성원으로 있는 두 팀이 실제로 한자리에 있을 때면 혼자서 테니스를 치듯이 필사적으로 이쪽저쪽 오가는 놀라운 모습을 볼 수 있다. 그래서 우리가 살펴야 할 자연스러운 단위는 개인이 아니라 팀과 팀의 성원들이다. 한 개인으로서 중개인이 하는 활동은 별나고, 조리가 없고, 품위도 없고, 겉모습과 충성심이 왔다 갔다 하는 것처럼 보인다. 그러나 중개인이 동시에 두 팀에 소속된 구성원으로서 우왕좌왕하는 모습은 충분히 이해할 만하다. 또한 중개인을 이중-바람잡이라고 단순하게 규정할 수도 있다.

작업반장의 기능을 다룬 최근 연구에서도 중개인 역할을 볼 수 있다. 작업반장은 경영진 관객을 대신해서 작업장의 공연을 다스리는 감독관 임무를 받아들여야 하지만, 자신이 아는 사실과 경영진이 보는 모습을 자신의 양심에 부합하고 관객이 기꺼이 받아들일 수 있도록 해석해주어야 한다.[8] 중개인의 역할은 공식 회의를 이끄는 의장에게서도 볼 수 있다. 의장은 개회를 선언하고 초청 연사를 소개한 다음에는, 곧장 모범적 청중 역할에 들어간다. 그는 연사를 향해 경청하고 이해하는 청중의 모습을 과장되게 표현한다. 그리고 청중에게 진지한 태도를 보이라고, 웃으라고, 수긍하는 미소를 지으라고 신호를 보내 청중의 특별한 반응을 유도한다. 연사는 흔히 의장이 청중으로서 모범을 보이고 연설의 중요성을 청중에게 확인시켜줌으로써 '자기를 잘 보살펴주리라' 믿고 초청을 수락한다. 의장의 공연은 의장을 향한 청중의 의무감이 작용해 얼마쯤 효과를 거둔다. 청중에게는 의장이 뒷받침하는 상황 정의와 의장이 택하는 경청 노선을 따라야 한다는 의무감이 있다. 연사가 청중의 인정을 받은 듯, 청중은 연사에게 매료된 듯 극적으로 연기하는 것은 물론 쉽지 않은 과제이다. 의장 자신이 무엇을 경청해야 할지 분별할 만큼 마음의 여유가 없을 때도 흔하다.

중개인의 역할은 특히 비공식 사교 상호작용에서 중요하다. 이 경우 역시 2인 팀 접근법의 유용성을 보여주는 사례다. 대화 모임에서 다른 참여자들의 이목을 일제히 집중시킬 말이나 행동을 하는 사람

---

8 Roethlisberger, 앞의 책.

은 관객이 쉽게 수긍하기 어려운 방식으로 상황을 정의하는 셈이다. 그런 사람이 있을 경우, 그와 가깝고 누구보다 더 큰 책임감을 느끼는 사람이 나서서 말하는 이와 듣는 이의 견해차를 좁히고 애초의 상황 정의를 다 함께 수용할 만한 상황 정의로 바꾸려고 애쓴다. 잠시 후 다른 누군가가 말을 시작할 때는 또 다른 사람이 나서서 중개인과 중재자의 역할을 맡는다. 이처럼 한바탕 홍수처럼 쏟아지는 대화가 사실상 팀을 구성·재구성하고 중개인을 창조·재창조하는 셈이다.

지금까지 정보원, 바람잡이, 감찰관, 정탐꾼, 중개인 등 몇몇 모순적 역할을 살펴보았다. 우리는 이 각각의 모순적 역할에서 역할 위장과 정보 보유, 접근 영역의 관련성이 예상과 달리 불분명함을 알 수 있다. 또 우리는 공연자와 관객의 실제 상호작용에 참여할지도 모르는 사람의 역할을 다루는 것이다. '비인간non-person' 역할도 있다. 비인간 역할을 맡은 사람은 상호작용을 하는 자리에 있지만 공연자 역할도 관객 역할도 맡지 않고, 정보원·바람잡이·감찰관처럼 자신의 정체를 위장하지도 않는다.[9]

비인간 역할의 고전적 유형은 아마도 하인일 것이다. 하인은 주인이 손님들에게 환대를 연출하는 동안 무대 위에서 대기하고 있어야 한다. 하인은 어찌 보면 (앞서도 다룬 것처럼) 주인 팀에 속하지만 공연자나 관객이나 모두 그를 그 자리에 없는 사람으로 취급한다. 어떤 집단은 하인한테까지 그럴듯한 인상을 보일 필요는 없다고 생각

---

9 역할에 관한 더 충실한 논의는 고프먼의 앞의 책 16장을 볼 것.

해 하인이 무대 뒤에 자유롭게 드나들게 내버려두기도 한다. 트롤럽
Trollope 여사가 몇 가지 예를 보여준다.

나는 노예들에 대한 그들의 습관적 무관심을 정말 많이 목격했다.
그들은 마치 노예에게는 듣는 귀가 없는 것처럼, 노예의 조건, 능력,
행동거지 따위를 이야기한다. 언젠가 한번은 남성과 여성 사이에 앉
아 있던 젊은 여성이 옆에 앉은 남성의 팔꿈치에 닿으면 상스럽게 보
일까 봐 옆자리 여성 쪽으로 당겨 앉으며 정숙한 모습을 연출하는 걸
보았다. 그런데 바로 그 여성이 흑인 시중꾼 앞에서 아주 태연하게 속
옷 차림으로 있는 모습을 보았다. 버지니아 주의 어떤 신사는 결혼한
다음 줄곧 흑인 계집종을 부부 침실에서 재웠다는 이야기를 들려주
었다. 나는 도대체 왜 그런 밤 시중이 필요하냐고 물었다. 신사의 대
답은 이랬다. "아니, 그럼, 내가 밤중에 물이라도 마시고 싶으면 어떻
게 한단 말이오?"[10]

이는 극단적인 사례다. '요구'가 있어야 하인이 출입할 수 있는 영
역에서, 하인의 존재는 여전히 주인이 그 영역을 온전히 누리지 못
하도록 행동을 제약하는 요소다. 하인과 주인의 사회적 거리가 크
지 않을 때는 제약이 더 심하다. 엘리베이터 기사와 택시 운전사처
럼 미국 사회에서 하인과 비슷한 '비인간' 역할을 하는 사람이 있을
때, 사람들 사이에 어떤 종류의 친밀성이 허용될 수 있을지는 불확
실하다.

---

10 Trollope, *Domestic Managers of the Americans*(2vols.; London: Whittaker,
Treacher, 1832), II, pp.56-57.

하인 비슷한 역할 외에 가끔 있어도 없는 사람 취급을 받는 전형적인 부류가 있다. 아주 어린 아이, 아주 나이 많은 노인, 병자 들이다. 또한 오늘날에는 속기사, 방송기술직, 사진사, 비밀 경찰처럼 각 본상의 인물은 아니지만 중요한 의례가 진행되는 동안 기술적 역할을 담당하는 이들이 비인간 역할을 한다.

비인간 역할에는 보통 복종과 경멸의 의미가 담겨 있지만, 비인간 역할을 맡은 사람이 방어 수단으로 그 역할을 이용할 수 있다는 점도 과소평가해서는 안 된다. 아랫사람이 윗사람을 다룰 수 있는 유일한 방법이 윗사람을 없는 사람 취급하는 수밖에 없는 상황도 있다. 셰틀랜드 섬에서는 영국 공립학교 의사가 가난한 농가 환자들을 왕진할 때, 섬 주민들은 있는 힘을 다해 그를 없는 사람 취급함으로써 의사와의 관계에서 그들이 겪는 어려움을 처리한다. 없는 사람 취급은, 주어진 상황에서 자연스럽고 유일한 방법이라기보다는, 처신이 부적절한 사람에게 적대감을 표현할 수 있는 방법이다. 따돌림받는 사람에게 그가 무시당하고 있음을 보여주는 것이 중요하지, 어떤 행동으로 보여주느냐는 별로 중요하지 않다.

지금까지 단순하게 보면 공연자, 관객, 외부인 범주에 들지 않지만 우리의 예상 외로 정보와 영역에 접근할 수 있는 사람들의 유형을 살펴보았다. 공연에 출연하지는 않으나 공연 관련 정보를 갖고 있는 모순적 역할이 네 가지 더 있다.

첫째, '서비스 전문가'라고 불리는 중요한 역할이 있다. 서비스 전문가는 의뢰인이 사람들 앞에서 공연을 할 수 있도록 건설, 수리, 장비 관리를 해주는 것이 직업인 이들이다. 건축가와 가구 판매원은 무대장치를 설치한다. 치과 의사, 미용사, 피부과 의사는 개인의 앞무대 모습을 관리한다. 경제학자, 회계사, 변호사, 조사 연구자는 의뢰인의 토론 노선이나 지적 위상을 언어로 표현할 수 있도록 사실 관련 요소들을 구성해준다.

서비스 전문가는 구체적 조사를 토대로, 공연의 부정적 측면에 관한 정보를 공연자 이상으로 파악하고 있지 않으면 공연자의 필요를 충족시킬 수 없을 것이다. 공연의 비밀을 알고 뒷무대의 관점을 공유한다는 점에서는 서비스 전문가도 팀의 성원과 다를 바 없다. 그러나 팀 성원과 달리, 전문가는 관객 앞에서 연출되는 공연에 기여는 할지라도 위험 부담이나 죄 의식 또는 만족감은 공유하지 않는다. 또한 전문가는 다른 이들의 비밀을 알지만 다른 이들은 그의 비밀을 알지 못한다는 점에서도 팀 성원과 다르다. 바로 이런 맥락에서 우리는 왜 전문가에게 직업윤리로 업무상 알게 된 공연의 비밀을 누설치 않는 '분별력'을 의무화하는지 이해할 수 있다. 그래서 그토록 폭넓게 이 시대의 가정불화에 대리 참여하는 정신과 의사가 지도교수 말고는 누구에게도 자신이 습득한 사실에 대해 침묵을 지키겠다고 서약하는 것이다.

전문가의 사회적 지위가 서비스를 의뢰한 사람보다 높으면, 전문가가 알게 된 특별한 사실들 덕분에 의뢰인들에 대한 전문가의 평가가 확고해진다. 어떤 상황에서는 전문가의 평가가 현상 유지에 중요한 요인으로 작용한다. 미국의 도시 중상위 계급 은행가는 일부 소규모 기업 소유주들이 세금 때문에 그들의 실제 은행 거래 내용과는 상반된 앞무대를 연출하는 모습을 본다. 또 은밀한 자리에서는 비참할 정도로 쩔쩔매며 대출을 구걸하면서도 공개적으로는 지불 능력에 자신감을 연출하는 그들의 앞무대 모습도 본다. 자선 의료 행위로 매음굴 같은 곳을 찾아가 성병 따위를 치료해야 하는 중간 계급 의사들의 입장도 마찬가지다. 하위 계급 환자들은 지체 높은 분들의 밀착 검진에 무방비 상태일 수밖에 없다. 마찬가지로 모든 세입자들이 자신은 언제나 제때에 임대료를 내는 부류라는 듯 처신하지만 실은 그런 처신이 연기에 불과함을 집주인들은 안다. (서비스 전문가가 아닌데도 냉소적 견해를 가진 이들이 있다. 예를 들어, 많은 조직에서 고위 간부는 일부 직속 부하 직원의 무능을 정확히 꿰뚫어보면서도 그들이 능력을 발휘하려고 고군분투하는 모습을 잠자코 지켜봐주어야 한다.)

물론 고객의 사회적 지위가 고객의 앞무대를 보살피는 전문가의 지위보다 높을 때도 있다. 그럴 경우, 한쪽이 지위는 높지만 정보 통제력은 낮고, 다른 쪽은 지위가 낮지만 정보 통제력은 높기 때문에 흥미로운 지위 딜레마가 발생한다. 전문가는 자기보다 지위가 높은 의뢰인이 공연에서 보이는 약점에는 지나치게 강한 인상을 받으면서 자신의 약점은 잊는 수가 있다. 그래서 서비스직 종사자들은 양가감정을 느낄 때가 종종 있다. 그들은 대리 참여해 친숙해진 '더 나은' 세계에 대해 냉소적 감정을 갖게 된다. 가정부는 집주인이 어떤 술을 마시고 어떤 음식을 먹는지, 어떤 편지를 받는지, 무슨 요금을 미납했는지, 깔끔한 앞무대를 보여주는 여주인이 생리 중인지 아닌지, 부엌이나 욕실 같은 무대 뒤를 얼마나 청결하게 관리하는지 알게 된다.[11] 주유소 지배인도 마찬가지다. 그는 새로 캐딜락을 뽑아 모는 운전자가 기름은 몇 푼어치밖에 못 넣고 할인이나 무료 서비스를 제공하는 주유소를 찾아 다니는 처지임을 알게 된다. 그는 또 남성다움을 과시하는 작자들이 자동차 관련 지식에 정통한 듯 굴지만 그것이 허세임을 안다. 그런 이들이 정작 차의 고장 원인을 정확하게 진단하기는커녕 주유 펌프에 맞춰 제대로 차를 대지도 못하는 모습을 보기 때문이다. 의류상도 마찬가지다. 고객이 겉모습과는 달리 뜻밖에도 더러운 속옷을 입고 있을 때도 있고 부끄러운 줄도 모르고 옷의 가치를 엉뚱하게 평가하는 모습을 본다. 남성복 매장 직원은 남성들이 겉모습에 무관심한 척하지만 그것은 다 연극이고, 자기가 보고 싶어 하는 모습이 거울에 나타날 때까지 이 옷 저 옷 다 입어보고 이 모자 저 모자 다 써보는 광경을 지켜본다. 경찰 역시, 명망 높은 사업가들이 받고자 하는 대우, 받고 싶어 하지 않는 대우가 무엇인지 알고 나서 사회를 떠받치는 기둥이 잘못되었음을 실감한다.[12] 호텔 청소부들은 고층 객실에서 치근덕거리던 남성 고객이 아래층에서는 아주 품위 있는 모습을 연출한다는 사실을 안다.[13] 흔히 구내 탐정이라고 불리는 호텔 보안요원은 호텔 방 휴지통에는 구겨서 버린 자살메모가 두어 장쯤 들어 있다는 사실을 안다.

사랑하는 이여 ―
당신이 이 쪽지를 받을 즈음 나는 당신이 절대로 상처를 줄 수 없는

---

11 Ray Gold, "The Chicago Flat Janitor"(unpublished Master's thesis, Department of Sociology, University of Chicago, 1950), 특히 4장 "The Garbage"를 볼 것.
12 Westley, 앞의 책, p.131.
13 필자의 셰틀랜드 호텔 연구.

곳에 있을 것입니다 —

당신이 이 쪽지를 읽을 때면 당신이 상처를 줄 대상은 아무도 없겠지요.[14]

이와 같은 자살 메모는 돌이킬 수 없을 정도로 절박한 감정에 사로잡힌 사람이 마지막으로 제 감정의 흔적을 정확하게 남기려고 한 시도이다. 동시에 결코 마지막은 아님을 보여주는 글이기도 하다. 평판이 좋지 않은 일을 해주는 서비스 전문가가 도시의 뒷골목에 사무실을 둠으로써 의뢰인이 도움을 청하는 모습을 남들 눈에 띄지 않도록 배려하는 예도 있다. 휴스의 말을 들어보자.

소설에는 흔히 지위를 따지는 여성이 얼굴을 가리고 혼자서 도시의 후미진 구석에 있는 조산원이나 점쟁이를 찾아가는 장면이 나온다. 도시에는 익명성이 보장되는 구역이 있다. 사람들이 소속 사교 모임의 성원들 모르게 불법 서비스 또는 불법은 아니지만 불미스러운 문제를 처리해주는 전문가의 서비스를 받기 위해 찾는 곳이다.[15]

익명으로 일하는 전문가도 있다. 해충 구제업자는 표식을 드러내지 않은 평범한 화물차로 방문 구제 작업을 해준다고 광고한다. 익명성 보장은 대개 고객이 필요로 하고 또 노골적으로 요구해 적극 활용하는 것이기도 하다.

---

14 Collans, 앞의 책, p.156.
15 E. C. Hughes and Helen M. Hughes, *Where People Meet* (Glencoe, Ill.: The Free Press, 1952), p.171.

전문가의 일이란 다른 이들의 공연에 대해 뒷무대의 관점을 갖게 하는 일이다. 그래서 서비스를 받는 사람들 입장에서는 전문가의 존재가 거북할 수밖에 없다. 공연의 준거점을 바꾸면 다른 결과들도 볼 수 있다. 사람들이 남들 앞에 보일 외모를 꾸미기 위해서가 아니라 남들의 주목을 받기 위해서 전문가를 두는 경우를 자주 볼 수 있다. 많은 여성들이 유명 미용실에 가는 이유는 세간의 관심을 끌고 귀부인으로 대접받기 위해서지 단지 머리 손질이 필요해서는 아닌 듯하다. 인도 힌두교에서는 중요한 의례에 필요한 일들을 처리할 적임자를 주선하는 능력이 한 사람의 카스트 지위를 확실히 보여주는 결정적 요인이라는 주장도 있다.[16] 그 경우 공연자의 관심은 자기에게 봉사하는 전문가를 통해 유명세를 얻는 데 있지, 일처리 내용에 있지 않다. 그래서 평소처럼 부끄럽지 않은 모습으로 전문가를 찾기에는 너무도 수치스러운 문제를 가진 고객에게 서비스를 제공하는 특수 전문가까지 생기는 현상도 볼 수 있다. 의사를 찾기 전에 먼저 낙태, 피임, 성병 치료를 위해 약사를 찾을 수밖에 없는 사람이 있는 것이다.[17] 비슷한 사례로, 미국에서는 복잡한 일에 연루된 사람이 백인 변호사 앞에서는 수치스러울 것 같아 흑인 변호사를 찾기도 한다.[18]

위탁받은 비밀을 보유한 서비스 전문가는 개인적 이익을 도모하

---

16 인도에 관한 여러 자료와 제안은 매킴 매리엇(McKim Marriott)의 도움을 받았다.
17 Weinlein, 앞의 책, p.106.
18 William H. Hale, "The Career Development of the Negro Lawyer"(unpublished Ph. D. dissertation, Department of Sociology, University of Chicago, 1949), p.72.

기 위해 그 비밀을 활용할 수 있는 위치에 있는 셈이다. 큰 협박일 경우 흔히 법이나 직업 윤리, 또는 사익 추구에 대한 계몽의식으로 막을 수 있지만, 전문가가 교묘하게 요청하는 소소한 요구 사항까지 사회적으로 통제하기는 어렵다. 기업이 수임료를 받고 일하는 변호사, 회계사, 경제학자 같은 전문가들을 앞무대 언어의 대변인으로 삼는 경향과 그런 이들을 조직 성원으로 채용하는 경향도 아마 관련 비밀을 지키기 위한 신중한 노력의 산물일 것이다. 전문가를 대변인 역할로 고용해 조직 성원으로 만들면, 새로운 방법으로 전문가의 신뢰성을 활용할 수 있다. 조직 성원으로 끌어들인 전문가에게 고용주의 공연을 위해서만 기량을 발휘하도록 하는 것이다. 그러면 전문직 관객에게나 흥미로울 균형 잡힌 관점과 이론적 자료 제시처럼, 훌륭하지만 쓸모는 없는 일에 전문가의 기량이 쓰이는 일을 방지할 수 있다.[19]

전문가 범주에 포함시킬 수 있는 다양한 역할에는 '훈련 전문가'도 있다. 훈련 전문가는 공연자에게 바람직한 인상을 조성하는 방법을

---

19 조직에 들어가 앞무대 언어를 담당하게 되는 전문가들은, 팀의 주장을 최대한 지지하는 자료를 수집하고 제시하라는 요구를 받는다. 객관적 사실은 보통, 반대편이 제시할 법한 주장, 팀이 지지를 호소할 일반 대중의 성향, 관련자라면 누구나 호의적 말치레를 해야겠다고 느낄 원칙들과 같이 고려할 법한 부차적 구성 요소일 뿐이다. 팀의 언어 공연에 사용할 사실을 수집하고 공식화하는 일을 맡은 사람이 관객 앞에 직접 나서서 사뭇 다른 앞무대를 연출하는 일에도 고용될 수 있다는 사실은 흥미롭기 짝이 없다. 공연을 위한 기념사 작성과 기념사 발표가 다른 것처럼, 그 두 가지 일은 성격이 다른 일이다. 바로 이 점에 딜레마가 있다. 전문가가 직업윤리를 제쳐두고 자기를 고용한 팀의 이익에 집중할수록 그가 팀을 위해 공식화한 논점은 유용성이 커진다. 그러나 독립성을 지닌 전문직으로서 평판이 좋고 균형 잡힌 객관적 사실에 더 주의를 기울이는 전문가일수록 관객 앞에 나서서 자기가 발견한 사실을 효과적으로 제시하는 데 더 유능하다. 이 문제와 관련된 더 풍부한 자료는 앞에서 나온 윌렌스키의 책에서 볼 수 있다.

가르치는 사람이다. 동시에 미래의 관객 배역도 맡아 공연자가 적절한 연기를 못 하면 어떤 결과가 생길지 지적해주는 복잡한 과제를 수행한다. 미국 사회에서 이런 역할의 본보기는 아마 부모와 교사일 것이다. 사관 후보생에게 지독한 훈련을 시키는 하사관도 그 범주에 들 것이다.

훈련을 마친 지 오래되고 업무에 익숙해진 사람이라도 자신을 훈련시킨 트레이너 앞에서는 불편함을 느끼곤 한다. 트레이너의 존재는 공연자가 억눌러왔던 기억을, 꼴사납고 곤혹스럽게 훈련을 받던 과거의 자기 이미지를, 다시 생생하게 불러일으키기 때문이다. 공연자는 한때 자기가 얼마나 바보 같았는지 자기 기억을 지워버릴 수 있을지언정 트레이너의 기억을 지울 수는 없다. 리츨러Riezler가 지적하듯, 수치스러운 사실은 "남들이 알면 자기 힘으로 기억하고 망각할 수 있는 범위를 벗어난 사실이 되고 자아 이미지가 되어버린다."[20] '한때 우리가 어땠는지' 현재 우리 모습의 이면을 알고 또 앞으로 관객의 반응을 상징해줄 사람 앞에서 우리가 오래된 팀 동료를 대하듯 평온을 유지할 수는 없다.

공연자가 아닌데도 무대 뒤 영역과 무대 뒤의 비밀에 접근할 수 있는 부류로 서비스 전문가를 들었다. 두 번째 부류는 '믿을 수 있는 친구confidant' 역할이다. 믿을 수 있는 친구는 공연자가 자기 죄를 고백하고 공연에서 자기가 보여준 인상은 그저 보여주기 위한 연기일 뿐이라는 시시콜콜한 이야기까지 자유롭게 털어놓을 수 있는 상대

---

20 Riezler, 앞의 책, p.458.

를 말한다. 그들은 대개 무대 밖에서 공연자의 무대 앞뒤 활동에 대리 참여만 한다. 예를 들면, 집에 돌아온 남편이 낮에 직장에서 겪었던 음모, 흥밋거리, 말로 표현할 수 없었던 감정, 허세 따위를 아내에게 털어놓는다. 또 아내는 남편이 청탁 편지나 취업 지원자에게 채용 여부를 알리는 편지를 쓸 때 초고를 읽고 정확하게 의사 전달이 되는지 검토해주는 친구다. 전직 외교관이나 권투선수가 회고록을 쓸 때는, 독자가 무대 뒤로 불려와 이미 끝나버린 거창한 공연을 믿어줄 친구가 된다.

믿을 수 있는 친구는 직업으로 서비스를 제공하는 전문가와는 다르다. 믿을 수 있는 친구는 이야기를 들려주는 사람에 대한 우정과 신뢰, 상대의 감정을 존중해서 이야기를 들어줄 뿐, 수고비는 받지 않는다. 그런데 때로는 서비스 전문가를 믿을 수 있는 친구로 삼으려 시도하는 (확실한 판단력을 구할 수단으로) 고객도 있다. 특히 성직자나 정신분석가처럼 이야기를 들어주고 조언하는 전문가가 그런 시도의 대상이 되기 쉽다.

고려해야 할 세 번째 유형은 동료 역할이다. 동료는 전문가 역할이나 믿을 수 있는 친구 역할과 마찬가지로 참여하지 않은 공연에 관한 정보를 알 수 있다.

동료는 같은 시간과 장소에서 공연을 함께하는 팀 성원은 아니지만, 동일한 종류의 관객 앞에서 똑같은 배역 연기를 하는 사람이라고 정의할 수 있다. 동료는 말하자면 운명 공동체라 할 수 있다. 같은 종류의 공연을 해야 하므로 서로의 관점과 어려움을 안다. 그들의 모국어가 무엇이든, 그들은 결국 동일한 사회적 언어를 쓰는 것이다. 관객을 끌기 위한 경쟁 관계에 있는 동료들이 서로에게 감추는 전략적 비밀이 있는가 하면, 관객에게는 감추어도 서로에게는 감출 수 없는 일들이 있다. 남들 앞에서 유지하는 앞무대를 서로의 앞에서는 지킬 필요가 없으니 긴장을 풀 수 있다. 휴스가 이런 식의 복잡한 결속 관계를 지적한다.

동료 지위를 알려주는 신호 가운데 하나가 분별력이다. 분별력은 동료들끼리 다른 이들과 맺고 있는 관계에 대해 서로 속내를 주고받을 수 있게 해준다. 서로 주고받는 속내를 통해 그들은 자신들의 사명, 능력, 약점 그리고 윗사람, 고객, 아랫사람, 일반 대중의 흠결을 냉소한다. 냉소는 표현하는 사람의 무거운 짐을 가볍게 해주고 방어해주는 기능이 있다. 그들에게 필요한 무언의 상호 신뢰에는 동료에 관한 두 가지 가정이 깔려 있다. 첫째는 동료라면 오해는 하지 않으리라는 가정이고, 둘째는 동료라면 자기에게서 들은 말을 풋내기들에게 옮기지는 않으리라는 가정이다. 새내기가 자기를 오해하지 않을 친구가 될 수 있을지 확인하려는 사람은, 사교적 태도로 연습 경기를 해보아야 한다. 연습 경기를 실제 전투로 바꾸는 열성분자, 곧 호의적 시도를 너무 진지하게 받아들이는 사람은 일에 대한 가벼운 논평·의구심·걱정을 나눌 믿음직한 동료가 될 수 없고 암시나 몸짓으로만 소통되는 암호를 배우지도 못한다. 그런 이들과는 함께 전략을 도모하기에 적합하지 않을뿐더러 배신할 염려도 있어서 신뢰할 수 없다. 사람들이 자유롭고 은밀하게 의사소통을 하려면 서로의 정서를 대부분 당연하게 받아들일 수 있어야 한다. 서로 간에 터놓고 하는 말은 물론이고 침묵에 대해서도 편안함을 느껴야 한다.[21]

시몬 드 보부아르가 동지적 결속을 훌륭하게 지적한 글이 있다. 보부아르는 여성이 처한 독특한 상황을 묘사하고자 했는데, 이 글의 의미는 모든 동료 집단에 적용할 수 있을 것이다.

여성끼리 만들고 지키는 우정은 여성에게 매우 소중하다. 그러나 남성들의 우정과는 성격이 아주 다르다. 남성들은 사상이나 계획 같은 자기의 관심사를 이야기하며 개인으로서 의사소통하지만 여성들은 자기네만의 터전에 머물면서 일종의 내재적 공모 관계로 결속한다. 그리고 그들의 소망은 다른 무엇보다도 그들이 공유하는 경험세계의 확인이다. 여성들은 사상과 견해를 토론하지 않는다. 대신 속내를 털어놓고 요리법을 주고받는다. 대안적 세계와 남성적 가치보다 더 중요한 가치를 창조하기 위해 단결한다. 여성들은 자신들에게 채워진 쇠사슬을 벗길 힘을 집합적 연대에서 발견한다. 여성들은 성적 불감증을 인정함으로써 남성들의 성적 지배를 무력화하고 남성의 욕망이나 어리석음을 조롱한다. 그리고 남편, 더 나아가 남성 일반의 도덕적·지적 우월성을 비웃고 의문을 제기한다.
여성들은 경험을 비교한다. 그들에게는 임신, 출산, 자기와 아이들의 병, 가사노동이 핵심 인간사다. 그들의 가사노동은 단순한 솜씨가 아니다. 요리법 따위를 주고받으면서 여성들은 구전에 뿌리를 둔 비밀 과학의 위엄을 가사노동에 부여한다.[22]

이제, 팀 성원을 가리킬 때 쓰이는 '동료'라는 용어가 왜 내집단[内]

21 Hughes and Hughes, *op. cit.*, pp.168–169.
22 Beauvoir, 앞의 책, p.542.

集團 정서를 뜻하는지, 또 '관객'이라는 용어가 왜 외집단外集團 정서를 뜻하는지 그 이유가 분명히 드러난다.

팀 성원들이 외부인 동료와 만나면 그에게 일종의 의례나 경의 표현으로 임시 팀 성원 자격을 부여하는 현상도 흥미롭다. 팀 성원들이 방문객을 아주 친하고 오래된 관계나 되는 것처럼 대하는 귀빈 콤플렉스라는 것이 있다. 방문객은 관련된 특전이 무엇이든 회원권을 받는 셈이다. 방문객이 주인과 같은 조직에서 또는 같은 트레이너에게 훈련받은 사이라면 특별 대우를 받는다. 같은 가문, 같은 대학, 같은 교도소, 같은 공립학교, 같은 지방 출신 방문객도 같은 대접을 받는다. 팀 성원들은 '옛 친구'를 만나면 자기네끼리 있을 때 하던 거친 뒷무대식 장난을 계속하기가 어렵다. 관례적 겉치레는 그만두는 게 의무이자 곧 또 다른 겉치레지만, 무슨 다른 일을 하기는 더 어렵다.

이와 같은 사례는, 똑같은 관객에게 늘 똑같은 배역 연기를 하는 팀이 관객에게 느끼는 사회적 거리가 잠깐 만나는 친구에게 느끼는 사회적 거리보다 더 멀다는 의미를 함축하고 있어 흥미롭다. 셰틀랜드 섬의 상류층은 어린 시절부터 지역의 유지 노릇을 해온 터라 이웃 소농들과 아주 친한 사이였다. 그럼에도 그들은 평생 알고 지낸 이웃 소농보다 섬을 방문한 상류층 손님에게 정중한 예우와 안내를 해주면서 더 친했다. 상류층끼리 즐기는 티타임은 상류층-소농 관계에서는 뒷무대인 셈이다. 섬 상류층은 티타임 자리에서는 소농들을 웃음거리로 삼고, 평소 소농들 앞에서 보여주던 절제된 예의를 벗어던지고, 상류층끼리만 통하는 떠들썩한 놀이를 즐겼다. 섬의 상류층은 중요한 생활 방식은 소농들과 비슷하고 소농들이 짐작도 못할 은밀한 장난기로 가득한 자기네 놀이 방식은 소농들과 다르다는 사실을 인정했다.[23]

동료끼리의 선의를 다른 이에게 의례적으로 확대하는 것은, 일종의 평화 제안이라 할 수 있다. '우리가 당신 비밀을 지켜줄 테니 당신도 우리의 비밀을 누설하지 말라'는 뜻이다. 이런 관행은 의사나 가게 주인이 어떤 식으로든 거래 관계에 있는 사람들에게 왜 직업적 예의를 지키거나 가격을 할인해주는지를 어느 정도 설명해준다. 감시자가 될 만큼 충분히 사정을 알게 된 사람이 누리는 뇌물인 셈이다.

이와 같은 동료 관계의 성격에서 우리는 사회 과정social process 으로서 족내혼의 중요성을 이해할 수 있다. 족내혼은 계급·카스트·직업·종교·인종이 같은 집안으로 혼인 상대를 제한하는 경향을 말한다. 인척 관계를 맺은 사람들은 서로의 뒷무대를 볼 수 있는 위치가 된다. 기존 가족으로서는 당황스러울 수밖에 없는 상황이지만, 새로 가족이 된 사람들의 뒷무대도 자기네와 다를 바 없고 똑같이 감추고 싶은 비밀이 있다면 덜 당황스러울 것이다. 어울리지 않는 결혼이란, 적어도 관객으로 외부에 머물게 해야 할 사람들을 팀이 뒷무대로 데려와 성원으로 끌어들인 결과다.

---

23 섬의 상류층은 가끔 원주민들과 공동 관심사가 없어서 서로 친해지기가 얼마나 어려운지 토로한다. 그들은 원주민이 티타임 자리에 나타나면 어떤 결과가 생길지는 잘 내다보지만 티타임의 **정신**이란 원주민들과 자리를 함께하지 않는 데 있음은 깨닫지 못하는 듯했다.

어떤 면에서는 동료 자격이 있어서 서로 친하게 지낼 수 있지만 다른 면에서는 동료가 될 수 없는 사람이 있다는 점도 주목해야 한다. 어떤 면에서 권력과 지위가 처지는 동료가 지위가 높은 상대에게 지나치게 친숙하게 굴어 그들이 지켜야 할 사회적 거리를 위협할 때가 있다. 미국 사회에서는 지위가 낮은 소수민족의 중간계급이 동족 하위 계급과 같은 취급을 당하는 경우가 흔하다. 인종 간 동료 관계에 대한 휴스의 지적을 들어보자.

두 가지 사실에서 딜레마가 비롯된다. 동업자끼리 지위 차이를 문외한에게 드러내는 태도는 직업상 좋지 못하다는 사실, 그리고 현재나 미래의 환자들 눈에 흑인처럼 멸시받는 집단과 어울리고 동료로 보이기까지 하면 손해를 본다는 사실이다. 백인 의사가 딜레마에서 벗어나는 가장 좋은 길은 흑인 동료와 접촉을 피하는 것이다.[24]

비슷한 예로, 미국의 일부 주유소 업주처럼 명백히 하위 계급에 속하는 고용주는, 업무 전반을 뒷무대식으로 운영하고 명령과 지시를 내릴 때도 부탁을 하거나 농담처럼 해주기를 종업원들이 바란다는 사실을 안다. 물론 이는 동료가 아닌 사람들이 상황을 단순화하고 사귀는 동료를 보고 사람을 평가하기 때문이다. 여기서 우리는 다시 한 번, 준거점을 한 공연에서 다른 공연으로 옮겨야 충분히 탐구할 수 있는 문제와 만난다.

어떤 사람은 동료 의식이 지나치게 강해서, 또 어떤 사람은 동료

---

24 Hughes and Hughes, 앞의 책, p.172.

의식이 부족해서 문제를 일으킨다. 반감을 품은 동료가 공연 중에 배신자로 변해 옛 동료가 계속하는 연기의 비밀을 관객에게 팔아넘기는 일은 언제나 생길 수 있다. 어떤 배역이든 그 배역을 박탈당한 사람이 자기가 속했던 곳에서 벌어지는 일들을 폭로하는 경우가 생기게 마련이고, 언론은 늘 그런 고백과 폭로에 왕성한 흥미를 보인다. 신문에는 의사가 어떻게 동료와 진료비를 나누는지, 서로의 환자를 어떻게 빼내 가는지, 의사가 환자의 돈으로 극적인 의술을 보여주기 위한 수단으로 얼마나 불필요한 수술을 하는 데 유능한지를 묘사하는 기사가 실린다.[25] 버크의 말에 따르면, 우리가 얻는 정보는 '의학의 수사학rhetoric of medicine'이라고 한다.

이런 진술을 우리의 목적에 적용하면, 우리는 심지어 병원의 의료 장비조차 순수하게 진단의 유용성만으로 판단할 것이 못 되며 수사학적 기능이 덧붙는다는 사실을 알 수 있다. 얼마나 유용한 장비이든 간에, 이미지로서도 매력적인 장비여야 한다. 다양한 관찰 기구, 계측기, 검사 도구로 체액 추출, 정밀 검사, 청음에 이르는 일련의 진찰 과정을 거친 환자는, 물리적으로는 아무런 치료가 이루어지지 않았어도 그와 같은 극적인 진료 행위에 환자로 참여했다는 데서 만족감을 느낄 것이다. 반면에, 화려한 진찰 과정을 거치지 않은 환자는 완치가 되어도 사기당한 것처럼 느낄지도 모른다.[26]

---

25 Lewis G, Arrowsmith, "The Young Doctor in New York," *The American Mercury*, XXII, pp.1–10.

26 Kenneth Burke, *A Rhetoric of Motives*(New York: Prentice-Hall, 1953), p.171.

물론 매우 드문 경우긴 하지만, 동료가 아닌데도 믿을 수 있는 친구 대우를 받는 사람이 있기도 하고 또 언제나 누군가는 배신자가 될 수밖에 없을 때가 있다.

배신자는 흔히 자기를 위장하는 공연에 가담하느니 역할의 이상에 충실한 게 낫다고 하며 도덕적 입장을 취한다. 동료가 자기에게 부여된 지위에 걸맞게 다른 동료들이나 관객의 기대에 부응하는 앞무대를 갖추지 못하고 '촌스럽게' 구는 배신자가 될 때도 반감이 생기게 된다. 그런 일탈자는 '자기편을 저버린' 사람이라는 소리를 듣는다. 바깥세상에서 온 방문객에게 선진 농부의 모습을 보이려 애쓰는 셰틀랜드 섬 주민들은, 세수나 면도도 하지 않는다거나 전통 농가처럼 보이지 않게 앞뜰을 정비하고 지붕을 교체하려 하지 않는 일부 주민에게 반감을 드러내곤 했다. 전쟁으로 맹인이 된 시카고의 제대 군인 조직에서도 비슷한 예를 볼 수 있다. 조직원들은 동정심의 대상은 되지 않겠다는 각오로 무장하고 도심을 순찰하며 거리 한구석에서 자선을 구걸하는 행각으로 자기편을 저버리는 동료 맹인들을 감시하곤 했다.

동료 의식에 관해 마지막으로 덧붙여 지적할 점은, 성원들이 서로의 품행에 별로 책임감을 느끼지 않는 동료 집단이 있다는 사실이다. 어머니들은 어떤 면으로는 동료 집단이라 할 수 있지만, 어느 한 어머니의 품행 불량이나 자기 고백이 다른 어머니들에게 그다지 큰 영향을 미치지 않는다. 반면에 좀 더 조직적 성격이 강한 동료 집단도 있다. 조직적 성격이 강한 집단은 한 성원의 평판이 다른 성원들의 품행에 달려 있을 정도로 남들의 눈에 하나로 보인다. 어느 한 성원이 추문을 일으킨 사실이 드러나면, 집단 성원 모두가 대중의 신망을 잃는다. 이러한 동일시의 원인이자 결과로, 동료 집단이 공식 조직화를 통해 성원들의 직업적 이익을 대변하고 집단적 상황 정의에 불신을 초래하는 성원들을 규제하는 단일 집합체로 변모하는 경우를 흔히 볼 수 있다. 이런 동료 집단이 일종의 팀을 구성함이 틀림없다. 이런 팀은 관객이 직접 대면 접촉하는 상황이 아니고 공연에 대한 반응도 공연이 끝난 후 다른 자리에서 나눈다는 점에서 평범한 의미의 팀과는 성격이 다르다. 그러니까 동료의식을 거부하는 사람은 반역자나 변절자인 셈이다.

동료 집단화에 대한 이 모든 사실로 미루어 볼 때, 애초의 분석틀을 조금 수정해 주변부 유형에 속하는 '영향력이 약한' 관객을 포함해야 할 것 같다. 이들 영향력이 약한 관객에 속하는 이들은 공연 중에 서로 대면 접촉을 하지 않고 나중에 각자가 본 공연에 대해 이야기를 나누면서 반응을 하나로 모은다. 이런 관객 유형을 동료 집단에서만 볼 수 있는 것은 아니다. 예를 들면, 국무부이나 외교부는 자국의 공식 노선을 세계 각국에 흩어져 있는 외교관들에게 내려보낸다. 외교관들이 자국의 노선을 엄격하게 지키고 긴밀한 협력을 통해 취해야 할 외교 조치의 성격과 시점을 조율한다면, 그들은 분명 범세계적 공연을 하는 단일 팀으로 기능하고 또 그래야 한다. 그럴 때 관객 국가들은 물론 직접 대면 접촉하지 않는다.

5장

배역에서 벗어난 의사소통

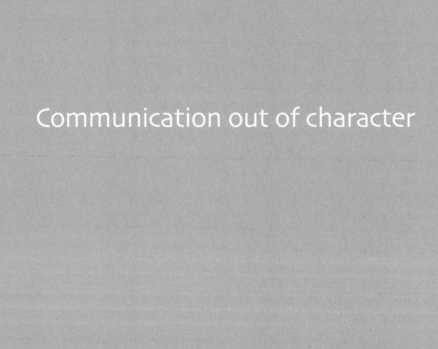

Communication out of character

두 팀이 상호작용하기 위해 상대에게 자신을 연출할 때, 각 팀의 성원들은 팀이 연출한 노선을 유지하고 배역에서 벗어나지 않으려 한다. 그들은 서로 주고받는 연기 자세가 흐트러지지 않도록 뒷무 대식 친밀성을 자제하고 한 사람도 남김없이 한 팀으로 뭉쳐야 함을 안다. 보통 상호작용 참여자는 각자 자기 자리를 알고 또 지키려고 노력한다. 상호작용을 위해 설정된 공식성과 비공식성의 균형을 상 대는 물론이고 팀 동료들에게도 똑같이 확대 적용하면서 각자 지키 려고 노력한다. 동시에 각 팀은 소속 팀과 상대 팀에 대한 솔직한 견 해는 억제하고 서로가 받아들일 만한 견해만 드러낸다. 그리고 좁게 설정된 경로에 따라 의사소통이 이루어질 수 있도록 묵묵히 그리고 요령껏 상대 팀이 조성하고자 하는 인상에 협조할 자세를 갖춘다.

물론 갑자기 큰 위기가 닥치면 새로운 동기가 작용해 두 팀의 사 회적 거리가 급격하게 멀어지기도 하고 가까워지기도 한다. 치료법 이 없고 잘 알려지지 않은 드문 병을 앓는 신진대사 장애 환자가 실 험 병동에 자원 참여해 실시된 한 실험 연구의 예를 보자.[1] 환자가 연구의 부담을 나눠 지고 환자의 예후가 불투명해지면 의사와 환자 를 가르는 평소의 선명한 경계선이 모호해진다. 의사는 환자와 정중 한 태도로 증상에 관해 긴 시간 토의하고 환자는 자신을 일종의 공

---

1 Renee Claire Fox, "A Sociological Study of Stress: Physician and Patient on a Research Ward"(unpublished Ph. D. dissertation, Department of Social Relations, Radcliffe College, 1953).

동 연구자처럼 생각한다. 그렇지만 위기가 지나고 나면 어색하게나마 다시 그들 사이에 종전에 합의된 의사와 환자 관계의 합의가 복원되기 마련이다. 갑자기 공연이 교란될 때도 비슷한 경우가 생긴다. 특히 사람을 잘못 보았음이 밝혀질 때, 공연자는 순간적으로 배역을 연기하지 못하고 '망연자실'해서 무심결에 외마디 소리를 내지른다. 어느 여름날 오후, 미국의 한 장군 부인이 사복 차림을 한 남편과 함께 군용차로 드라이브를 즐기다가 맞닥뜨린 사건에 관해 이렇게 털어놓았다.

  그다음에 우리가 들은 것은 헌병 지프가 우리 차를 길가로 빼라고 신호하며 날카롭게 브레이크를 잡는 소리였다. 헌병들이 차에서 내려 우리 차로 다가왔다.
  "군용차에 여자를 태웠군. 운행증 봅시다." 그중 가장 거칠어 보이는 병사가 딱딱한 어조로 말했다.
  군대에서는 군용차량의 사용 권한을 지정한 운행증 없이는 아무도 군용차를 운전할 수 없게 되어 있다. 병사는 아주 철저해서 웨인이 지니고 있어야 할 또 다른 증명서로 운전면허증도 제시하기를 요구했다.
  물론 웨인은 운행증도 운전면허증도 지니고 있지 않았다. 그러나 뒷자리에 별 네 개가 붙은 군모는 있었다. 헌병들이 규칙 위반 항목을 죄다 적용하려고 자기네 지프에서 서류 양식을 찾는 동안 웨인은 조용히 그러나 재빨리 군모를 머리에 얹었다. 헌병들이 서류를 찾아내 우리를 돌아보고는 입을 벌리고 그 자리에 얼어붙은 듯 멈춰 섰다.
  사성장군!
  그동안 말을 도맡았던 병사는 생각할 겨를도 없이 '맙소사' 하며 외마디를 지르고는 겁에 질려 손으로 입을 틀어막았다. 처참한 상황을 반전시키기 위해 영웅적인 노력으로 그가 할 수 있었던 말은 "몰라 뵈었습니다, 장군님"뿐이었다.[2]

미국 사회에서 '하느님' '맙소사' 따위의 말들은 공연자가 순간적으로 주어진 배역을 계속 연기할 수 없는 처지에 빠졌음을 뜻한다. 이런 표현은 배역에서 벗어난 의사소통의 극단적 형태이긴 하지만 우리 모두가 서투른 공연자라고 변명하고 양해를 구해야 할 정도로 관습화된 것이기도 하다.

그렇지만 이 같은 위기 상황은 예외에 속할 뿐, 원칙은 잠정적 합의와 공개적 입장을 고수하는 것이다. 이 같은 전형적 신사협정의 밑바닥에는 더 보편적인 그러나 잘 드러나지 않는 의사소통의 흐름이 있다. 이런 밑바닥 흐름이 은밀하게 이루어지지 않고 공식적으로 소통되면, 참여자들의 공식 상황 정의는 모순되고 미심쩍은 것이 된다. 사회 조직을 연구하다 보면 거의 언제나 이런 식의 모순된 정서가 발견된다. 이런 모순된 정서에서 우리는 다음과 같은 사실을 알 수 있다. 공연자는 주어진 상황에서 무심결에 충동적으로 반응하는 듯 연기를 할 수 있고 또 스스로도 그렇게 생각할지 모르지만, 한두 친구에게만은 자기의 반응이 단지 시늉일 뿐이라고 넌지시 내비칠 가능성은 언제나 있다는 것이다. 상호작용에 이처럼 배역에서 벗어난 의사소통이 있다는 사실은 팀과 상호작용의 잠재적 장애라

---

2 Mrs. Mark Clark(Maurine Clark), *Captain's Bride, General's Lady*(New York: McGraw-Hill, 1956), pp.128-129.

는 관점에서 공연을 연구하는 것이 타당함을 입증한다. 일관성 없는 공식 의사소통보다 내밀한 의사소통이 실상을 더 잘 반영한다는 뜻이 아니다. 중요한 것은, 공연자는 보통 이 두 가지 의사소통에 모두 참여하며, 두 의사소통을 모두 신중하게 관리해 공식적으로 투영한 모습이 불신당하지 않도록 한다는 사실이다. 공연자가 참여하는 다양한 상호작용 가운데, 공식적으로 유지하는 인상에 모순된 정보를 함축한 의사소통 유형에 네 가지 있다. 부재자 취급 방식, 공연 관련 대화, 팀 공모 그리고 관계 재구성에 관해 살펴보겠다.

부재자 취급 방식

관객이 볼 수 없고 들을 수 없는 무대 뒤로 가면, 팀 성원들은 대면 상황에서 관객을 대우하던 방식과는 판이하게 관객을 폄하하기 일쑤다. 서비스 업계에서 정중한 예우 대상인 고객이 무대 뒤에서는 조롱, 험담, 희화화, 욕지거리, 비난의 대상이 되곤 한다. 무대 뒤는 또한 고객 '팔기', 고객과 '맞서기', 고객 '달래기' 따위의 계략이 고안되는 곳이기도 하다.[3] 셰틀랜드 호텔 주방에서는 손님을 경멸 섞인 별명으로 칭하고, 손님의 말투·목소리·버릇 흉내로 손님을 비방하는 놀이를 즐긴다. 주방에서는 손님들의 결함, 약점, 사회적 지위

---

3 "Central Haberdashery"에 관한 사례 연구 보고서 참조. Robert Dubin, ed., *Human Relations in Administration*(New York: Prentice Hall, 1951), pp.560-563.

는 탐구와 치료가 필요한 토론거리가 된다. 종업원들은 손님의 눈과 귀에서 벗어났다 싶으면 망측한 표정이나 욕설로 손님들의 자질구레한 서비스 요구에 대거리해준다. 손님 쪽도 자기네끼리 있을 때는 호텔 종업원들을 게으른 돼지, 촌스러운 야만인, 돈에 굶주린 짐승과 같이 묘사한다. 헐뜯기의 균형이 충분히 이루어지는 셈이다. 그렇지만 종업원이나 손님이나 직접 마주 보고 이야기할 때는 서로를 존중하고 상냥하게 대한다. 친구 관계에서도 그렇다. 친구 등 뒤에서 친구를 표현할 때와 친구 앞에서 표현할 때 차이가 없는 경우는 드물다.

반대로 실제로 관객 앞이라면 용납되지 않을 칭찬을 관객에게 할 때도 있다. 그러나 은밀한 칭찬보다는 은밀한 폄하가 훨씬 보편적이다. 아마도 남몰래 나누는 험담이 팀의 유대를 강화하기 때문이리라. 성원들은 그 자리에 없는 사람을 희생시킨 대가로 서로에 대한 존중심을 증명하고 그들이 대면 상태에서 관객을 예우해야 할 때 느꼈던 자존심 상실도 보상받는 것이다.

관객이 없을 때 관객을 폄하하는 보편적 기법이 두 가지 있다. 첫째, 관객이 떠났거나 아직 도착하기 전에 공연자는 가끔 일부 팀 성원들과 관객과의 상호작용을 풍자하는 관객 놀이를 즐긴다. 프랜시스 도너번Frances Donovan이 묘사한 여점원들의 오락을 보자.

여점원들은 바쁘지만 않으면 서로 오래 떨어져 있지 않는다. 뿌리칠 수 없는 매혹이 그들을 한자리에 불러 모은다. 그들은 틈만 나면 '고객'놀이를 한다. 고객놀이는 그들이 발명한, 지칠 줄 모르게 즐기는 놀이이다. 나는 그보다 더 뛰어난 풍자극을 본적이 없다. 판매원 배역을 맡은 여점원과 드레스를 고르는 고객 배역을 맡은 여점원의 촌극연기는 지켜보는 관객에게도 즐거움을 선사한다.[4]

영국이 인도를 통치하던 초기에 인도 원주민이 영국인을 위해 마련한 일종의 사교 모임을 묘사한 데니스 킨케이드Dennis Kincaid의 글이 있다. 여기에도 이와 비슷한 상황이 묘사된다.

젊은 영국 관리들이 이런 식의 오락을 재미있어하지 않았다면, 집주인은 평소처럼 놀이패의 우아함과 재간을 충분히 즐길 수 있었을 것이다. 그러나 손님들이 떠나기 전까지는 너무나 불편해서 도무지 즐길 수가 없었다. 영국인 손님들은 그들이 자리를 뜬 후 이어지는 잔치를 눈치채지 못한다. 문이 닫히면 인도 사람답게 흉내 내기에 탁월한 무용수들이 나와 방금 자리를 떠난 따분한 손님들을 흉내 낸 춤을 춘다. 그러면 이전의 불편하기 짝이 없던 긴장감은 사라지고 즐거운 폭소가 터져 나온다. 영국인들의 사륜마차가 요란한 소리를 내며 집으로 가는 동안 놀이패는 희화화한 영국식 복장으로 영국 춤을 동양식 춤으로 바꾸어 선정적으로 춘다. 영국인들의 눈에는 미뉴에트나 민속춤이 인도 무용수의 선정적 춤사위와는 달리 깨끗하고 자연스러운 춤으로 보이겠지만 인도인에게는 아주 외설스러운 춤으로 보였다.[5]

---

4 Frances Donovan, *The Saleslady*(Chicago: University of Chicago Press, 1929), p.39. 구체적 예는 39-40쪽에 나와 있다.
5 Dennis Kincaid, *British social Life in India, 1608-1937*(London: Routlege, 1938), pp.106-107.

무엇보다도 그런 작태는 무대 위 영역과 관객에게 자행된 일종의 의례적 모독으로 보인다.[6]

둘째 기법은 관객에 대한 호칭을 달리 사용하는 것이다. 관객이 앞에 있을 때 공연자는 관객에게 우호적 호칭을 쓴다. 미국 사회에서는 '선생님'이나 '씨' 같은 존칭은 예의를 차려야 하는 공식 관계에, 이름이나 별명은 다정하고 친숙한 사이에 쓰고, 호칭 선택은 불리는 사람이 원하는 쪽으로 결정된다. 부재중인 관객을 가리킬 때는 존칭이 생략된 성, 그들이 눈앞에 있었다면 용납될 수 없었을 이름이나 별명, 경멸 조 발음이 이용된다. 관객 가운데는 경멸 조 이름조차 생략된 채 몽땅 추상화된 범주에 묶여 범주 명칭으로 불리는 이들도 있다. 의사들은 환자가 없을 때는 환자를 가리켜 '심장병'이나 '연쇄상구균'이라 부르고, 이발사도 자기들끼리는 고객을 '머리숱'이라고 부른다. 또 관객이 없을 때는 관객에 대한 거리감과 폄하의 뜻이 포함된 집합적 용어로 내집단과 외집단 분리 의식을 드러내기도 한다. 음악인들은 청중을 고지식한 작자들이라고 부른다. 또 미국 본토 출신 직장 여성들은 자기들끼리 있을 때 외국인 동료들을 '독일 난민'[7]이라 부르고 미군들은 같은 부대에서 근무하는 영국 군인들을 '영국 놈들'[8]이라고 부른다. 노점상들은 자기네끼리 있을 때 풋

---

6 이와 관련해 나타나는 다른 경향도 있다. 영역을 서열에 따라 구분하는 일부 조직에서는 직원들이 사회조직을 떠날 수 있는 최상의 순간이 점심시간이다. 조직 성원은 누구라도 서열이 지배하는 영역을 떠나 점심을 먹거나 식사 후 잠시 잡담을 나누는 여유를 누린다. 일터에서 상사가 직원들에게 제공하는 잠깐 동안의 시간이란 직원들에게는 다른 무엇보다도 어떤 식으로든 조직을 모독할 수 있는 기회일 것이다.

7 Gross, "German Refugees," 앞의 책, p.186.

8 Daniel Glaser, "A Study of Relations between British and American Enlisted Men

내기, 시골뜨기, 도시 깍쟁이라고 부르던 바로 그 사람들을 축제 마당에서는 귀빈 대우하며 장광설을 떠벌린다. 유대인들은 그들이 이교도라 칭하는 이들 앞에서 유대 사회에 대대로 내려오는 배역 연기를 실연해 보이는가 하면, 흑인들은 자기네끼리 있을 때 백인을 가리켜 '흰둥이놈'이라 부른다. 여기 소매치기 패거리에 관해 연구한 탁월한 글에서도 비슷한 내용을 지적한다.

소매치기에게는 표적이 되는 주머니가 중요하다. 돈이 들어 있기 때문이다. 사실 주머니에는 표적이 된 사람과 돈, 둘 다를 가리키는 지극히 상징적인 의미가 있다. 그래서 특별한 때와 장소에서 소매치기의 표적은 보통 소매치기를 당하는 사람의 주머니 위치에 따라 **바지 왼쪽, 바깥쪽, 안쪽**으로 불린다. 실제로 소매치기는 표적을 주머니 위주로 생각하며 그 이미지를 소매치기 패거리 전체가 공유한다.[9]

아마도 가장 잔인한 상황은, 한 사람이 자기를 친밀한 호칭으로 불러달라고 상대에게 부탁했을 때 그런 너그러움이 그 사람 앞에서는 통하는데 그 사람이 없는 자리에서는 공식 호칭으로 되돌아가는

---

at 'SHAEF'"(unpublished Master's thesis, Department of Sociology, University of Chicago, 1947)를 볼 것. 글레이저는 이 책 16쪽에서 이렇게 말한다.
"영국 놈들(limey's)은 미국인들이 '영국적인 것'을 비하할 때 쓰는 말이다. 영국인들은 그 뜻을 모르거나 비하한다는 의미로 쓰지 않는데도 미국인들은 영국인들 앞에서 그 말을 삼간다. 북부 백인들이 평소 애용하는 깜둥이(nigger)라는 말을 흑인 앞에서는 삼가는 태도와 흡사하다. 이와 같은 별칭 사용은 같은 인종끼리만 접촉하곤 하는 인종 관계의 보편적 특성이기도 하다."

9 David W. Maurer, *Whiz Mob*(Gainesville, Florida: American Dialect Society, 1955), p.113.

경우일 것이다. 셰틀랜드 섬을 찾은 방문객이 현지 소농에게 자기를 이름으로 불러달라고 부탁하면 소농은 그 사람 앞에서는 고맙다고 말하지만, 그 방문객이 없을 때는 공식 호칭을 붙여 그를 제자리에 돌려놓는다.

나는 공연자가 관객을 폄하하는 전형적 기법으로 조롱과 무례한 호칭 사용을 들었다. 전형적 방법이 더 있다. 관객이 아무도 없으면, 팀 성원들은 자신들의 배역 연기를 냉소하거나 요식 행위에 불과한 것처럼 말함으로써 고객에게 보여주는 바와는 다른 견해를 갖고 있음을 강력하게 주장한다. 팀 동료가 관객이 다가온다고 경고하면, 팀 성원들은 관객이 그들의 뒷무대식 행동을 눈치챌 마지막 순간까지 일부러 공연에 나서기를 미룬다. 또한 팀 성원들은 관객이 떠나자마자 앞다투어 뒷무대의 느슨한 상태로 되돌아간다. 이처럼 고의적으로 재빠르게 변신하며 팀은 관객을 비하하거나 모독하고, 관객 앞에서 연기를 해야 하는 의무를 저버리고, 팀과 관객의 차이를 극단적으로 드러내는 뒷무대 행동을 관객에게 들키지 않고 해낼 수 있다. 또한 자리를 막 뜨려고 하는(또는 떠나고 싶어 하는) 팀 성원이나 관객의 위치로 비켜서려는 팀 성원을 조롱하고 비꼬는 공격 수법도 있다. 자리를 뜨려는 성원은 이미 떠난 사람 취급을 당하거나 친밀한 사이에서 통하는 욕설의 세례를 받기도 한다. 덩달아 그의 관객도 같은 취급을 당한다. 마지막 사례는 관객으로 있다가 팀에 공식 동참하는 사람을 향한 공격이다. 팀에 동참한 사람은, 방금 떠나온 팀에게서 비난을 받는 것과 똑같은 이유로 장난조 냉대를 당하는 '곤경을 치러야' 한다.[10]

지금까지 살펴본 부재자 폄하 기법을 통해 우리는, 개인이 면전에서는 비교적 좋은 말로 대접 받지만 뒤에서는 좋지 못한 대접을 받는다는 사실을 알 수 있었다. 이는 상호작용에 관해 일반화할 수 있는 가장 기본적인 사실이지만 그 이유를 지나치게 인간적 본성에서 찾지는 말아야 할 것이다. 앞서 지적한 대로, 무대 뒤에서 이루어지는 관객 폄하는 팀의 사기를 진작시키는 작용을 한다. 그리고 관객이 앞에 있을 때 공연자는 관객을 위해서뿐만 아니라 편안하고 순조롭게 상호작용을 계속하기 위해서도 관객을 배려할 필요가 있다. 관객에 대한 공연자의 '실제' 감정은 (긍정적이든 부정적이든) 앞에서 관객을 대하는 방식과 뒤에서 관객을 다루는 방식의 차이와는 아무 상관이 없는 문제다. 뒷무대식 행동이 전쟁 대책 회의와 같은 형태를 띠는 것은 사실이다. 그러나 두 팀이 상호작용 현장에서 만날 때, 그 만남은 평화를 위한 것도 전쟁을 위한 것도 아니다. 두 팀은 각기 나름의 관심사를 위해 일시적 휴전 상태, 잠정적 합의 상태에서 만나는 것이다.

---

10 '골려주기'라는 용어로 개인의 통과의례 과정을 사회적으로 분석한 글이 있다. Kenneth Burke, *A Rhetoric of Motives*, p, 234ff.

공연 관련 대화

관객의 시선에서 벗어나면 팀 성원들의 토론은 보통 공연에 대한 대화로 바뀐다. 신호 수단의 조건에 관한 문제가 제기된다. 입장, 노선, 위치 선정 문제가 조심스럽게 제기되고 성원 의식의 결집으로 문제가 '정리'된다. 팀이 이용할 수 있는 무대의 장단점 분석, 관객의 규모와 성격 점검, 과거 공연에서 겪었던 장애와 앞으로 생길 수 있는 장애 요인에 관한 토의, 동료 팀들에 관한 소식 나눔, 지난 공연에서 얻은 반응에 대한, 이른바 '사후 검시'라 할 정도의 치밀한 검토, 다음 공연을 위한 상처의 치유와 사기의 진작이 이루어진다. 공연 관련 대화를 '소문'이나 '상담'처럼 다른 용어로 표현하면 진부한 개념이 되어버린다. 공연 관련 대화라는 용어를 사용하는 것은, 폭넓고 다양한 사회적 역할을 하는 사람들이 연극 무대와 같은 환경에서 살고 있다는 사실을 강조하고 싶어서이다. 희극 배우와 학자가 하는 이야기는 그 내용이 매우 다르지만 이야기에 관해 이야기하는 방식은 아주 비슷하다. 놀랍게도 그들은 공연을 하기 전에, 관객의 시선을 사로잡을 이야기와 그렇지 않을 이야기, 관객을 모욕할 이야기와 그렇지 않을 이야기에 관해 미리 친구들에게 털어놓는다. 그들은 또 이야기 공연을 마친 후에도 이야기 공연을 어떤 장소에서 했고, 어떤 관객의 주의를 끌었으며 어떤 반응을 받았는지 친구들에게 들려준다. 공연에 관한 이야기는 뒷무대식 행동과 동지적 유대에 관한 논의에서 이미 다룬 바 있으니 여기서는 더 이상 논의하지 않겠다.

팀 공모

상호작용 중에 참여자가 자기 의사를 전할 때, 우리는 그가 자기 배역에 어울리는 말로 의사소통하기를 바란다. 그가 공개적으로 모든 의사 표현을 해서 상호작용에 참여한 사람들 전부가 대등한 수용자가 되도록 소통하기를 기대하는 것이다. 귓속말은 부적절한 행위로 간주된다. 공연자가 보이는 모습과 주장하는 바가 모두 실제 사실과 일치한다는 인상을 파괴할 수 있기 때문이다.[11]

공연자가 한 모든 말이 그가 조성한 상황 정의와 일치하리라는 기대와 달리, 공연자는 상호작용 도중 배역에서 벗어난 의사 표현을 많이 한다. 그것도 상황 정의에 들어맞지 않는 어떤 요소도 관객 전체가 알아차리지 못하게 하는 방법으로 말이다. 이런 비밀스러운 의사소통에 동참하게 된 사람들은 나머지 참여자들과 맞서 공모 관계에 들어가는 셈이다. 다른 참여자들에게는 비밀로 해야 할 사실을 서로 잘 지키고 있음을 확인함으로써, 그들은 그들이 보여주는 정직한 모습과 공식적으로 그들이 투영하는 성격이 연기에 불과함을 인정하는 것이다. 관객이 알면 용납할 리 없는 관객과 그들 자신에 관한 의사표현에 협력함으로써 그들만의 뒷무대 유대를 확인할 수

---

11 오락 게임에서는 별로 신경 쓸 필요가 없는 어린아이들이나 외국인 관객 앞에서처럼 소곤거리는 귓속말 정도는 용납된다. 끼리끼리 별도의 대화를 나누는 여러 집단이 서로를 볼 수 있는 사교 자리에 있으면 제각기 자기들이 나누는 대화를 마치 다른 집단에서도 나눌 수 있는 이야기처럼 꾸미는 경우가 흔하다.

있다. 나는 관객의 환상을 깨지 않을 만큼 정교하게 이루어지는 의사소통을 '팀 공모共謀'라고 부를 것이다.

중요한 팀 공모 형태 가운데 하나를 비밀 신호 체계에서 볼 수 있다. 공연자들에게는 적절한 정보 교환, 구조 요청, 기타 효과적 연출과 관련된 의사 표현을 남모르게 주고받을 수 있는 비밀 신호 체계가 있다. 연출 신호는 주로 공연의 연출자가 내보내거나 받는다. 활용할 수 있는 은어가 있으면 연출자의 인상 관리 과제가 크게 단순화된다. 연출 신호는 보통 공연을 직접 연출하는 이들과 무대 뒤에서 공연을 돕거나 관리하는 이들을 연결한다. 손님을 초대한 안주인은 발밑의 버저를 눌러 저녁식사 자리의 대화에 완전히 몰입하는 모습을 보이면서 동시에 주방의 도우미들에게 지시를 내릴 수 있다. 마찬가지로, 라디오와 텔레비전 방송 제작 과정에서 조정실에 있는 사람들에게는 공연자에게 시점 포착 따위의 연기 지시를 내리는 신호가 있다. 그래서 공식 의사소통을 통제하는 소통 체계가 작동함을 시청자가 알아차리지 못하게 한다. 기업 조직에서도 재빨리 그러나 세련되게 면담을 끝내고 싶은 고위직 임원은 비서들이 적절한 구실을 찾아내 적절한 순간에 면담을 방해하도록 훈련시킨다. 비슷한 사례는 미국의 구두 매장에서도 볼 수 있다. 고객 발에 딱 맞는 구두가 매장에 진열되어 있는데도 큰 치수를 원하는 고객이 있으면 점원이 어떻게 처리하는지 보자.

매장 점원은 구두가 늘어날 수 있음을 강조하면서 고객에게 구두를 늘려주겠다고 말한다. 이 말은 포장 담당자에게 구두를 늘리지 말

고 그대로 포장하되 계산대 밑에 잠시 놓아두라는 말이다.[12]

연출 신호는 물론, 잘 속아 넘어가는 얼치기들이 있는 자리에서 행상인과 그 수족들이 '주고받는 수작'처럼, 공연자와 관객 속에 섞여 있는 바람잡이나 공모자 사이에서 사용된다. 그러나 연출 신호는 공연에 참여하는 팀 동료들 사이에서 더 보편적으로 발견된다. 실제로 연출 신호의 존재는 개별 공연의 관점 대신 팀의 관점에서 상호 작용을 분석해야 할 이유를 밝혀준다. 예컨대, 미국 사회의 상품 매장에서는 팀 동료들의 공모가 인상 관리에 중요한 역할을 한다. 점원들은 보통 고객에게 연출하는 공연에서 주고받을 상점 고유의 신호를 개발한다. 물론 어떤 용어는 비교적 표준화되어 미국 전역에 산재한 많은 상점들에서 널리 쓰인다. 타 문화권 출신 점원들은 그들만의 모국어로 은밀하게 의사소통한다. 은밀한 의사소통은 상류 계급 사람들이 어린 자녀 앞에서 단어가 아니라 철자로 말하거나, 가사도우미나 방문 판매원이 알지 않았으면 싶은 이야기는 자기네끼리만 통하는 프랑스어로 하는 풍습과 같은 것이다. 그렇지만 이런 책략은 귓속말과 마찬가지로 야비하고 무례한 짓으로 간주된다. 비밀을 지킬 수는 있지만 지켜야 할 비밀이 있다는 사실을 감출 수는 없다. 그럴 경우 팀 동료들은 고객을 진지하게 배려하는 (또는 아이들에게 솔직한) 모습을 유지하기 어렵다. 고객이 알아듣는다고 여길 수 있는 말을 쓰는 것이 점원에게는 더 유리하다. 이를테면, 구두 매

---

12 David Geller, "Lingo of the Shoe Salesman," *American Speech*, IX, p.285.

장에서 고객이 폭이 B형인 구두를 간절하게 원한다고 하면 점원은 바로 그런 구두가 있다고 고객을 안심시킨다.

점원이 아래쪽 통로에 있는 다른 점원을 부르며 "베니Benny, 이 구두, 폭이 어떻게 되지?"라고 묻는다. 다른 점원을 '베니'라고 부름으로써 구두 폭이 B형이라고 대답하라는 암시를 주는 것이다.[13]

이런 식의 공모는 보렉스 가구점에 대한 연구 보고서에도 나온다.

자, 손님이 매장에 들어오긴 했는데, 그녀가 상술에 넘어가지 않을 것 같아 보인다면? 그녀는 가구가 너무 비싸고 또 남편과 상의해야 한다며 그저 둘러보기만 한다. 보렉스 가구 매장에서 손님을 떠나보내는(판매를 포기하는) 것은 반역이다. 그래서 점원은 상점 안에 장치된 발 누름 버저로 구조 요청 신호를 보낸다. 구조 요청을 보낸 알라딘에게 눈길도 주지 않고 사무실에서 자기 일에만 열중하던 '지배인'이 눈 깜짝할 새에 나타난다.

"딕슨 씨 죄송합니다만," 점원은 지배인에게 바쁜 분을 방해해서 미안하다는 듯 머뭇거리며 말한다. "손님에게 해주실 게 있지 않을까 싶어서요. 손님께서 이 가구 세트 가격이 너무 비싸다고 생각하시네요, 부인, 이분은 지배인 딕슨 씨입니다."

딕슨 씨는 점잖게 목청을 가다듬는다. 그는 183센티미터나 되는 키에, 은회색 머리에, 윗도리 깃에는 프리메이슨식 핀을 꽂고 있다. 그런 외모를 보고서도 그가 단지 까다로운 고객을 넘겨받는 특별 판매원에

---

13 David Geller, 앞의 책, p.284.

불과하다고 의심하는 사람은 아무도 없을 것이다.

딕슨 씨는 면도가 잘된 턱을 매만지며 "네, 잘 알겠습니다. 베넷은 가보세요. 제가 부인과 상의하지요. 마침 지금은 제가 그리 바쁘지 않네요."

점원은 슬며시 자리를 비켜 판매 실패에 따를 곤경을 딕슨에게 전가한다.[14]

지배인의 역할을 맡은 판매원에게 고객을 '떠넘기는' 수법은 소매 조직에서도 흔히 볼 수 있다. 가구 판매원이 쓰는 언어에 관한 연구 보고서에 나오는 예들도 있다.

"이 상품, 번호를 알려주세요"라는 말은 상품의 가격을 묻는 질문이다. 암호로 된 대답이 뒤따른다. 암호는 가격의 2배를 표현한 숫자로 미국 전역에서 통한다. 판매원은 그중 이윤이 얼마나 되는지도 알고 있다.[15]

'자취를 감추다lose yourself'라는 뜻의 독일어 '페어리어verlier'를 명령어로 쓴다. 한 점원이 다른 점원에게 그가 나타나서 판매에 방해가 된다는 사실을 알려주고 싶을 때 사용한다.[16]

불법에 가깝고 극도로 압박이 심한 상거래 분야 일부에서는, 비밀

---

14 Conant, 앞의 책, p.174.
15 Charles Miller, "Furniture Lingo," *American Speech*, VI, p.128
16 같은 책, p.126.

리에 결정적 정보를 주고받을 수 있는 수단으로 분명하게 훈련받은 어휘를 쓰는 팀 동료들을 흔히 볼 수 있다. 점잖은 부류 사이에서는 그런 암호가 쓰이지 않는다.[17] 그렇지만 어디서나 팀 동료들은 공모를 위한 신호로 학습된 표정과 몸짓을 비공식적으로 때로는 무의식적으로 활용하곤 한다.

이런 비공식 신호나 '비밀 신호'가 공연의 어떤 단계를 개시하는데 쓰일 때도 있다. '사람들과 함께 있는 자리'에서 남편이 아내에게 어조나 자세를 살짝 바꾸어 이제 그들과 작별인사를 할 시점이라는 뜻을 알린다. 그와 같은 부부의 일치된 겉모습은 자연스럽게 보이지만 실은 엄격히 훈련된 것이다. 한 공연자가 다른 공연자의 노선 이탈 조짐을 경고할 때 사용하는 유용한 신호가 있다. 재미있는 예가 탁자 밑 발차기와 눈을 가늘게 뜨기다. 가수의 음 이탈을 바로잡아주는 피아노 반주자의 암시 방식도 있다.

반주자는 가수의 귀에 꽂히도록 또는 가수의 목소리를 압도하도록 평소보다 날카롭게 음을 친다. 아마도 피아노 반주자는 원래 가수가 불렀어야 할 음이 두드러지도록 칠 것이다. 악보의 피아노 반주 부분에 없는 음이라면 반주자가 높은음자리표를 집어넣어 가수의 귀에 크고 분명하게 울리도록 해야 한다. 가수는 사분 높은 음이나 사분

---

17 물론 평판이 좋은 사회 조직의 상사와 비서의 관계는 예외다. *Esquire Etiquette*, p.24. "상사가 사무실을 비서와 함께 쓰면 친구와 사적인 이야기를 나눌 때는 비서에게 나가 있으면 좋겠다는 신호를 마련해둔다. '스미스 양, 잠시 우리끼리 있게 해줄래요?' 하면 누구나 당황할 것이다. 같은 뜻이라도 미리 신호를 정해두면 좋다. 이를테면, '스미스 양, 판매부에 가서 업무 처리 좀 봐줄 수 있을까요?' 하는 식으로."

낮은 음으로 노래하고 반주자는 가수가 불러야 할 부분의 연주를 계속한다면, 가수는 엇갈린 음정으로 계속 노래를 부를 수 있을 만큼 놀라운 솜씨가 있어야 한다. 위험을 감지한 반주자는 경계를 늦추지 않고 계속 가수가 내야 할 정확한 음을 들려줄 것이다.[18]

이 글의 필자는 계속해서 다양한 종류의 공연에 해당될 수 있는 사항도 들려준다.

감수성이 예민한 가수는 반주자의 지극히 미세한 신호만으로도 충분하다. 그런 신호들은 너무나 미세해서 가수 본인조차 자기가 신호의 도움을 받는다는 사실을 의식하지 못한다. 감수성이 둔한 가수라면 더 정확하고 확실한 신호가 있어야 할 것이다.[19]

공무원들이 회의 진행 중에 장관에게 주장의 논거가 위험하다는 신호를 보내는 방법을 다룬 논의는 또 있다. 데일Dale의 글에 나오는 사례를 보자.

대화 과정에서 예상치 못한 새로운 논점이 등장할 수 있다. 공무원은 장관의 노선이 틀렸다고 생각해도 장관에게 직설적으로 말하지 않는다. 장관에게 간략한 메모를 건네거나 장관의 견해를 수정할 만한 사실이나 제안을 조심스럽게 제시한다. 노련한 장관은 단박에 적신호를 감지하고 점잖게 물러나거나 최소한 논의를 미룰 것이다. 장관

---

18 Moore, 앞의 책, pp.56–57.
19 같은 책, p.57.

과 공무원이 한 위원회에 섞여 있으면, 양쪽 모두 때로는 서로의 견해를 감지하는 민첩성과 기지를 발휘할 필요가 분명히 있다.[20]

매우 빈번히 사용되는 비공식 신호는 팀 동료에게 느닷없이 관객이 나타났다고 알려주는 것이다. 셰틀랜드 호텔에서는 반갑지 않은 손님이 주방에 가까이 다가오면 그 모습을 맨 처음 본 사람이 다른 종업원의 이름을 부르거나 모여 있는 종업원들을 "얘들아" 하고 특별한 어조로 부른다. 이를 신호로 남자들은 쓰고 있던 모자를 벗고 의자에 올려놓았던 발을 내린다. 여자들은 팔다리를 가지런히 한다. 그리고 모두가 눈에 띄게 긴장하며 강요된 공연을 준비한다. 공식 훈련을 받는다고 알려진 경고 신호는 방송 제작실에서 사용되는 시각 신호다. '방송 중'이라는 팻말은 문자 그대로 또는 상징적으로 읽히는 신호다. 그와 똑같이 널리 쓰이는 신호가 폰슨비의 글에 나온다.

여왕[빅토리아]께서는 무더운 날 종종 행차 도중에 잠이 드시곤 했다. 여왕의 잠든 모습을 군중이 보지 않도록 나는 대규모 군중이 앞에 나타나면 말에 박차를 가해 놀란 말들이 펄쩍 뛰며 큰 소리를 내도록 했다. 베아트리스 공주는 그것이 군중의 존재를 알리는 신호임을 알고 여왕이 그 소란에도 깨지 못하시면 직접 여왕을 깨웠다.[21]

---

20 Dale, 앞의 책, p.141.
21 Ponsonby, 앞의 책, p.102.

사람들은 긴장을 풀고 휴식을 취하는 동료를 지켜주려고 보초를 서는 경우도 많다. 캐서린 아치볼드Katherine Archibald의 조선소 연구에서 예를 들어보자.

작업 분위기가 특히 느슨해질 때는, 내가 도구 창고 문 앞에 서서 감독관이나 관리 부서 상사가 나타나면 경고해주려고 망을 보았다. 내가 망을 보는 동안 노동자와 작업반장 열 명 남짓은 매일 정신없이 포커를 쳤다.[22]

또한 주변이 정리되었으니 앞무대식 긴장을 풀어도 된다고 공연자들에게 알려주는 특유의 연출 신호도 있다. 공연자들에게, 경계심을 풀어도 좋을 듯 보이지만 실제로 아직 남아 있는 관객이 있으니 그러지 말라고 알려주는 신호도 있다. 실제로 범죄 세계의 '법'에는 듣는 귀와 보는 눈이 있음을 경고하는 중요한 신호가 있고 그 신호에 '암시 주기'라는 특별한 명칭까지 붙였다. 그것은 순진해 보이는 관객이 실은 감시자나 염탐꾼, 겉보기와는 다른 인물임을 팀에게 알릴 수 있는 신호임은 물론이다.

어떤 팀이라도 경고 신호 체계 없이 인상 관리를 하기는 힘들 것이다. 가족도 마찬가지다. 런던의 단칸방에 살던 모녀는 이런 체험을 들려주었다.

제나로 거리를 지나면서 내 마음은 어머니가 스코티를 어떻게 대할

---

22 Archibald, 앞의 책, p.194.

지(손톱 손질 일을 하는 친구를 처음으로 집에 초대했다), 또 스코티는 어머니를 어떻게 생각할지 걱정으로 가득 찼다. 집 계단에 올라서자 마자 나는 내가 혼자 오는 게 아님을 어머니에게 알리려고 큰 소리로 말하기 시작했다. 사실 그건 우리끼리만 통하는 신호였다. 두 사람이 사는 단칸방에 갑자기 들이닥친 손님 눈에 우리 집이 얼마나 지저분해 보일지는 뻔하다. 냄비나 더러운 접시가 아무 데나 나와 있고 스타킹과 속치마는 난로 위에 널려 있기 십상이다. 어머니는 혈기왕성한 딸이 목청을 높이는 신호를 듣고는 서커스 무용수처럼 재빨리 휘돌며 프라이팬, 접시, 스타킹 따위를 감추고는 매우 차분하고 위엄에 찬 모습으로 변신해 손님맞이 채비를 마친다. 너무 빨리 정리하느라 빠뜨린 게 있으면 나는 어머니의 주의 깊은 시선이 향한 곳을 보고 손님이 눈치채지 않게 처리해야 했다.[23]

마지막으로 지적할 점은, 팀 성원들이 연출 신호를 무의식적으로 익히고 사용할수록 자신들이 팀으로 움직인다는 생각을 스스로에게조차 더 쉽게 감출 수 있다는 사실이다. 앞서도 말했지만, 팀은 소속 성원들에게조차 비밀 사회일 수 있다.

연출 신호와 밀접하게 관련된 방법으로, 관객이 팀의 비밀 정보 교환을 알아차리면 망가질 인상을 지키기 위해 팀이 더 폭넓게 적용할 수 있는 구두 메시지를 고안해내기도 한다. 다시 한 번 영국 공무원의 예를 들어보자.

---

23 Mrs. Robert Henrey, *Madeleine Grown Up*(New York: Dutton, 1953), pp.46-47.

공무원이 의회에서 의안 통과나 토론 진행을 지켜봐야 할 때는 문제가 아주 다르다. 그는 직접 의견을 말할 수 없고 그저 장관에게 관련 자료나 제안을 건네 장관이 잘 활용하기를 바랄 뿐이다. 장관은 중요한 의안이나 부처의 연간 예산안을 제출하기 전에 치밀한 '사전 브리핑'을 받고 두세 번 문건을 더 읽어봄은 말할 필요도 없다. 장관은 문제가 될 모든 사항에 대해 완벽한 메모와 심지어 격조 있게 곁들일 일화나 '가벼운 농담'까지 제공받는다. 장관과 그의 개인 비서 그리고 상임 비서관들은 엄청난 시간과 공을 들여 강조할 점을 선택하고 효과를 극대화할 수 있게 순서를 짜고, 인상적으로 마무리하려고 고심한다. 장관과 수하 관리들에게는 그 모든 일이 조용하고 편안하게 진행할 수 있을 만큼 수월하다. 그러나 난제는 토론 말미의 답변에 있다. 그 부분은 장관이 홀로 감당해야 한다. 공무원들이 방청석에 앉거나 의사당 입구에 서서 인내심을 갖고 반대 당 의원의 반론에서 부정확하거나 왜곡된 사실, 잘못된 추정, 정부 제안에 대한 오해, 그와 비슷한 다른 약점들을 메모하곤 한다. 그러나 그렇게 마련된 탄알을 전선으로 나르기는 쉽지 않다. 때로는 장관 바로 뒷자리에 앉아 있던 장관의 의회 담당 개인 비서가 조심성 없이 자리를 벗어나 복도에서 공무원들과 귓속말을 나누기도 한다. 때로는 장관에게 메모가 전달되기도 한다. 잠시라도 장관이 직접 일어나 비서들에게 질문을 하는 경우는 아주 드물다. 이 모든 약식 의사소통이 수많은 눈이 지켜보는 의사당 안에서 이루어져야 한다. 자신이 어떤 배역인지 모르고 마치 프롬프터가 필요한 배우처럼 보이는 모습을 좋아할 장관은 하나도 없다.[24]

---

24 Dale, 앞의 책, pp.148-149.

도덕적 비밀보다는 전략적 비밀에 관심이 더 많을 재계의 불문율은 다음과 같다.

외부인이 들을 수 있는 거리에 있으면 통화 내용이 드러나지 않게 유의할 것. 누군가 다른 사람에게서 메시지를 받고 그 내용을 확인해야겠으면 평소처럼 메시지를 당신이 되풀이하지 말고, 전화를 건 사람에게 다시 말해달라고 부탁할 것. 당신의 낭랑한 말투에 은밀한 메시지가 배어 나와 외부인에게 전해지지 않도록 할 것. (중략)

외부의 방문객이 도착하기 전에 서류를 보이지 않게 처리할 것. 서류철이나 백지 겉표지를 만들어 그 안에 보관하는 습관을 들일 것. (중략)

외부인 또는 당신 말에 관심이 없는 사람과 함께 있는 조직 성원에게 할 말이 있으면 제3자가 어떤 정보도 포착할 수 없도록 말할 것. 인터폰보다는 타 부서의 직통 전화를 사용하거나 용건을 공개적으로 말하는 대신 메모를 작성해 전달할 것.[25]

방문객이 오기로 되어 있으면 비서가 당신에게 즉각 알려야 한다. 당신이 다른 사람과 밀담을 나누는 중이라면, 비서가 당신에게 "3시에 잡힌 약속이 있습니다. 알고 계시겠죠"라고 전해 밀담을 중단시켜야 한다. (비서는 외부인이 듣는 자리라면 방문객의 이름을 말하지 않는다. 당신이 '3시 약속'을 기억해내지 못하면 비서는 쪽지에 방문객 이름을 써서 당신에게 건네주거나 스피커 시스템 대신에 개인용 전화를 이용해야

---

25 *Esquire Etiquette*, 앞의 책, p.7. 생략 표시는 필자가 붙임.

한다.)[26]

지금까지 주요 공모 형태의 하나로 연출 신호를 다루었다. 또 다른 형태는 공연자가 진정으로 팀의 잠정적 합의를 지킬 마음이 있어서가 아니라 단지 맡은 배역을 연기할 뿐이라는 점을 확실히 하는 의사소통이다. 관객이 문제를 제기할 때 공연자가 자신을 방어할 수 있게 최소한의 장치를 마련해두는 방법이다. 우리는 이런 의사소통에 '야유하기'라는 이름을 붙일 수도 있다. 팀의 잠정적 합의를 넘어설 만큼 관객을 찬양하는 야유도 있기는 하다. 그래도 은밀하게 관객을 폄하하는 야유가 대부분이다. 이는 앞서 서술한 '부재자 취급 방식'에 공개적으로 대응하는 교활한 방식이다.

공연자가 자신과 공모할 때의 야유가 가장 많으리라. 좋은 예가 학생들이다. 그들은 교사가 잠깐만 자기네 짓거리를 볼 수 없는 자리로 움직여도 손가락으로 입에 열십자를 그리며 거짓말을 하고 교사를 향해 혀를 내민다. 직장인들 또한 흔히 상사가 볼 수 없는 각도에서 상사를 향해 얼굴을 찌푸리거나 무언의 저주를 몸짓으로 표현하며 상사를 향해 경멸과 불복종을 연기한다. 가장 소심한 야유는 상대의 말을 경청하는 체하면서 실은 '낙서'를 한다든가 상상의 놀이 공간으로 '도피'하는 것이다.

팀 공연 중에 팀 성원들끼리 공모하는 야유도 있다. 모욕적 언어를 비밀 신호로 쓰는 경우는 아마도 소수의 과격한 암거래 패거리

26 *Esquire Etiquette*, 앞의 책, pp.22-23.

들이겠지만, 상거래 조직치고 달갑지 않은 고객이나 불쾌하게 구는 고객이 있을 때 점원들이 눈치를 주고받지 않을 만큼 고결한 조직은 없다. 마찬가지로, 우리 사회에서도 부부나 두 친구가 제삼자와 함께 저녁을 즐기는 자리에서 공식적으로 제삼자를 대하는 태도와 상반된 시선을 자기네끼리 잠깐씩 은밀하게 주고받지 않는 경우는 별로 없다.

관객을 향한 더욱 파괴적인 형태의 공격은 공연자가 자기 내면의 감정과 완전히 반대되는 노선을 택해야 하는 상황에서 나타난다. 중국의 강제 수용소에 수감된 전쟁 포로들의 방어 행동에 관한 보고서에 이런 실례가 보인다.

포로들은 중국인의 강요에 형식상 복종은 하지만 정신적으로는 복종하지 않는 방법을 얼마든지 찾아냈다. 이를테면, 포로들이 공개 자아비판 자리에서 문장 속에 있는 엉뚱한 단어를 강조해서 자아비판 의례를 우스꽝스럽게 만들어버리는 식이다. "웡 동무를 나쁜 개새끼라고 부르는 잘못을 저질렀습니다." 앞으로는 그런 범죄를 저질러 '발각'되는 일이 절대로 없도록 하겠다고 약속하는 것도 그들이 애용하는 수법이었다. 그런 수법은 영어를 아는 중국인일지라도 영어의 관용어법이나 은어에 담긴 미묘한 조롱의 의미를 포착할 정도로 잘 알지는 못하기 때문에 효과적이었다.[27]

---

27 E. H. Schein, "The Chinese Indoctrination Program for Prisoners of War," *Psychiatry* 19, pp.159-160.

이와 비슷하게 배역에서 벗어난 의사소통 형태는 팀 성원이 팀 동료들에게 특별하고 은밀한 쾌감을 선사하기 위해 배역을 연기하는 것이다. 공연자가 열정적으로 배역에 빠져든 모습을 과장되면서도 정확하게 그러나 관객이 비웃음을 당하고 있음을 눈치채거나 확신할 수 없을 만큼 관객의 기대에 들어맞는 연기를 하는 것이다. 재즈 연주자들은 '감상적' 음악을 연주해야 할 때면 필요 이상 감상적으로 연주해서 자기네끼리 관객에 대한 경멸과 고결한 음악에 대한 충절을 나눈다.[28] 팀 성원 하나가 공연 중에 다른 팀 성원을 골리려 할 때도 비슷한 형태의 공모가 나타난다. 그럴 때 공모의 우선 목표는 동료가 웃음을 터뜨리거나 실수를 저지르거나 몸의 균형을 잃게 하려는 것이다. 셰틀랜드 호텔에서는 가끔 주방장이 호텔 앞마당 입구에서 호텔 손님들이 묻는 질문에 표준 영어로 점잖게 대답할 때면, 주방 일꾼들이 뒤에서 무표정한 얼굴로 주방장의 엉덩이를 찔러댄다. 관객을 조롱하고 동료를 골리는 사람은 자기가 공식 상호작용에 매여 있지 않을뿐더러 그 상호작용을 장난감 갖고 놀 듯 아주 잘 통제할 수 있음을 보여주는 것이다.

야유 공모의 마지막 형태는 외부인의 시선을 끄는 것이다. 무례하게 구는 상대와 상호작용을 하는 사람은 흔히, 해당 상호작용에는 외부인으로 규정된 제삼자에게 상대의 성격이나 행동은 자기 탓이 아니라는 뜻을 전하려 한다. 이 모든 형태의 야유 공모는 사전 검열이 불가능한 신호를 통해 무심결에 이루어진다는 결론을 내릴 수

---

28 하워드 베커(Howard S. Becker)와의 개인적 대화.

있겠다.

팀 성원들이 배역에서 벗어나 의사소통하는 방법이 많다는 사실을 고려하면, 우리는 그런 연기가 습관이 된 사람은 실용적 필요가 없어도 자신의 단독 공연에 기꺼이 공모자를 맞아들이리라 생각할 수 있다. 그렇다면 '짝패'라 불리는 특수한 역할, 다시 말해, 다른 사람의 공연에 불려가는 위안자 역할이 생기는 것도 당연하다. 눈에 띄게 권력 격차가 있는 곳이라면, 그리고 지배력을 가진 사람과 지배력이 없는 사람들 사이에 아무런 금기가 없는 사교 상황이라면 언제나 편의상 이용되는 특별한 방식이 있다. 18세기 후반의 한 자전소설에 한때 사교적 동반자 역할을 했던 사람의 이야기가 나온다.

요약하면 내 업무는 여사가 즐겨 어울리곤 하던 사교 파티와 사업상의 파티에 부르기만 하면 언제든 지체 없이 여사를 수행하는 것이었다. 오전에는 판매, 경매, 전시회에 여사를 수행했고, 쇼핑처럼 특별히 중요한 일에는 항상 여사와 함께했다. (중략) 특별히 초청에 제한을 두는 파티만 아니면 어디든 여사를 수행했고, 집에서는 서열이 높은 하인 노릇을 하며 모든 모임에 참석했다.[29]

이런 직장에서 고용주의 시중을 들 담당자를 두는 목적은 잡일처리만이 아니라 고용주가 다른 이들에 맞서 항상 제 편에 서줄 누군가를 거느리려는 데도 있을 것이다.

---

29 Hecht, 앞의 책, p.63의 *Lady's Magazine*, 1789, XX, p.235 재인용.

관계 재구성

사람들이 상호작용을 목적으로 모일 때는 각자가 소속 팀의 공연에서 맡은 배역을 고수한다는 것 그리고 팀 동료들과 힘을 합쳐 공식성·비공식성, 친밀함·거리 두기를 적절히 조합해 상대 팀 성원들과의 관계를 유지한다고 지적했다. 이는 팀 성원들이 관객을 대하듯이 서로를 대한다는 뜻이 아니다. 그들에게 가장 '자연스럽지' 않은 다른 방식으로 서로를 대한다는 뜻이다. 공모 형태의 의사소통은 팀 간 상호작용의 제약에서 조금은 벗어날 수 있는 한 가지 방식이다. 그런 의사소통은 관객이 알아차리지 못하게 하려는 일탈 행위로서 **현상 유지**를 가능케 해주는 기능이 있다. 그러나 상호작용의 잠정적 합의에 대한 불만을 온전히 표현하는 것만으로는 만족하지 않는 공연자들도 있다. 그들은 종종 관객에게 들리게 그러나 두 팀의 진정성이나 사회적 거리를 노골적으로 위협하지는 않을 정도로만 배역에서 벗어난 이야기를 큰 소리로 떠들 때도 있다. 이처럼 통제되지 않은 일시적 시도가 공격이 되는 경우가 흔하기 때문에 흥미로운 연구거리가 아닐 수 없다.

두 팀이 사교적 상호작용을 온전히 보장하기 위해 잠정적 합의를 공식화하면, 상대 팀을 겨냥한 비공식 의사소통 노선이 작동한다. 비공식 의사소통은 비꼬기, 억양 흉내, 적절한 농담, 의미심장한 침묵, 은근한 암시, 의도적 조롱, 함축적 표현, 기타 관습적으로 쓰이는 다양한 신호들을 통해 이루어진다. 모호한 신호 사용법과 관련된 규칙은 아주 까다롭다. 송신자의 행동을 수용자가 체면상 용납할 수 없다고 항의하면 송신자는 '별 의미'가 없는 행동인 듯 부정할 권리가 있고, 수용자는 또 무의미하고 악의 없는 짓거리로 받아들이는 척할 수 있는 권리가 있다.

가장 흔한 밑바닥 의사소통 흐름은 각 팀이 자기 팀에게 유리하고 상대 팀에게는 불리한 점을 거꾸로 정중한 말과 찬사로 포장해 교묘하게 밝히는 경향이다.[30] 팀은 종종 잠정적 합의의 구속에서 벗어나고 싶어 한다. 사교 모임을 따분하고 딱딱하고 강박적으로 만드는 요소가 교과서적 사교 의례가 아닌, 자기 치켜세우기와 남 깎아내리기의 감추어진 힘이라는 게 참으로 흥미롭다.

종류가 다양한 사교적 상호작용 가운데, 비공식 의사소통은 무엇일까. 한 팀이 상대 팀에게 두 팀 사이의 사회적 거리와 공식성을 조절하자고, 또는 두 팀의 상호작용을 새로운 공연으로 바꾸자고, 터놓고 단호하게 요청하는 방법이다. 조심스러운 폭로와 암시적 요구가 함축된 '속내 떠보기'로 널리 알려진 방법이기도 하다. 공연자는 조심스럽고 모호하며 은밀한 뜻이 함축된 이야기를 꺼내 자기방어 태세를 허물지 않고서도 그 자리의 상황 정의를 폐기해도 안전할지 여부를 판단할 수 있다. 예를 들어, 직업·이데올로기·인종·계급이 같은 동료들끼리는 서로 거리를 두거나 경계할 필요가 없기 때문에

---

30 포터(Potter)는 이런 경향을 '기선 제압(one upmanship)'이라는 용어로 표현했다. 고프먼은 이를 '득점(making points)'으로, 스트라우스는 '지위 쟁취(status forcing)'라고 표현했다. 미국 사회 일부에서는 더 정확한 표현으로 '상대 깎아내리기(putting a person down)'라고 한다. 이런 경향을 사교 유형에 적용한 탁월한 논문이 있다. Jay Haley, "The Art of Psychoanalysis," *ETC*, XV, pp.189-200.

새내기 동료에게 같은 편이니 자세를 편안하게 풀어도 좋다는 뜻을 알리는 동시에, 동료가 아닌 사람들에게는 악의가 없어 보이는 비밀 신호를 개발하는 경우도 흔하다. 연중 9개월 동안은 악행을 감추고 점잖은 시민 노릇을 하던 19세기 인도의 종교적 자객들은 서로를 알 아보는 신호가 있었다. 한 작가의 말을 들어보자.

자객들은 서로 모르는 사이인데도 만나면 서로를 알아보는 방식이 있다. 한쪽이 '알리 칸ᴬˡᵉᵉ ᴷʰᵃⁿ!' 하고 외쳐 상대가 똑같이 답하는지 를 보고서 서로의 정체를 확인한다.[31]

아직도 이방인에게 '얼마나 먼 동쪽에서' 온 사람이냐고 묻는 영 국 노동계급 남성들에게서도 비슷한 사례를 볼 수 있다. 그 이방인 이 프리메이슨 동지라면(중세 석공 길드에서 시작되어 18세기 영국 전 역에 퍼진 결사체로 정통 가톨릭과 개신교단에 의해 이단으로 탄압받으 며 비밀결사의 성격을 띠게 되었다 — 옮긴이), 그는 그 암호에 어떻게 대답해야 하는지를 안다. 또 문답을 주고받은 후에는, 그 자리에 있 는 사람들이 느끼는 가톨릭 신자들과 시대착오적 계급에 대한 과민 반응을 누그러뜨릴 수 있다는 것도 안다. (영미 사회에서는 소개를 주 고받는 사람들의 성姓과 외모가 특정 인구 집단에 대해 비방하는 무례 를 방지하는 신호 기능을 한다.) 즉석 요리점을 찾는 일부 고객은 샌 드위치를 주문하면서 버터를 바르지 않은 호밀 빵을 원한다고 강조

---

31 J. L. Sleeman, *Thugs or a Million Murders* (London: Sampson Low, n.d.), p.79.

함으로써 종업원에게 자신이 유대인임을 암시하고 걸맞은 대우를 받을 작정임을 알린다.[32]

아마도 가장 느슨한 노출성 의사소통은 친교 집단의 두 성원이 서로 자기 신상을 조심스럽게 밝히는 형태일 것이다. 가담할 비밀결사도 폭로거리도 없는 일상생활에서는 더 까다로운 과정이 전개된다. 서로의 견해와 지위를 잘 모르는 사람들은 서로 자기 견해나 지위를 조금씩 내보이며 상대를 넌지시 떠보는 단계를 거친다. 한쪽에서 경계심을 조금 푼 다음에는 자기가 그래도 괜찮은지 상대가 알려주기를 기다리고, 그렇다는 확신이 생기면 경계심을 조금 더 내려놓는다. 이렇게 모호한 방식으로 자기 노출 단계를 밟아가다가 상대로부터 더 이상 확신을 얻을 수 없는 지점에 이르면 각자 자기 노출을 멈추고 노출한 내용도 별게 아니라는 듯 행동한다. 그래서 대화를 나누는 두 사람이 정치적 견해 표명에 얼마나 신중해야 하는지 판단하려면, 둘 중 하나는 자신이 좌파에 가까운지 우파에 가까운지 조금씩 드러내다가 상대가 정치적 신념을 극단까지 밀어붙인 바로 그 지점에서 자기 노출을 멈추어야 한다. 그러면 더 극단적 견해를 가진 사람은 상대에 비해 자기가 더 극단적 정치 성향은 아닌 것처럼 연기하는 요령을 발휘한다.

이처럼 신중한 점진적 노출 과정은 신화에도 나오고 우리 사회의 이성애와 관련된 몇 가지 예로도 알 수 있다. 이성애 관계는 남성에게 주도권이 있는 친밀한 관계로 규정된다. 사실 구애 관습에는 남

---

32 Louis Hirsch, "Team Work and Performance in a Jewish Delicatessen," unpublished paper.

녀의 결합이라는 정신에 반하는 남성 쪽의 폭력성이 있다. 처음에는 유혹하기 위한 수법으로 상대 여성을 존중하다가, 친밀해지면 종속적 지위로 추락시키기 때문이다.[33] 그러나 이성애 관계에서 더욱 강한 공격성은 사회적 지위와 사회적 거리를 합의하는 과정에서 여성이 우위를 점하고 남성이 종속적 지위를 감수해야 하는 상황에서 나타난다. 남성은 자신의 낮은 사회경제적 지위를 반전시키기 위해 성적 우월성을 강조하며 상황을 재규정할 가능성이 있다.[34] 예를 들어 프롤레타리아 문학작품에서 부유한 여성과 관계를 재규정하려는 사람은 가난한 남성이다. 『채털리 부인의 사랑』이 명백한 예다. 그리고 서비스직, 특히 하위직을 연구하다 보면 그들에게서 본인이나 동료가 업무관계를 성적 관계로 재규정했거나 재규정하려던 때의 일화들을 듣기 마련이다. 공격적 관계 재규정 일화들은 특정 직업뿐만 아니라 남성 하위 문화 전반에 중요한 신화로 퍼져 있다.

상호작용에서 상급자와 하급자가 이른바 '이중화법double talk'이라는 비공식적 방법을 통해 하급자가 우위에 서는 일시적 연합 관계

---

33 동성애자들의 자기 보호를 위한 노출에는 이중 기능이 있다. 소속 비밀결사를 밝히는 기능과 그 비밀결사의 특정 성원에게 관계를 제안하는 기능이다. 이를 훌륭하게 정리한 문학작품이 있다. 고어 비달(Gore Vidal)의 A Thirsty Evil(New York: Signet Pocket Books, 1958)에 실린 단편소설 "Three Stratagems" 중 특히 7-17쪽을 볼 것.

34 아마도 프로이트의 윤리를 존중하는 탓이겠지만, 어떤 사회학자들은 성행위를 의례 체계의 일부, 즉, 배타적 관계임을 상징적으로 재확인하기 위한 호응 의례로 규정하는 관점을 마치 나쁜 취향이나 불경한 자기 폭로인 것처럼 여기는 듯하다. 여기서 나는 구애를 사회적 소외 상태를 초월하기 위한 수사학적 원리로 파악하는 사회학적 관점을 택하고 있음이 분명한 케네스 버크의 논의를 주로 참조했다. Burke, A Rhetoric of Motives, p.208ff., pp.267-268.

가 일종의 안정성을 획득하고 제도화되기도 한다.[35] 두 사람은 이런 의사소통 기법을 통해 공식 관계와 모순되는 몸가짐과 정보를 나눌 수 있다. 이중화법은 비꼬기의 일종으로 양쪽 모두가 이용할 수 있다. 또 한참 동안 계속될 수 있다. 이중화법은 공모에 동참하는 당사자를 대상으로 삼는다는 점에서 다른 형태의 공모와는 다르다. 공식적으로는 하급자의 능력과 권한 밖의 일이나 실제로는 상급자가 하급자에게 기댈 수밖에 없는 문제로 상호작용할 때 나타나는 이중화법이 대표적이다. 하급자는 이중화법을 사용함으로써 자기가 행동 노선의 주도권을 쥐고 있음을 공공연하게 드러내지 않고 또 상급자와의 지위 차이를 위협하지 않으면서 주도권을 잡을 수 있다. 병영과 감옥은 이중화법이 가득 찬 곳이다. 또한 하급자가 상급자보다 실무 경험이 더 오래됐을 경우에도 흔히 이중화법이 이용된다. 이를테면, 행정 관청에서 정치적으로 임명된 장관과 '직업 관료'인 차관이 대립할 경우 차관은 피고용인 집단의 언어를 쓰지만 장관은 그러지 못한다. 또한 불법 계약을 하는 사람들도 이중화법으로 의사소통을 하지만, 어느 쪽도 주도권을 상대에게 넘겨줄 필요는 없다. 이와 비슷한 공모 형태는 두 팀이 서로 적대적이거나 소원한 관계라는 인상을 지켜야 하지만 특정 문제는 합의하는 게 양쪽에 모두 이익일 경우에도 나타난다. 서로의 대립적 입장을 혼란에 빠뜨리지 않는 방

---

35 일상용어로서 '이중화법'은 두 가지 의미로 쓰인다. 첫째는 의미 있는 말이지만 그렇지 않은 것처럼 보이게 하려고 문장을 삽입하는 것, 둘째는 질문을 던지는 사람이 명확한 답을 원하는데 대답은 방어적으로 모호하게 하는 것을 가리킨다.

법인 것이다.[36] 다시 말해, 보통 거래를 할 때는 연대하지 않아도 계약이 성사될 수 있다는 뜻이다. 더 중요한 점은 가정과 일터에서 관계에 영향을 주지 않고서는 차마 공개적으로 할 수 없는 부탁, 명령, 거절을 안전하게 할 수 있는 수단으로 수시로 이중화법이 쓰인다는 사실이다.

지금까지 나는 두 팀 사이에서 흔히 벌어지는 관계 재구성, 즉, 관계의 노선을 우회하거나 건너뛰거나 벗어나는 행위를 살펴보았다. 비공식적 불평, 교묘한 폭로, 이중화법 등을 보기로 들었다. 이제 여기에 몇 가지 유형을 첨가하고자 한다.

두 팀의 잠정적 합의가 공개적 대립일 때, 각 팀이 내부 분업을 통해 일시적으로 관계 재구성을 유도하는 현상을 볼 수 있다. 그런 현상을 보면 우리는 군대에서만 친목이 문제가 되는 것은 아님을 알게 된다. 한 팀의 전문가는 상대 팀에서 같은 역할을 맡은 전문가와 공유하는 점이 많고, 나머지 팀 성원들과 대립하는 단일 팀처럼 보일 만큼 사용하는 언어도 같다. 노사 협상 과정에서 각 팀의 비전문가가 법적 오류를 저지르면 양 팀의 변호사들은 서로 공모의 시선을 주고받는다. 특정 팀의 전임 변호사가 아니라 협상 기간 동안 임시 고용된 전문가일 경우, 그들은 문제 해결을 의뢰한 팀보다 전문직종의 소명과 동업자 의식에 더 기울어지기 쉽다. 두 팀이 대립적 입장에 서 있다는 인상을 유지하려면 그들은 전문가로서의 동지 의식을

---

36 공식적으로 대립하고 있는 두 팀 사이의 은밀한 타협의 사례가 있다. Dale, 앞의 책, pp.182-183을 볼 것. 또한 다음 글도 참조. Melville Dalton, "Unofficial Union-Management Relations," *American Sociological Review*, XV, pp.611-619.

자제하거나 은밀하게 표현해야 한다. 상대 팀의 전문가에게 적대적이기를 바라는 의뢰인을 의식해서 그들은 협상 중에는 참고 기다린다. 그러다가 휴식 시간이 주어지면 무대 뒤에서 현안에 대해 동업자로서 친밀하게 잡담을 나눈다. 의회 토의 중에 공무원들이 하는 역할을 다룬 데일도 비슷한 점을 지적한다.

> 의안 하나를 토의하는 데는 (중략) 보통 하루가 걸린다. 딱하게도 어떤 부처가 의회 위원회에 길고 논쟁적인 의안을 제출하면 해당 부처의 장관과 공무원들은 월요일부터 목요일까지 날마다 오후 4시부터 밤 11시까지는(밤 11시 규칙이 유예되면 훨씬 늦게까지도), 의사당에 있어야 한다. (중략) 그러나 공무원들은 고생한 대가로 보상도 얻는다. 그 시간은 그들이 새로운 인사를 사귀고 안면을 넓히기에 가장 좋은 시간이기도 하다. 의원이나 관리에게 쉬는 시간은 의안 토의 시간보다 압박감이 덜하다. 따분하기로 악명 높은 작자가 누구나 통과가 불가능하다고 생각하는 수정안을 제출하는 동안 그들은 토의장을 떠나 흡연실이나 테라스로 나가 재담을 나누어도 된다. 의안, 정부, 반대 의견 따위는 제쳐두고 매일 밤 함께 어울리다 보면 그들 사이에 일종의 **동지애**가 생겨난다. 공무원들도 마찬가지였다.[37]

뒷무대식 동지애가 너무 위협적 모습으로 비치는 경우도 있다. 야구선수들은 소속 팀 팬들의 시선을 의식해서 경기 직전에는 상대 팀 선수들과 담소하는 걸 금지하는 리그 규칙을 지켜야 한다.

---

37 Dale, *op. cit.*, p.150.

이는 쉽게 수긍할 수 있는 규칙이다. 양 팀 선수들이 마치 오후의 티타임 자리에나 있는 것처럼 잡담을 나누다가 경기가 시작되자마자 서로 필사적으로 경기를 하면서 소속 팀 팬들의 응원을 기대하는 것은 앞뒤가 맞지 않는다. 선수들은 줄곧 서로를 적수처럼 대해야 한다.[38]

적대적 입장에 있는 전문가들에게 동지 의식이 중요한 문제가 되는 이유는 무엇일까. 팀의 비밀이 폭로된다거나 전문가로서 소임을 저버린다는 점보다는(그렇게 보이기도 하고 실제로 그렇기도 하지만) 두 팀이 적수라는 인상을 무너뜨린다는 점에 있다. 전문가는 소속 팀이 상대 팀과 대립적 입장에 서 있음을 보여주는 것은 물론이고, 그와 별개로 문제가 되는 사안에 대해 즉각적 반응을 보여주어야 한다. 한 팀의 전문가가 상대 팀에서 같은 배역을 맡은 전문가를 동지로 대한다면, 기량 면에서 그의 위상이 하락하지는 않겠지만 전문가의 업무가 판매용 공연에 불과함을 드러내는 셈이다.

나는 동지애가 일시적으로 어느 한편에 서야 하는 전문가들에게만 있다고 보지 않는다. 대립적 입장인 두 팀에 대한 충성심의 문제가 대두될 경우에는 언제나 공개리에 한 팀에 합세하면서 또 은밀하게 다른 팀에 합세하는 무리가 있다. 그리고 두 팀이 상호 적대감과 사회적 거리가 클 때는 뒷무대가 생길 뿐만 아니라 두 팀 성원 모두에게 공개되는 경계가 분명한 영역이 생기게 마련이다. 예를 들면, 공립 정신병원에는 환자와 직원들이 포커를 하고 고참들이 뜬소문

---

38 Pinelli, *op. cit.*, p.169.

을 즐기는 별도의 방이나 격리된 구역이 있고, 그런 곳에서는 직원들이 '권력을 휘두르지' 않는다는 명백한 묵계가 있다. 군대 막사도 마찬가지다. 항해 생활에 관한 회고담에 이를 보여주는 좋은 예가 있다.

선박의 조리실에서는, 런던의 하이드 파크 공개연설 광장에서처럼 누구나 거침없이 제 생각을 말해도 좋다는 오래된 규칙이 있다. 그곳에서 누군가에 대해 험담을 해버린 장교는 자기가 그 자리를 떠나면 곧 외면당하고 따돌림 받는 줄도 안다.[39]

조리실에는 요리사 혼자만 있는 경우는 없다. 언제나 빈둥대는 누군가가 난로 반대편 따뜻한 벽에 붙어 있는 자그마한 벤치에 편안하게 기대 앉아 발걸이에 발을 얹은 채 불쾌한 얼굴로 남의 험담이나 고민거리를 듣고 있다. 발걸이가 실마리다. 조리실은 배 안의 동네 광장이고, 요리사와 조리용 난로 부근은 묘기장이다. 젊은 선원이 앳된 사관의 분위기를 풍기며 들어서자마자 이곳이야말로 장교와 선원이 완전히 대등하게 발걸이에 발을 올려놓고 만나는 곳임을 알게 된다. 요리사는 반말로 "이봐, 친구"라고 부르며 기름 주유공 행크가 앉아 있는 벤치 옆자리에 그를 앉힐 것이다. (중략)

조리실에서처럼 자유로운 교류가 없으면 군함의 저변에는 부정적 기류가 흐른다. 열대에서는 긴장이 고조되고 선원들 다루기가 더 힘들다는 데 모두가 동의한다. 그렇게 되는 까닭을 더위 탓으로 돌리는 이들도 있지만, 대부분은 안전판 구실을 하던 조리실을 잃은 탓이라

---

39 Jan de Hartog, *A Sailor's Life* (New York: Harper Brothers, 1955), p.155.

생각한다.[40]

두 팀이 사회적 상호작용을 시작하는 순간, 우리는 지위가 낮은 팀과 높은 팀을 구별할 수 있다. 보통 우리는 관계 재구성을, 지위가 낮은 팀이 자기 팀에 유리하게 상호작용의 토대를 바꾸거나 지위가 높은 팀과의 사회적 거리나 공식성을 줄이려는 노력으로 생각하곤 한다. 그런데 지위가 높은 팀이 낮은 팀에게 장벽을 낮추고 더 친밀하고 대등한 지위를 허용하여 관계를 재구성할 때가 있다는 점은 흥미롭기 짝이 없다. 그것은 지위가 높은 팀이 지위가 낮은 팀에게 잠시 뒷무대식 친밀성을 허용하면 장기적으로는 지위가 높은 팀에게 이익으로 돌아오기 때문일 수도 있다. 바너드Barnard는 미고용 노동자를 대변하는 위원회에서 파업을 방지하기 위해 일부러 비속어를, 그 의미를 충분히 인식하면서 사용했다는 이야기를 들려준다.

내가 존경하는 분들의 견해도 그렇지만 내 판단으로도 상사가 부하 직원이나 지위가 낮은 사람들이 있는 자리에서 비속어를 쓰는 것은 규칙에 어긋나는, 지극히 나쁜 버릇이다. 비록 부하 직원들이 반발하지 않고 상사의 말버릇이려니 할지라도, 사정은 다르지 않다. 내가 알기로는, 그런 말로 자신의 영향력에 반발을 불러일으키지 않을 사람은 별로 없다. 상사의 품위를 떨어뜨리는 행동이 입장 차이를 수용하기 어렵게 만들 것이기 때문이다. 또 조직 전체의 위상을 상징하는 기구에서는 비속어 사용이 조직 전체의 위신을 훼손한다는 생각도

---

40 같은 책, pp.154-155.

있다. 그러나 이 경우는 예외였다. 내가 욕설을 한 것도, 곁들여 탁자를 세게 내려친 것도, 다 계획적이었다.[41]

환경 요법을 실시하는 정신병원에서도 이와 비슷한 상황을 볼 수 있다. 보통은 신성 불가침 영역에 속하는 의료진 회의에 간호사와 직원들을 참석시키면 비의료직 직원들이 의사들에 대해 거리감을 덜 느끼고 또 의사의 관점을 기꺼이 수용하리라 생각할 수 있다. 고위직이 배타적 특권을 포기하면 말단 직원들의 사기를 높일 수 있다는 생각이다. 그 과정이 영국의 환경 요법을 경험한 관한 맥스웰 존스Maxwell Jones의 솔직한 보고서에 나온다.

진료실에서 우리는 의사의 역할을 좀 더 한정된 목적의 치료에 두고 허세를 버리려고 노력했다. 그것은 병원 전통을 크게 벗어나는 파격을 뜻했다. 우리는 전문직답게 보이는 옷을 입지 않고, 의사로서의 외적 이미지를 보여주는 흰색 가운, 눈에 띄는 청진기, 험악한 진단용 망치도 사용하지 않았다.[42]

실제로 우리가 일상적 상황에서 이루어지는 두 팀의 상호작용을 연구해보면, 대개 지위가 높은 쪽이 아주 조금만이라도 느슨한 모습을 보여주기를 기대하는 분위기가 있음을 알 수 있다. 우선, 느슨

---

41 Chester I. Barnard, *Organization and Management*(Cambridge, Mass.: Harvard University Press, 1949), n. pp.73-74. 이런 종류의 행동은 팀의 상사가 부하 직원들에게 작업을 독려할 때 사용하는 '농담조' 거친 언행과는 분명히 구별된다.
42 Maxwell Jones, *The Therapeutic Community*(New York: Basic Books, 1953), p.40.

한 앞무대는 거래의 토대를 마련해준다. 상사는 부하 직원의 서비스
나 작은 선물을 받고 부하 직원은 상사가 너그럽게 베푸는 친밀성을
얻는 것이다. 영국의 상류 계급은 장사치나 하급 관리와 상대하면서
그들에게 특별히 부탁해야 할 때는 평소의 거만한 태도를 삼간다고
한다. 또한, 상호작용에서 거리감의 이완은 자연스러운 몰입의 느낌
을 자아낼 수 있는 한 가지 수단이기도 하다. 그렇지만 두 팀이 상호
작용에서 누릴 수 있는 자유란, 상대에게 뜻밖의 이득이 돌아가지
나 않는지 탐색하는 정도에 불과할 만큼 미미하다.

관객보다 지위가 높든 낮든, 공연자가 자기 지위를 지키지 않으면
관객은, 그리고 연출자가 있는 경우에는 연출자도, 공연자에게 호감
을 느끼지 못한다. 자기 지위를 지키지 않는 사람에게는 말단 성원
들도 흔히 거부감을 느낀다. 앞서 팀이 정한 작업 속도를 위반한 성
원을 다룰 때 지적했던 것처럼, 한 팀 성원이 지나치게 양보하면 다
른 팀 성원들이 택한 입장을 위협한다. 또 앞으로 그들이 어떤 입장
을 택해야 안전할지 알아내고 통제할 수 없게 만든다. 담당 학생들
에게 깊이 연민을 느끼고, 쉬는 시간에 학생들과 섞여 놀이를 하고,
뒤처지는 학생들을 가까이 하는 교사가 있으면 다른 교사들은 교사
로서 적절한 인상을 유지하려는 자신들의 노력이 위협받는다고 느
낄 것이다.[43] 실제로, 특정 공연자들이 적절한 선을 지키지 않고 너
무 친밀하거나 방자하게 또는 적대적으로 굴면, 그런 행동이 지위가
낮은 팀, 높은 팀, 규칙 위반자에게 두루 영향을 미치는 반사작용이

---

43 교사 헬렌 블로(Helen Blaw)와 개인적으로 나눈 대화.

악순환된다.

그와 같은 반사작용의 실마리는 상선의 선원들에 관한 최근의 연구에서도 볼 수 있다. 관리직 직원들이 선원의 임무를 놓고 논쟁을 벌일 때, 선원들은 부당한 취급을 받은 직원에게 위로의 말을 건네며 그 불화를 이용할 틈을 노린다고 한다.

선원들은 분쟁에 연루된 어느 한 관리직에게 맞장구를 쳐주면서 그가 우월한 태도를 풀고 논쟁 상황에서는 선원들의 의견도 평등하게 들어주기 바란다고 기대를 표시했다. 또 곧이어 선교의 날개 쪽 대신 조타실 근무 같은 특전을 기대한다고도 밝혔다. 그들은 그들의 낮은 지위를 개선하는 데 동료의 분쟁을 이용한 것이다.[44]

최근 정신과 치료의 경향이 또 다른 예를 보여준다. 그 가운데 일부를 보자.

맥스웰 존스가 관리직들의 지위 격차와 환자와 직원 간 지위 격차를 줄이려는 취지에서 진행한 연구 보고서에 인용할 만한 사례가 나온다.

간호사 집단의 성실성은 한 사람의 경솔한 짓으로도 무너질 수 있다. 간호사가 환자의 성적 제안을 공개적으로 받아주면 환자들이 간호사 집단 전체를 대하는 태도가 달라지고 간호사의 치료사 역할도

---

44 Beattie, 앞의 책, pp.25-26.

무력해진다.[45]

베텔하임Bettelheim이 시카고 대학교의 지진아 치료 학교에서 환경 요법을 구축하면서 겪은 경험담에서도 또 다른 사례를 볼 수 있다.

치료 환경 전반을 통해 아이들의 안전과 적절한 본능 충족, 집단적 지지로 아이들의 대인 관계 감응 능력을 높이도록 했다. 출신 환경에서 이미 겪었던 환멸감으로부터 아이들을 안전하게 지키지 못한다면 환경 요법의 목적은 수포로 돌아간다. 직원들을 이간하는 아이들의 장난에도 영향을 받지 않을 만큼 일관성 있는 직원들의 태도가 아이들을 안전하게 지켜주는 중요한 원천이다.

아이들은 부모 중 한쪽의 애정을 포기한 대가로 나머지 한쪽의 배타적 애정을 얻어낸다. 이런 수법은 아이가 부모를 대립하게 만들어서 가족 상황을 통제하는 수단이지만, 그것은 아이에게 상대적 안전감만 줄 뿐이다. 이런 수법을 써서 성공을 거두곤 했던 아이는, 이후 양가감정이 없는 관계를 형성하는 데 특별히 정신적 어려움을 겪는다. 아이들은 학교에서 오이디푸스 상황을 재형성하면서 교직원의 다양한 성향에 따라 각기 긍정적·부정적·양면적 애착 관계를 형성한다. 아이들과 개별 교직원의 관계가 직원들의 상호 관계에 영향을 미치지 않도록 하는 게 가장 중요하다. 그 점에서 환경 전반에 일관성이 없으면 애착 관계가 신경증적 관계로 퇴행하고 아이들이 정서적 애착 관계를 확인하고 유지할 수 있는 토대도 무너진다.[46]

---

45 Maxwell Jones, 앞의 책, p.38.
46 Bruno Bettelheim and Emmy Sylvester, "Milieu Therapy," *Psychoanalytic Review*, XXXVI, p.65.

다루기 힘든 환자들로 인해 되풀이되는 상호작용의 어려움을 다루는 방안을 제시한 집단 치료 연구에서 마지막 예를 인용하겠다.

의사와 특별한 관계를 맺으려는 환자들이 있다. 가령, '미친 듯이' 소리를 질러 의사의 시선을 끌고 의사와 은밀하게 통한다는 환상을 키우려 드는 환자들이다. 그들이 의사의 반응을 얻어내는 데 성공하고 의사의 반응을 특별한 관계로 해석하면 치료 집단에 큰 혼란을 초래할 수 있다. 그런 위험한 연기는 말로 하는 것이 아니라는 특성이 있으므로 의사는 자신의 비언어적 행동에 특별히 유의해야 한다.[47]

여기서 인용한 사례들은 누군가 노선을 이탈할 때 생길 수 있는 일반적 과정보다는 저자들의 숨은 감정을 더 많이 알려주는 것일지도 모른다. 그러나 최근에 나온 스탠턴과 슈워츠Stanton and Schwartz의 연구에는 두 팀의 경계선이 엇갈릴 때 생기는 영향의 순환 과정에 대한 상세한 묘사가 나온다.[48]

---

47 Florence B. Powdermaker and others, "Preliminary Report for the National Research Council: Group Therapy Research Project," p.26.
상대 팀에 있는 누군가의 시선을 끌기 위해 소속 팀을 배반하는 사람도 흔히 있다. 일상 생활에서 이런 식의 순간적인 공모 요청을 거부하는 것은 요청한 사람에게는 다소 무례한 짓이다. 공모 요청을 받은 사람은 공모를 요청한 사람을 배반할지 공모 대상이 된 사람을 배반할지 딜레마에 빠진다. Ivy Compton-Burnett, *A Family and a Fortune* (London: Eyre & Spottiswoode, 1948), p.13에 좋은 예가 나온다.
"'근데 난 코를 골지 않았거든' 블랑시가 상황 파악을 못 한 듯 나른한 말투로 말했다. '그랬다면 내가 알았어야지. 깨어 있으면서 코를 골고 그 소리도 못 듣는다는 건 있을 수 없잖아.' 저스틴은 누군가 자기 시선을 받아줄 사람이 있는지 둘러보았다. 에드거가 의무처럼 시선을 받더니 재빨리 다른 사람에게 시선을 돌렸다."

48 Alfred H. Stanton and Morris S. Schwartz, "The Management of a Type of Institutional Participation in Mental Illness," *Psychiatry,* XII, pp.13-26. 저자들은

나는 위기의 순간에 팀 간 경계선이 일시적으로 무너지고 각 팀 성원들이 상대 팀에 대하여 지켜야 할 적절한 입장을 망각하는 때가 있다고 지적했다. 또한 팀 간 장벽이 낮아지는 것이 분명해 보이면 지위가 높은 팀이 모종의 목적을 달성하기 위해 지위가 낮은 팀에 동참할 때도 있다고 말했다. 드문 사례이긴 하지만, 상호작용하는 팀들이 본연의 극적 연기 틀을 벗어나 임상적·종교적·윤리적 분석에 빠져들어 어지러워질 때가 있다. 그 극단적 형태를 공개 고백의 관행이 있는 복음주의 사회운동에서 볼 수 있다. 죄수가 공개된 자리에서 자신이 결백한 처지가 아님을 밝히면서, 평소에 자기가 감추고 합리화하려 했던 일들을 털어놓는다. 그가 자기의 비밀과 다른 사람을 멀리해오던 자기방어를 포기하면 그 자리에 참석한 사람들 사이에서는 뒷무대식 유대가 촉진되는 경향이 있다. 집단 치료도 이와 비슷한 기제로 팀 정신과 뒷무대식 유대를 형성할 수 있다. 심리적 죄인인 환자가 평소의 상호작용이라면 불가능했을 자기 고백을 하고, 다른 이들에게도 똑같이 하도록 독려한다. 그 결과로 내집단 유대가 형성되면 이른바 '사회적 지지'라는 치료 효과가 나타나는 것이다(일상 기준에 따르면 환자가 잃는 것은 자존감뿐이다.) 앞서 지적한 간호사-의사 회의에서도 아마 그와 같은 반사작용을 볼 수 있을 것이다.

이처럼 팀 간 관계가 분리에서 친밀한 관계로 바뀌는 변화는, 팀들이 만성적 긴장 상태에 있을 때 일어날 수 있다. 이러한 변화를 우

이 논문에서 특정 환자들을 후원하는 간호사회가 다른 환자, 직원, 일탈자에게 미치는 영향을 기술한다.

리는, 간증을 숭배하는 집단이 행하는 일종의 반연극적 사회운동이라고 볼 수도 있을 것이다. 어쩌면 팀 간 장벽이 낮아지는 것은 팀을 새로운 팀으로 변형시키는 사회적 변화의 자연스러운 단계를 뜻할지도 모른다. 이를테면, 경쟁적 관계인 두 팀이 비밀을 교환하고 서로 공유할 수 있는 밀실을 구축하는 토대로 삼을 수 있다. 산업 분야, 군사 분야, 국가를 막론하고, 어떤 분야든 경쟁하는 팀들이 동일한 전문가에게 기꺼이 비밀을 털어놓고 때로는 상대 팀이 있는 자리에서 비밀 노출을 불사하기도 한다.[49]

관계 재구성, 특히 일시적 배반을 가장 효과적으로 연구할 수 있는 상황은 위계적으로 조직된 상호작용이 아니라 비교적 지위가 대등한 사람들끼리 허물없이 담소를 즐기는 상호작용일 것이다. 사실 우리의 놀이생활을 규정하는 특징은 공격성의 승인에 있는 것 같다. 놀이에서는 종종 두 사람이 다른 사람들 들으라는 듯 말다툼을 벌이고 상대가 택한 입장을 가볍게 조롱한다. 이런 식의 유희는 남성들이 범접하지 못할 처녀 행세를 하는 여성들의 내숭을 무너뜨리려 할 때나 여성들이 방어 자세를 허물지 않으면서도 남성의 관심을 끌려고 할 때 쓰인다. (희롱의 대상이 상대 팀의 배우자일 경우에는 그리 대수롭지 않은 배신과 내통이 이루어지기도 한다.) 대여섯 명이 대화를 나누는 모임에서는 부부, 주인과 손님, 남녀 커플이 원래의 동맹 관계를 제쳐두고, 가벼운 도발을 하며 이쪽에 섰다 저쪽에 섰다 거

---

49 태비스톡(Tavistock) 그룹이 산업 조직의 적대적 노사 관계를 '처리하는' 해결사 역할을 자처한 예를 들 수 있다. 그 기록을 담은 다음 책 참조. Eliot Jaques, *The Changing Culture of a Factory*(London: Tavistock Ltd., 1951).

듭 동맹 관계를 바꾸거나 관객 쪽에 합세해 장난으로 제 짝을 노골적으로 배반하거나 놀려주는 의사소통에 공모하기도 한다. 그런 유희는, 지위가 낮은 사람들이 높은 사람을 취하게 만들어 그가 자기 앞무대 모습을 버리고 좀 더 친밀하게 대할 수 있는 상대가 되도록 유도하는 방법이기도 하다. 표적 인물을 게임이나 농담에 끌어들여, 그가 우스갯감이 되어도 방어할 수 없는 궁지에 빠뜨리는 거친 방법으로 공격적 분위기가 조성되기도 한다.

지금까지 살펴본 팀 행동에서 드러나는 핵심 요점을 정리해보자. 인간에게 사회적 접촉과 친구를 사귀고 싶은 욕구가 어떤 원인에서 비롯되었든, 그 결과는 두 가지로 나타난다. 자랑거리를 과시할 관객, 그리고 더불어 친밀성을 공모하고 뒷무대의 느슨함을 나눌 팀 동료를 얻는 것이다. 이 책의 분석틀은 여기서 발견된 사실들을 담기에 너무 경직된 것 같기도 하다. 남들이 우리에게 해줄 수 있는 기능은 보통 관객 기능과 동료 기능으로 분리되어 있지만(이 책은 주로 기능 분리가 필요한 이유에 집중했다), 한 사람이 동시에 두 기능을 맡아주는 경우도 분명히 있다. 앞서 지적한 대로, 놀이 모임에서는 참여자들 전체가 그 두 기능을 다 맡는다. 그렇지만 어느 한쪽만 두 기능을 도맡는 경우도 있다. 언제나 주동자가 조성하는 인상에 증인이자 조력자로 이용되는 짝패 역할이 그렇다. 정신병원의 뒷마당에서는 직원과 환자가 함께 늙어가며 어떤 때는 환자가 직원들이 하는 농담의 어릿광대 상대가 되어주고, 또 어떤 때는 공모의 뜻이 담긴 직원의 눈짓을 받기도 하면서 직원이 원하는 지원자도 되어준다. 군대에서 전속 부관의 업무 역시 짝패 역할의 관점에서 볼 수 있다. 전속 부관은 장군의 지시에 따라 어떤 때는 팀 동료로, 어떤 때는 관객으로 이용된다. 할리우드 영화 제작자들 주변을 맴도는 일부 거리의 건달들과 법원의 사무처 직원들도 짝패 역할의 좋은 예다.

이 장에서는 배역에서 벗어난 의사소통의 네 유형으로 부재자 취급방식, 공연 관련 대화, 팀 공모 그리고 관계 재구성을 살펴보았다. 이 네 유형은 모두 똑같은 논점에 주목하게 한다. 팀이 보여주는 공연은 팀의 에너지를 모두 빨아들이고 독자적 사회 현실을 구성하면서 자연스럽고 즉각적으로 상황에 반응하는 것만은 아니라는 점이다. 공연은 팀 성원들이 멀찌감치 뒤로 물러나 다른 현실이 가능한지 시험해보고 또 다른 종류의 공연을 상상하거나 연출해보는 것이기도 하다. 공식 공연을 '가장 진실한' 현실이라고 느끼든 그렇지 않든, 양립하기 힘든 복수의 각본을 공연자들이 은밀히 연출해보는 것이다.

6장

인상 관리의 기술

The arts of impression management

이 장에서는 성공적으로 배역을 연기하기 위해 공연자가 반드시 갖추어야 할 자질에 관해 내가 지금까지 논의한 내용과 그 의미를 종합 정리해본다. 그리고 그 자질을 드러내는 인상 관리 기법을 간략하게 살펴보려 한다. 예비 작업으로 몇 가지 사례를 다시 인용하고 공연을 교란시키는 언행의 주요 유형을 정리해보자. 인상 관리 기법의 기능은, 공연의 교란을 방지하는 데 있기 때문이다.

나는 이 책 첫머리에서 공연의 보편적 특성을 살펴보면서, 공연자는 책임감을 지니고 표현 연기에 임해야 한다고 지적했다. 사소한 부주의로 부적절한 인상을 주려고 짜낸 것 같은 모양새가 될 경우가 많다. 그럴 경우를 '의도치 않은 실수'라고 한다. 폰슨비는 그런 실수를 피하려 한 연출자의 시도가 또 다른 실수가 되어버린 일화를 들려준다.

공사관 수행원 하나가 방석을 가져와 성장星章을 그 위에 올려두었다. 나는 성장이 미끄러질까 봐 뒷면의 핀을 벨벳 방석에 꽂았다. 그런데 수행원이 그걸 보고 부족하다고 느꼈는지, 더 확실히 고정시키려고 핀의 잠금 고리를 걸어버렸다. 알렉산더 왕자가 정해진 연설을 마치고 성장을 들어 올리려다 방석에 단단히 고정된 핀을 푸느라고 시간을 지체했다. 기념식에서 가장 인상 깊어야 할 순간을 망쳐버린 것이다.[1]

---

1 Ponsonby, 앞의 책, p.351.

의도치 않은 실수를 저지른 사람은 그 실수로 인해 본인도 망신을 당하지만 팀 동료의 공연이나 거들어주는 관객의 공연에 먹칠한다.

공연 중인 곳에 우연히 들어선 외부인이나 무대 뒤에 멋모르고 들어간 관객은 **범죄 현장**을 포착한 것이나 다름없다. 현장에 있던 사람들은 뜻하지 않게 그들이 더 큰 사회적 이유로 지켜야 했던 인상과 전혀 다르게 행동하는 모습을 공공연하게 목격당하는 처지가 된다. 우리는 바로 그런 '불의의 기습inopportune intrude' 상황을 다룬다.

공연자의 과거 행적과 현재의 활동에는, 공연 도중 밝혀지면 상황 정의의 구성 요소인 자아 주장이 불신당하거나 약화될 사실이 적어도 몇 가지는 들어 있다. 그런 사실은 공연자가 용케 감추었던 어두운 비밀이거나 누구나 알지만 거론하지 않는 부정적 특성이다. 그런 사실들이 밝혀지면 누구나 당황한다. 물론 그런 사실들이 의도치 않은 실수나 불의의 기습으로 이목을 집중시킬 수도 있다. 그러나 사실의 중요성을 충분히 인식하지 못한 사람의 고의적 언행으로 알려지는 경우가 더 많다. 그런 경우를 일상 용어로는 '결례'라고 한다. 무심결에 자기 팀의 이미지를 무너뜨리는 공연자의 언행은 '실언' 또는 '멍청한 실수'라고 한다. 상대 팀이 투영한 자아 이미지를 훼손하는 공연자의 언행은 '주책' 또는 '헛발질'이라고 한다. 예법 책들은 그와 같은 경솔한 언행을 경계하라는 고전적 조언을 들려준다.

당신이 잘 모르는 사람과 함께 있을 때는 경구나 재담을 꺼내는 것도 조심해야 한다. 당신의 재치가 교수대에서 처형된 아버지를 둔 사람의 목을 조이는 밧줄이 될지도 모른다. 대화에 성공하기 위한 첫째

요건은, 상대가 어떤 사람인지 아는 것이다.[2]

당신이 한동안 만나지 못했던 친구와 만났을 때, 특히 최근에 그 친구의 가족사나 형편에 관한 소식을 들은 적이 없다면, 가족에 관한 질문이나 언급은 피해야 한다. 친구의 가족 가운데 죽은 사람이 있을지도 모르고 나쁜 짓을 저질렀거나 헤어졌거나 비참한 재난에 빠진 사람이 있을지도 모른다.[3]

의도치 않은 실수, 불의의 기습, 결례는, 무심코 그런 언행을 한 당사자를 당황시키고 부조화에 빠뜨리는 문제의 근원이다. 동시에 당사자가 그런 결과를 초래할 줄 알았다면 피했을 언행이기도 하다. 그러나 어떤 사람이 정중한 태도를 지키자는 합의를 깨거나 심각하게 위협해 소란스러운 '무대'를 연출하는 상황도 있다. 불화를 일으키려는 의도는 없다 해도 불화를 초래하는 결과로 이어질 수 있음을 알면서도 소동을 일으키는 경우이다. 소동이 벌어지면 새로운 공연이 시작된다는 점에서 '무대를 만든다creating a scene'는 상식적 표현이 딱 들어맞는다. 팀들 사이에서 형성된 기대에 적합한 상호작용은 졸지에 밀려나고 그 자리에 강력한 새로운 드라마가 들어선다. 중요한 점은 새로운 무대가 종종 기존 팀 성원들의 돌연한 이합집산을 촉진해서 새로운 두 팀으로 재편된다는 사실이다.

새로운 무대는 팀 동료들이 서로의 서투른 공연과 공연에 협조해

---

2 *The Laws of Etiquette*(Philadelphia: Carey, Lee and Blanchard, 1836), p.101
3 *The Canons of Good Breeding*, p.80.

야 할 사람들 입에서 튀어나오는 공개적 비판을 더 이상 묵인할 수 없을 때 생긴다. 돌출 행동은 이의를 제기할 상대를 꼼짝 못하게 만들기 마련이다. 언쟁을 하게 되면, 우선 관객에게 뒷무대의 진상을 드러내는 결과를 초래하고, 공연을 가장 잘 아는 사람들이 동의하지 않아 미심쩍은 공연이 되는 결과를 불러온다. 관객이 더 이상 정중한 상호작용 게임을 계속할 수 없겠다고 또는 그러고 싶지 않다고 판단하고 받아들일 수 없는 사실이나 표현을 두고 공연자와 충돌할 때, 새로 또 다른 유형이 생긴다. 한 사람이 용기를 내어 상대와 '결판을 내기로' 또는 '정말 호되게 한마디 하기로' 작정할 때 벌어지는 장면이다. 형사재판에선 이 같은 종류의 공개적 다툼을 제도화해두었다. 살인사건 재판에서 줄곧 자신의 결백을 주장하던 피의자가 판결 직전에 다른 사람들 앞에서 혐의를 부인할 수 없는 확실한 증거에 맞닥뜨리는 장면이 연출되도록 한 것이다. 두 사람 사이의 상호작용이 지나치게 시끄럽고 치열해져 이목을 끌 때에는 또 다른 형태의 무대가 펼쳐진다. 가까이서 자기들끼리 대화를 나누던 사람들이 그 모습을 목격할 수밖에 없고 심지어는 편싸움으로 번지기도 한다. 마지막으로 지적할 새로운 형태의 무대는, 빠져나갈 틈을 남기지 않고 한 사람이 혼자서 너무 진지하게 주장이나 요구를 할 때 생긴다. 그는 대개 자기의 주장이나 요구를 관객이 인정하고 용납할 만하다고 확신한 탓에 관객의 거부에 부딪치면 속수무책일 수밖에 없다. 그러나 그에게 강력한 동기가 있다면 그는 관객이 거부할 줄 알면서도 자기주장이나 생각을 밝힌다. 그리고 그는 관객 앞에서 자기의 방어력을 약화시키는 줄 알면서도 관객의 호의에 자신을 내맡긴다.

그런 언행을 통해 관객을 자기와 한 팀으로 생각한다고 변명하거나 또는 관객에게 자기를 팀의 일원으로 여겨달라고 요청하는 것이다. 개인으로서는 당황스럽기 짝이 없는 일이지만, 자신이 무방비 상태에서 요청한 바를 면전에서 거절당하는 굴욕을 겪을 수밖에 없다.

지금까지 공연을 교란시키는 언행의 주요 형태로 의도치 않은 실수, 불의의 기습, 결례, 소동을 살펴보았다. 일상용어로는 '사건incidents'이라고도 한다. 사건이 생기면 공연자들이 지탱하던 현실이 위협받는다. 참여자들은 허둥대고, 불편해지고, 당황하며, 과민 반응을 보이기 마련이다. 참여자들이 당황하고 허둥대면 공연이 지탱하던 현실은 더 위태로워지고 약해진다. 과민 반응은 대부분 개인이 투영하려던 배역 인물로서가 아니라 공연자 개인으로서 보이는 반응이라서 가면에 가려진 개인의 이미지를 관객에게 드러내는 결과가 된다.

사건 발생과 그로 인한 곤경을 방지하려면 상호작용에 참여하는 모든 사람에게 꼭 필요하고 참여하지 않는 사람에게도 필요한 자질이 있다. 또 그 자질을 표현할 수단이 있어야 한다. 그 가운데 세 가지를 검토해보자. 공연을 지키기 위해 공연자가 이용하는 방어 수단, 관객이나 외부인 쪽에서 공연자를 도와주는 보호 수단 그리고 마지막으로 공연자가 자신을 대신해 관객이나 외부인이 보호 수단을 활용하도록 유도하는 수단을 살펴보자.

방어적 속성과 기법

1. 연극적 충성심

팀이 택한 노선을 유지하려면, 팀 성원들은 분명히 일종의 도덕적 의무를 수락한 것처럼 행동해야 한다. 개인적 이익 때문이든 소신 때문이든 재량권이 없기 때문이든, 팀 성원들은 공연을 하지 않는 틈새 시간에도 팀의 비밀을 누설해서는 안 된다. 집안의 어른들은 남의 험담을 하거나 자기 허물을 인정할 때 그걸 들은 아이들이 그 비밀을 무심코 누설하는 일이 없도록 아이들을 밖으로 내보낸다. 아이들이 분별력이 생길 나이에 이르러서야 부모들은 아이들이 방에 들어와도 목소리를 낮추지 않는다. 하인의 문제를 다룬 18세기 작가들은 사정을 알 만한 나이가 된 하인들의 불충을 이렇게 지적했다.

주인에 대한 헌신이 부족한 하인들이 주인의 화를 돋우는 일이 잦았고 그런 작태에 충분히 면역이 되어 있는 주인은 드물었다. 가장 고약한 것이 주인의 사업에 관한 소문을 퍼뜨리는 하인들의 성향이었다. 이를 알아차린 디포가 하녀를 훈계한 말은 이랬다. "네 미덕에다 **충성심**을 하나 더 보태야겠다. 충성심이 네게 가족의 비밀을 지킬 줄 아는 분별력을 길러줄게다. 충성심이 없다는 건 심각한 문제야."[4]

---

4 Defoe, *The Maid-Servant's Modest Defense*에 나오는 구절. Hecht, 앞의 책, p.81에서 재인용.

18세기 초, 하인이 가까이 오면 주인이 목소리를 낮추는 것 말고도 집안의 비밀을 지키기 위한 또 다른 관습도 있었다.

하인들은 저녁 식사에 앞서 요리 운반용 테이블에 음식, 음료, 식기 따위를 차려둔 다음 자리를 물러나 손님들이 스스로 가져다 먹도록 했다.[5]

영국에서 쓰이던 이런 연극적 수단에 대해 메리 해밀턴Mary Hamilton 이 쓴 글을 보자.

우리는 스토몬트 여사 댁에서 사촌 찰스 카스카트와 함께 저녁 식사를 했다. 하인들이 없는 자리에서 아무 제약 없이 대화를 나누려고 우리는 요리 운반용 테이블을 이용했다.[6]

우리는 저녁 식사 때는 편안하게 요리 운반용 테이블을 이용했다. 그래서 하인들 때문에 대화를 조심해야 하는 불편은 겪지 않았다.[7]

덧붙여 팀 성원들은 공적인 무대 위를 자신의 개인 공연에 이용해서는 안 된다. 이를테면, 결혼 적령기의 속기사들처럼 사무실 환경을 화려한 패션의 덤불로 만들어버리는 행위는 하지 말아야 한다는 뜻이다. 또 팀 성원들은 공연을 팀 고발의 기회로 삼지 말아야 한다.

---

5 Hecht, 앞의 책, p.208.
6 같은 책, p.208.
7 같은 책, p.208.

팀이 선택한 공연이라면, 팀 성원들은 언제든, 어디서든, 누구든 사소한 배역이라도 기꺼이 받아들이고 열정적으로 연기해야 한다. 또 관객에게 공허하거나 거짓되게 보이지 않을 만큼 공연에 몰입해야 한다.

팀 성원들의 충성심을 유지시키는 비결은(유형이 다른 집합체 성원들에게도 분명히 적용될 비결), 공연자들이 관객과 심정적으로 너무 밀착한 나머지 관객에게 공연이 도모할 인상을 미리 털어놓아 팀 전체가 대가를 치르는 일이 일어나지 않게 방지하는 데 있다. 영국 상점들 예를 보면, 상점 지배인은 조직에 대한 충성심으로 판매 상품에 대해 거짓에 가까운 찬사를 늘어놓으며 구매를 유도하는 조언을 하는데, 점원은 겉으로만 관객의 입장을 배려하는 정도에서 멈추지 않고 실제 관객의 입장에 서서 조언하기도 한다. 나는 셰틀랜드 섬에서 가게 점원이 고객에게 체리 음료수를 건네며 "어떻게 그런 걸 마실 수 있는지 모르겠어요"라고 말하는 소리를 들은 적이 있다. 그 말이 솔직하다고 놀라는 사람은 그 자리에 하나도 없었다. 이와 비슷한 말은 섬의 가게 어디서나 날마다 들을 수 있었다. 주유소에서 직원들이 팁을 받는 관행을 불허하는 지배인도 있다. 직원들이 차례를 기다리는 다른 고객을 제쳐두고 팁을 주는 소수의 고객에게만 무료 서비스를 해줄지도 모르기 때문이다.

팀 성원의 불충으로부터 팀을 방어할 수 있는 한 가지 핵심 기법은 팀의 유대를 높이는 한편, 관객이 비인간으로 보일 만큼 관객의 뒷무대 이미지를 창조하는 것이다. 그러면 정서적·도덕적으로 면역이 된 팀 성원들은 관객을 쉽게 속여 넘길 수 있다. 관객 앞에서 자기 앞무대를 성공적으로 유지하는 성원이든 아니든, 그의 자리를 지켜주고 도덕적 지지 기반이 되어줄 사회적 공동체를 팀 성원들이 얼마나 완벽하게 형성하는가에 따라, 그만큼 팀 성원도 각자 의구심과 죄책감이 들지 않도록 스스로를 보호하고 관객을 속여 넘기는 공연을 할 수 있다. 어쩌면 우리는, 인도 자객단의 비정한 검술을 종교적 신념과 의례 관행이 약탈 행위로 통합된 결과로, 또 사기꾼의 악랄한 소행을 이른바 '암흑가'에서 이루어지는 사회적 결속과 합법적 세계에 대한 체계적 비하로 이해해야 할지도 모른다. 이런 관점에서 보면 소외된 집단이나 공동체에 미처 통합되지 못한 집단이 왜 그토록 쉽게 불법 거래와 사기성 직업의 길로 들어서는지도 어느 정도 이해가 된다.

공연자가 관객과 정서적으로 가까워질 위험을 방지하는 두 번째 기법은 주기적으로 관객을 바꾸는 것이다. 그래서 주유소 지배인은 특정 고객과 사적인 관계를 맺지 않으려고 주기적으로 일터를 옮긴다. 고객과 사적인 관계가 되면 조직의 이익보다 신용거래를 청하는 친구의 이익을 우선시할 수 있기 때문이다.[8] 같은 이유로 은행 지점장과 장관들도 정기적으로 근무처를 옮긴다. 직업여성들도 마찬가지다. 조직화된 매춘업에서 그 예를 보자.

요즘에는 범죄 조직이 손을 쓴다. 매춘 여성들은 어느 한 고객과 진심으로 이야기를 주고받을 만큼 한 곳에 오래 머물지 않는다. 누군가

---

8 물론 이러한 배신은 체계적으로 조작되기도 한다. 가령, 상거래 조직에서는 점원이 구매자를 단골 고객으로 모시기 위해 그에게만 '특별히' 가격 할인을 해준다는 구실을 댄다.

와 사랑에 빠질 기회란 없다. 분란이 일어날 일이 없다는 말이다. 어쨌든 이번 주에 시카고에 있는 매춘부가 다음 주엔 세인트루이스로 간다. 그들은 한 도시에서 대여섯 곳을 돌고 난 다음 다른 도시로 보내진다. 지시가 떨어지기 전까지는 그들도 다음 행선지가 어딘지 결코 알 수 없다.[9]

2. 연극적 단련

팀 공연을 유지하기 위한 결정적 요건은, 팀 성원 각자가 연극적으로 단련이 되어 맡은 배역을 잘 소화하는 것이다. 공연자는 자기의 연기에 깊이 몰입하여 계산되지 않은 자연스러운 연기를 보여주어야 하지만, 또 우발적 상황에 대처할 수 있을 만큼은 자기 연기에 대해 감정적 거리를 둘 수도 있어야 한다. 공연자는 자기가 하고 있는 연기에 지적·정서적으로 몰입하는 모습을 보여야 하지만 실제로 지나치게 몰입해서 공연을 망치는 일이 없도록 절제도 해야 한다.

연극적으로 단련된 공연자는 자기 배역을 명심하고 의도치 않은 실수나 무례를 저지르지 않는다. 또한 분별력이 있어서, 무심코 비밀을 누설하여 공연을 망치는 일도 없다. 단련된 공연자는 자기 배역을 연기할 뿐이라는 인상을 보이면서도 팀 동료가 부적절한 돌출 행동을 하면 즉각 그의 허물을 덮을 만큼 '침착'하다. 또 공연이 와해되는 걸 피할 수도 없고 감출 수도 없는 돌출 행동이 벌어진 상황에서도, 대수롭지 않은 일이니 무시해도 좋다고 그럴듯한 근거를 내놓으며 농담으로 돌리거나 자기 탓이라고 깊이 사과하고 사태 유발

---

9 Charles Hamilton, *Men of the Underworld*(New York: Macmillan, 1952), p.222.

자를 원상회복시켜줄 수도 있다. 단련된 공연자는 또한 '자기 통제력'이 있는 사람이다. 자신의 개인적인 문제나 동료의 실수, 관객의 성가신 간섭이나 적개심 유발에도 감정적 반응을 억누를 수 있는 사람이다. 그런 사람은 심각한 문제에 대해서는 웃음을 멈추고 유머로 통하는 문제는 심각하게 받아들이지 않을 줄도 안다. 다시 말하자면, 자기 통제력이 있는 사람은 자신의 충동적 감정을 억누르고 팀 공연에서 정해진 감정과 표현 노선을 고수하는 겉모습을 보여줄 수 있다. 금지된 감정을 표출하면 자칫하면 부적절한 폭로로 이어지고 공연의 잠정적 합의를 위반할 수 있다. 뿐만 아니라 팀 성원의 지위를 관객에게 확대 부여하는 결과로 이어질 수 있다. 또한 단련된 공연자는 비공식성이 통하는 사적인 자리에서 그렇지 않은 공식적인 자리로 감정의 동요 없이 이동할 만큼 여러모로 충분히 침착성을 유지할 수 있는 사람이다.[10]

연극적 훈련의 초점은 아마도 표정과 목소리의 조절에 있을 것이다. 공연자로서의 능력 검증이 중요한 까닭이다. 실제 감정은 은폐되어야 하고 자리에 어울리는 감정 반응은 드러나야 한다. 새로 팀에 참여한 성원을 짓궂게 놀려대는 관행은 팀이 그를 시험하고 훈련할 작정으로 흔히 사용하는 통과의례 수단이다. 다시 말해, 그에게 '농담을 받아들일' 능력이 있는지, 실제 감정은 그렇지 않아도 호의적 태도를 유지할 수 있는지 보는 것이다. 새로운 성원이 그 시험을 팀 동료들의 들뜬 기분으로 받아들이든 아니면 진지한 공연에 필요한

10 Page, 앞의 책, pp.91-92.

연기로 받아들이든, 일단 그 시험을 통과하고 나면 그다음부터는 그도 스스로를 믿고 남들에게도 믿음을 주는 공연자로서 과감하게 행동할 수 있다. 그런 경우를 아주 훌륭하게 보여주는 보기가 곧 발표될 하워드 베커Howard S. Becker의 마리화나 흡연에 관한 논문에 나온다. 간헐적 마리화나 흡연자는 약 기운이 있는 동안 평소처럼 친밀하게 굴 것이라 기대하는 부모나 직장 동료들 앞에 나서길 몹시 두려워한다고 베커는 지적했다. 간헐적 마리화나 흡연자가 확실한 상습 흡연자가 되는 시점은 '환각' 상태에서도 비흡연자 앞에서 멀쩡하게 행동할 수 있게 되었을 때이다. 극적 성격은 덜하지만 비슷한 경우가 일상 가족 생활에도 있다. 이를테면, 부모는 아이가 공식성을 띤 자리에 데리고 갈 만큼 훈련이 잘 되었는지 판단을 내려야 할 때가 있다. 아이가 제 기분을 조절할 만큼 자라야 공식적인 자리에서도 믿음직한 참여자가 될 수 있다.

3. 연극적 용의주도함

연극적 충성심과 단련은 공연 유지에 꼭 필요한 자질이다. 더불어 팀 성원들이 공연에 앞서 최상의 연출 방법을 정할 때 선견지명과 기획력을 발휘할 수 있는 사람이라면 더 좋을 것이다. 남들에게 들키지 않고 긴장을 풀 수 있을 때가 언제인지, 냉혹한 사실이 적나라하게 드러나도 시험에 들지 않고 공연자들이 최대한 위엄을 갖추고 완벽하게 배역을 연기할 수 있을 때가 언제인지 따위를 분별할 필요가 있다는 말이다. 공연자들이 신중하고 진지하지 않으면 공연이 무너지기 쉽고, 융통성 없이 신중하고 진지하기만 하면 '정말 잘한다'

는 평가를 받기보다는 오히려 오해받거나 극적 기회를 활용해 얻을 수 있는 이득을 크게 제한했다는 평가를 받는다. 다시 말하면, 공연자들에게는 팀을 위해 불의의 상황에 미리 대비하고 남아 있는 기회를 활용할 줄 아는 분별력과 주의력이 필요하다. 연극적 용의주도함의 발휘는 잘 알려진 인상 관리 기법 형태를 띤다. 그 가운데 몇 가지를 살펴보자.

첫째로 확실한 기법은, 충성심이 있고 잘 단련된 사람을 팀 성원으로 뽑는 것이다. 둘째는 팀 성원 전체의 충성심과 훈련된 기량을 얼마나 확보할 수 있을지 분명히 알아내는 것이다. 충성심과 단련, 두 가지 속성을 팀 성원들이 얼마나 지니고 있는지에 따라 공연을 순조롭게 치를 가능성 그리고 공연에 부여한 진지성, 중요성, 품격이 안전하게 지켜질 가능성이 크게 달라지기 때문이다.

용의주도한 공연자라면 또 문제를 일으킬 소지가 가장 적은 관객을 선택하려 할 것이다. 관객에 따라 공연자가 보여주고 싶은 모습과 보여주고 싶지 않은 모습이 있다. 교사들은 대개 하위 계급 학생과 상위 계급의 학생을 모두 좋아하지 않는다고 한다. 교사에게는 두 부류가 다 교실의 상황 정의를 유지해야 보장되는 교사의 역할을 어렵게 만들기 때문이다.[11] 그렇다면 교사가 중간계급 학생들이 많은 학교로 옮기려 하는 데는 연극적 이유도 작용하는 셈이다. 또한 간호사들이 병동보다는 수술실 근무를 선호한다는 연구도 있다. 수술실에서는 상대할 관객이 공연의 결함을 알아차리지 못할 마취 환

---

11 Becker, "Social Class Variations," 앞의 책, pp.461~462.

자 하나뿐이고 수술 팀도 극적 연기가 필요한 경우와는 달리 긴장을 풀고 의료 행위에만 전념할 수 있기 때문이다.[12] 심지어 수술 팀은 관객이 잠든 다음 '유령 외과 의사'를 불러들여 수술을 시키고는 담당 의사가 수술했다고 주장할 수도 있다.[13] 마찬가지로, 남편과 아내가 초대 손님에 대한 예우로 부부 유대를 과시해야 할 때는 그럴 필요가 없는 손님은 초대하지 말아야 한다.[14] 권력자가 집무실의 상호작용에서 친구 같은 역할을 할 수 있으려면, 그가 비정하고 속물적으로 대할 사람을 상대하는 일이 없도록 개인 전용 엘리베이터와 그를 보좌하는 비서와 안내원을 두는 게 좋을 것이다.

팀 성원과 관객이 부적절한 행동을 하지 않도록 보장하는 자연스러운 방법이 있다. 팀의 규모를 가능한 한 최소로 제한하는 것이다. 다른 조건이 같다면, 성원이 적을수록 실수, '말썽', 반역의 발생 가능성도 적다. 외판원들은 관객이 하나일 때보다는 둘일 때 '판매'가 훨씬 어렵기 때문에, 동반자 없는 고객을 좋아한다. 또한 일부 학교에는 교사가 수업 중인 교실에는 다른 교사를 들이지 말라는 비공식 규칙이 있다. 그 바탕에는 다른 교사가 학생 관객의 기대에 찬 눈에 수업 중인 교사와는 다른 인상을 줄지도 모른다는 우려가 깔려 있음이 분명하다.[15] 사람 수를 제한하는 수단은 적어도 두 가지 이

---

12 이디스 렌츠(Edith Lentz)의 미발표 논문. 일반 마취 요법을 쓰지 않고 수술을 할 경우에는 환자가 수술 팀에게 말을 걸지 못하도록 환자의 귀에 이어폰을 꽂고 음악을 들려주는 방법을 쓸 때도 있다고 한다.

13 Solomon, 앞의 책, p.108.

14 이런 문제를 다룬 단편소설이 있다. Mary McCarthy, "A Friend of the Family," *Cast a Cold Eye*(New York: Harcourt Brace, 1950).

15 Becker, "The Teacher in the Authority System of the Public School," 앞의 책, p.139.

유로 한계가 있을 수밖에 없다. 첫째, 상당수 팀 동료의 기술적 도움 없이는 불가능한 공연이 있다는 점이다. 그래서 군 참모들은 다음 단계의 작전 계획을 아는 장교들이 많을수록 그중 누군가가 전략적 기밀을 누설하는 따위의 행동을 할 가능성이 높다고 판단하면서도 작전 계획을 조정하고 실행하기 위해 기밀을 밝힐 수밖에 없을 때가 있다. 둘째, 표현 수단의 한 요소로서 비인간적 무대장치보다 사람이 여러모로 더 효과적이다. 그래서 어떤 한 사람이 두드러진 극적 위상을 누려야 할 경우, 그가 주변의 찬사를 받는 인물이라는 인상을 효과적으로 조성하기 위해 상당수의 추종자 무리를 고용할 필요가 있다.

나는 공연자가 사실을 예의 주시함으로써 스스로를 보호할 수는 있지만 아주 정교한 공연은 하지 못하게 된다고 지적했다. 공연자가 안심하고 정교한 공연을 하려면 사실에 집착하기보다는 사실과 거리를 두는 편이 더 나을지도 모른다. 종교 지도자가 놀랍도록 엄숙한 의식을 거행할 수 있는 것도 의식을 방해할 수 있는 사실들이 뚜렷하게 보이지 않기 때문이다. 마찬가지로, 전문직은 결과보다는 일 처리 과정에서 보여주는 능숙함으로 직업적 기량을 평가받아야 한다는 견해를 가지고 있다. 그런 평가는 물론 전문직 동료 집단만이 할 수 있다는 게 전문직의 주장이다. 전문직은 아주 바보 같은 단 한 번의 실수로 그동안 조성해온 인상을 망칠 수도 있음을 안다. 때문에 있는 힘을 다해 진중하고 품위 있게 일처리를 한다. 상거래 업자들이 전문직 위상을 획득하려 하는 것도 그들이 고객에게 연출하는 현실에 대한 통제력을 확보하려는 노력으로 이해할 수 있다. 그러면 현실 통제력을 확보한 사람은 거래에 임할 때 조심스럽고 겸손해야 한다고 생각할 필요도 없다.

공연자가 얼마만큼 겸손한 태도를 취하는지는 공연의 길이와 관계가 있는 듯하다. 토막 공연이라면 난처한 사건이 생길 가능성이 비교적 적고, 특히 익명 상황이라면 공연자가 조금쯤 거짓된 앞무대를 유지해도 안전할 것이다.[16] 미국에서는 '전화 목소리'라고 하는, 세련되게 꾸민 말투가 있다. 대면 접촉에서는 위험해서 쓰이지 않는 말투다. 영국에서는 낯선 사람들 사이의 접촉을 아주 간략하게 만드는 말들이 있다. '미안하지만' '감사한데요' '실례합니다만' '통화할 수 있을까요' 따위는 사립학교 출신임을 드러내는 말투로, 사립학교 출신들끼리 있을 때보다 낯선 사람들과 있을 때 더 강한 억양으로 더 많이 쓰인다. 미국 사회 대다수 주택은, 오래 머물 손님에게 환대를 베풀 만큼 충분한 무대장치를 갖추고 있지 못하다. 주말 동안 손님을 머물게 할 수 있는 집은 환대 공연을 길게 치러낼 신호 수단이 충분한 중상류층뿐이다. 셰틀랜드 섬의 일부 소농은 중간계급이 하는 식으로 손님에게 차를 대접하는 정도는 언제나, 식사 대접은 가끔씩 할 수 있지만, 주말 손님맞이라면 한두 번 이상은 못 한다고 생각했다. 그러나 대다수 섬 주민들은 중간계급 관객을 맞이할 만한 안전한 장소는 앞마루밖에 없고, 접대에 들이는 노력과 책임을 동료

---

16 익명의 단발성 서비스 거래 관계에서 서비스 제공자들은 고객의 위장을 탐지하는 데 능숙하다. 그들은 서비스 제공자 역할을 분명히 해야 할 입장이기 때문에 고객의 위장을 모른 체하고 넘어갈 수 없다. 고객은 자기가 거짓 주장을 하지 않는데도 서비스 제공자가 사실로 인정해주지 않는다고 여길 때도 있다. 그럴 때 고객은 자신의 위장이 드러날 때와 똑같이 수치심을 느낀다.

들과 나눌 수 있는 마을회관이라면 더 낫다고 여겼다.

용의주도한 공연자는 공연 장소의 정보 여건을 잘 조절해야 한다. 19세기 런던의 나이 든 매춘부들은 자신의 얼굴이 드러나 관객을 놓치는 일이 없도록 작업 현장을 어두운 공원으로 한정하는, 그들의 직업보다도 더 오래된 전략을 썼다.[17] 공연자는 남들에게 보일 자기 모습과 더불어 관객이 이미 자기에 관해 알고 있는 정보도 고려해야 한다. 관객이 공연자에 관한 정보를 많이 알수록, 상호작용 중에 새로 알게 된 정보가 결정적 영향을 미칠 가능성은 적다. 반면에, 관객에게 사전 정보가 전혀 없을 경우에는 상호작용 중에 수집된 정보가 상당히 중요하게 작용한다. 그렇다면 전체적으로 볼 때 사람들은 오랫동안 알고 지내던 이들과 같이 있을 때는 엄격하게 지키던 앞무대의 긴장을 조금은 풀지만, 낯선 사람들이 있을 때는 공연에 신중을 기해야 하는 만큼 긴장의 끈을 조일 것이다.

의사소통과 관련된 또 다른 조건이 있다. 용의주도한 공연자는 상호작용 외부의 정보 출처에 관객이 접근할 수 있다는 점도 고려해야 한다. 인도의 자객단원이 들려주는 19세기 초반의 공연을 보자.

단원들은 의심을 사지 않도록 무기 없이 여행하는 장사꾼이나 군인처럼 행세하라는 규칙을 따랐다. 그들의 겉모습에는 경계심을 불러일으킬 만한 게 전혀 없어서 여행객들의 동행 허락을 받아내기가 아주 수월했다. 그들은 자객단의 사업을 위장하기 위해 대부분 온화하고 아주 예의 바른 모습을 보였고, 잘 무장한 여행객들은 이 거리의

---

17 Mayhew, 앞의 책, Vol. 4, p.90.

투사들과 어울리는 데 아무 두려움이 없었다. 여행객과 어울리는 첫 단계에서 성공을 거둔 자객단원들은 감사의 태도를 보이며 겸손한 처신으로 차츰차츰 표적으로 삼은 희생자들의 신용을 얻어냈다. 그들에게 깊은 관심을 보이며 그들의 형편, 이를테면 그들이 죽으면 슬퍼할 사람이 있는지, 근처에 친지가 살고 있는지 따위를 알아내곤 했다. 일을 저지를 적당한 기회를 포착하기 위해 장기간 여행을 함께해야 할 때도 있었다. 기록을 보면 열한 명이나 거느린 가족과 함께 20일 동안 200마일이나 여행한 후에야 흔적을 남기지 않고 그들을 모두 해치우는 데 성공한 단원의 이야기도 있다.[18]

관객이 늘 예의 주시하고 있으며 잡히면 즉각 사형당함에도 불구하고 자객단원들이 일을 저지를 수 있었던 데는, 정보 유통이 여의치 않은 여행의 여건도 어느 정도 작용했다. 일단 한 쌍이 먼 길을 떠나면 그들의 정체를 검증할 길이 없고 여행 중에 무슨 일이 벌어진다 해도 밝혀지기까지 몇 달이나 걸린다. 사태가 밝혀질 즈음이면 이미 일을 해치운 자객단원들은 검거 범위를 벗어난 다음이다. 그러나 그들도 고향 마을에서는 죄상이 밝혀지면 꼼짝없이 처벌을 받아야 하므로 모범적으로 행동한다. 마찬가지로, 평소에는 결코 사회적 지위를 위장할 리 없는 신중한 미국인들도 여름 휴가지에 잠시 머물 때는 모험을 해본다.

용의주도한 공연자라면 상호작용 외부에 있는 정보 출처를 고려해야 하고 또 하나 상호작용 내부의 정보 출처 또한 숙고해야 한다.

---

18 Sleeman, 앞의 책, pp.25-26.

용의주도한 공연자는 공연에서 그가 해내야 할 과제와 소품의 성격에 따라 연기를 조정한다. 예를 들면, 미국에서 의류상들은 고객이 눈으로 보고 손으로 만져보며 제품을 검증할 수 있기 때문에 너무 과장된 주장은 삼가야 한다. 가구상들은 그럴 필요가 없다. 겉면을 광택과 합판으로 미장한 가구를 속까지 들여다보는 고객은 소수에 불과하기 때문이다.[19] 셰틀랜드 호텔 식당 종업원들은 속에 넣는 재료가 드러나지 않는 수프와 푸딩에는 무엇이든 내키는 대로 집어넣었다. 특히 수프는 쓰고 남은 재료와 쓸 수 있는 재료를 다 집어넣고 끓여 새로 내놓기가 수월하다. 고기는 잘 보이는 것이라 그럴 수없다. 사실 호텔 종업원들이 본토에서 온 고객보다 까다로웠다. 외부인들에게는 '잘 구운' 고기 냄새가 원주민들에게는 '너무 진하게' 느껴진 탓이다. 또한 섬에는 나이 든 농부로 하여금 칭병을 해서 성인들의 고된 노동에서 벗어날 수 있게 해주는 전통도 있었다. 아프지 않고서야 사람이 노동을 할 수 없을 정도로 늙는다는 생각 자체가 섬에서는 거의 없었다. 요즘 의사들은 그렇지 않겠지만, 섬 의사들은 인간의 몸에 병이 숨어 있는지 아닌지를 확실히 알 수 있는 사람은 없다는 사실을 인정했다. 그리고 명확한 진단은 겉으로 드러나는 증상에 국한시키는 요령을 발휘해야 했다. 비슷한 사례는 가정주부에게서도 볼 수 있다. 집 안의 청결한 모습을 유지하려고 애쓰는 가정주부는 먼지가 너무 선명하게 드러나는 거실 유리창에 주의를 집중하고, '눈에 잘 띄지 않으리라' 믿고 선택하는 어두운 색의 바닥

---

19 Conant, 앞의 책, p.169.

양탄자에는 신경을 덜 쓴다. 예술가는 직접 감각을 자극하는 작품만이 온전한 가치가 있다고 여겨 작업실의 실내장식에는 별로 신경 쓰지 않는다. 사실 예술가의 작업실이란 누가 보는지, 작업 여건이 어떻게 보이는지는 개의치 않는 작업자들의 뒷무대라는 생각이 고정관념화되어 있기도 하다. 반면에 초상화 화가는 작업이 편안하고 만족스럽게 이루어지리라는 확신이 들 만큼 작업실을 매력적이고 화려하게 꾸미는 경향이 있다. 또한 사기꾼은 자신의 겉모습을 세련되고 신중하게 보이도록 꾸미고 사교적인 무대장치도 세심하게 마련해두어야 한다. 위장이 생활 수단이라서가 아니다. 거짓을 들키지 않으려면 낯설고 또 곧 헤어지게 될 사람들과는 될 수 있는 한 빨리 거래를 끝내야 하기 때문이다. 이와 똑같은 거래 상황이라면 정직하게 투자를 유치하려는 합법적인 사업가도 자기표현에 신중해야 한다. 투자 권유자의 됨됨이를 샅샅이 살피는 잠재적 투자자들이 있기 때문이다. 요컨대, 사기꾼은 고객이 사기놀음을 눈치챌지도 모르는 상황에서 고객을 속여 넘겨야 하기 때문에 곧장 본색이 탄로 날 인상은 주지 않도록 미리 대비를 해두어야 한다. 이는 합법 거래를 하는 상인이 오해받을 사태를 미연에 방지하는 조치와 다를 바 없다.

행동의 결과가 심각한 영향을 미치는 상황에서는 공연자가 고도로 주의를 집중하는 모습이 뚜렷이 드러난다. 명백한 예가 취업 면접이다. 면접관은 취업 지원자의 면접에서 얻은 정보만을 토대로 지원자에게 지대한 영향을 미치는 평가를 내려야 한다. 피면접자는 자기 행동 하나하나가 극히 상징적으로 받아들여질 것이라 생각하기 때문에 면접을 치르기 전에 준비도 많이 하고 생각도 많이 한다. 피면접자는 겉모습과 몸가짐에 신경을 많이 쓴다. 좋은 인상을 주기 위해서뿐만이 아니라 무심결에 좋지 않은 인상을 줄지도 모르는 위험에 대비하고 신중을 기하기 위해서다. 다른 예도 지적할 수 있다. 라디오 방송이나 특히 텔레비전 방송 분야에서 일하는 사람들은 자신들의 순간적인 인상이 대중에게 미치는 영향에 매우 민감하다. 방송 산업이 엄청나게 신경을 쓰고 불안을 느끼는 부분이 바로 방송이 대중에게 올바른 인상을 주고 있는지, 그릇된 인상을 주고 있지나 않은지 하는 문제다. 이 같은 관심사의 위력은 지위가 높은 사람이 잘 보이기 위해 수모도 기꺼이 감수하는 모습에서 볼 수 있다. 국회의원들은 화장을 받아야 하고 입혀주는 옷을 입어야 한다. 프로 권투선수는 정당하게 승부를 겨루는 대신 관객에게 보여주기 위해 레슬러처럼 품격이 떨어지는 경기도 해야 한다.[20]

공연자들의 용의주도함은 긴장이 풀린 겉모습을 관리하는 방식에서도 나타난다. 팀은 탐색의 눈초리로 보는 관객에게서 물리적으로 멀리 있고 또 갑작스러운 방문객이 없을 것 같으면 긴장을 확 풀어버릴 수 있다. 지난 전쟁에서 태평양 군도에 주둔한 소규모 미 해군 부대는 아주 느슨하게 운영되었으나 관객의 출입이 잦은 곳으로 주둔지를 옮기자 군대의 위용을 재정비해야 했다는 기록도 있다.[21] 팀의 작업장에 감시관이 접근하기 쉬울 때 팀이 긴장을 풀 수 있는 정도는 경고 체계의 효율성과 신뢰성에 달려 있다. 온전한 휴식을 위해서는 경고 체계뿐만 아니라 경고 시점과 감시관의 출현 시점 사

---

20 *Newsweek*, February 22, 1954, p.59에 실린 존 라드너(John Lardner)의 칼럼.
21 Page, 앞의 책, p.92.

이에 시간적 간격도 필요하다. 팀이 긴장의 끈을 다시 조일 정도의 시간적 여유가 있어야 긴장을 풀 수 있기 때문이다. 교사가 잠시 교실을 비울 때 학생들은 감시의 시선에서 벗어나 자세를 허물고 귓속말을 나누다가 교사가 곧 돌아온다는 경고가 있으면 곧장 자세를 바로잡을 수 있다. 그러나 몰래 담배를 피울 정도의 시간은 없다. 담배 냄새는 쉽게 없앨 수가 없는 탓이다. 재미있는 점은 학생들도 다른 공연자들처럼 '한계를 실험'한다는 것이다. 제자리에서 될 수 있는 한 멀리 갔다가 경고를 듣자마자 들키지 않고 제자리로 달려오는 놀이를 즐기는 것이다. 그럴 경우 장소의 특성이 중요하다. 예를 들면, 셰틀랜드 섬에는 집들이 드문드문 서 있고 시야를 가리는 나무도 없다. 이웃은 무슨 일이 생기면 언제든 서로의 집에 들러볼 권리가 있다. 그렇지만 이웃이 집으로 걸어 들어오는 모습을 볼 수 있는 여유 시간이 족히 몇 분은 된다. 또 집집마다 사람이 들어오면 짖어대는 개가 경고를 더하니 언제나 집안 정돈에 필요한 몇 분쯤은 여유가 있다. 물론 대문을 두드리는 경고 같은 것은 필요 없다. 어떤 이들은 집에 들어서면서 마지막 경고의 뜻으로 발을 털기도 하지만, 이웃끼리는 그런 예의가 필요 없다. 아파트식 호텔에서는 투숙객이 안에서 버튼을 눌러야 열리는 객실의 출입문이 경고의 기능, 충분한 여유를 보장해주는 기능을 한다.

연극적 용의주도함을 발휘하는 방식을 한 가지 더 지적하고 싶다. 팀들이 서로를 볼 수 있는 자리에서 대체로 팀이 조성한 것과 어긋난 인상을 주기에 딱 좋은 사소한 사건이 생길 때가 있다. 이런 표현상의 위험이 대면 상호작용의 핵심 특성이기도 하다. 이 문제를 처리하는 한 가지 방식은 앞서도 지적한 것처럼 훈련이 잘되어 있고 맡은 배역을 서툴지 않게, 자의식을 드러내지 않으면서 영리하게 연기할 팀 성원을 선발하는 것이다. 또 다른 방식은 표현상의 문제와 관련해 생길 수 있는 만일의 사태에 미리 대비 전략을 마련해두는 것이다. 그런 대비 전략 가운데 하나는 사건이 발생할 때 누가 무엇을 하고 그 뒤를 이어 누가 무엇을 할지 미리 완벽한 계획을 짜놓는 것이다. 그러면 공연의 혼란상과 중단 사태를 피할 수 있고 관객에게 나쁜 인상을 남길 만큼 공연이 타격을 받는 사태도 피할 수 있다. (이 방식에는 물론 위험도 있다. 연극무대에서처럼 완벽하게 짠 각본에 따라 공연이 이루어지면 뜻밖의 사건이 일어나 정해진 대사와 동작의 연결에 지장을 줄 위험이 줄어 매우 효과적이다. 그러나 일단 연결이 끊기면 공연자들은 끊긴 부분을 다시 이을 신호를 찾아낼 길이 없다. 그래서 각본대로 연기하는 사람은 짜임새가 느슨한 공연에서 연기하는 사람보다 더 위험한 처지에 빠질 수 있다.) 다음은 하찮은 사건(이를테면, 누가 먼저 방에 들어갈지, 누가 여주인의 옆자리에 앉을지 따위)이 존중의 표현으로 간주된다는 사실을 고려해 우선순위를 정할 때 나이·직위·성·의례적 지위같이 아무도 거부할 수 없는 판단 기준을 적용할 수 있다. 이 같은 의전 관련 기획은 상호작용에서 존중표현의 의미보다는 혼란 가능성을 방지하는 장치로서의 의미가 더 크다. 참석자 모두가 받아들일 만한(사건이 되지 않을 만한) 방식으로 '정지 작업'을 하는 것이다. 세 번째는 총체적 예행 연습이다. 공연자들이 배역을 익힐 수 있도록, 그리고 예상치 못한 우발적 사건이 일어나도 공연자들이 무난하게 집중력을 유지할 수 있게 연습을 해두

는 것이다. 네 번째는 공연에 대한 반응 노선을 관객에게 미리 알려
주는 방법이다. 사전 지시는 관객과 공연자의 구별을 어렵게 한다.
이런 식의 사전 공모는, 공연자가 지극히 성스러운 지위에 있는 사
람이라 그에게 관객의 자발적 재치에 대처할 능력이 있다고 믿기 어
려운 경우이다. 예를 들면, 영국에서는 궁전에서 열리는 의식에 참
석할 여성은(왕실 공연자들의 관객인) 어떤 옷을 입어야 하는지, 어
떤 차를 타고 와야 하는지, 절은 어떻게 해야 하는지, 무슨 말을 해
야 하는지 미리 치밀하게 교육받는다.

보호 기법

　앞에서 팀이 안전하게 공연하려면 팀 성원들에게 세 가지 속성,
충성심, 단련, 용의주도함이 필요하다고 했다. 공연자들이 공연을
살릴 수 있는 전형적 방어 기법에서 이런 속성이 드러난다. 다수의
방어 기법에 속하는 몇 가지 인상 관리 기법도 살펴보았다. 무대 뒤
와 무대 위 접근을 통제하는 기법은 앞서 다루었다. 나는 공연자의
방어적 인상 관리 기법이, 관객과 외부인이 공연자를 도와주려고
발휘하는 요령 및 보호 성향과 짝을 이룬다는 점을 강조하고 싶다.
분석적으로 보자면, 각 방어 기법과 짝을 이루는 보호 기법을 각기
따로 다루는 게 나을 수도 있지만, 그러면 관객과 외부인의 요령에
대한 공연자의 의존성이 과소평가되기 쉽다. 그래서 흔히 쓰이는 보

호 기법 몇 가지를 한데 모아 살펴볼 것이다.

첫째, 무대 위와 무대 뒤 영역에 대한 접근 통제는 공연자뿐만 아니라 다른 사람들에 의해서도 이루어진다. 사람들은 초대받지 않은 영역에는 자발적으로 가까이 가지 않는다. (장소와 관련된 요령은 앞서 기술한 사실 관련 '분별력'과 비슷하다.) 그리고 통제된 영역에 들어갈 수밖에 없는 외부인은 그곳에 있는 이들에게 메시지를 전하거나 노크나 기침을 하여 미리 경고한다. 안에 있는 사람들이 외부인의 침입을 늦추거나 서둘러 방을 정돈하고 적절한 표정을 지을 수 있도록 그들에게 필요한 여유를 주는 것이다.[22] 이런 종류의 요령은 아주 치밀하게 발휘되기도 한다. 소개장을 들고 모르는 사람에게 자기소개를 할 경우에는 상대 앞에 직접 나서기 전에 먼저 소개장을 전달하는 것이 적절한 방법으로 간주된다. 그래야 소개를 받는 사람도 자기소개를 하는 사람과 어떻게 인사를 주고받을지 판단하고 인사법에 맞는 몸가짐을 갖출 시간적 여유가 생긴다.[23]

상호작용이 외부인들이 있는 자리에서 이루어질 수밖에 없을 때, 우리는 외부인들이 관심이 없는 듯, 상관없는 듯, 주의를 기울이지 않는 듯, 요령껏 행동하는 모습을 보게 된다. 벽이나 물리적 거리 같은 차단 장치가 없다면 적어도 차단 효과를 얻을 수 있는 관례적 몸

---

22 청소부들은 흔히 노크를 하지 않거나 노크를 하자마자 곧장 방에 들어가도록 훈련받고는 한다. 아마도 청소부는 그 앞에서 미리 몸차림을 바로잡거나 상호작용에 준비가 필요 없는 비인간이나 다름없다는 논리가 작용한 탓일 것이다. 가정주부들도 친한 사이에서는 감출 게 없다는 표현으로 서로에게 상대의 부엌에 허물없이 드나들 수 있는 자격을 부여한다.

23 *Esquire Etiquette*, 앞의 책, p.73.

가짐을 보여주는 것이다. 레스토랑에서 두 집단이 가까운 자리에 앉게 되어 실제로 상대 쪽 대화를 엿들을 수 있는 기회가 있어도, 양쪽 모두 그 기회를 이용하려 하지 않는다.

물론 무관심 요령에 대한 예법과 예법에 규정된 사생활 범위는 사회에 따라 또 하위 문화에 따라 각기 다 다르다. 미국 사회의 중간계급에게는 공개된 장소에서는 쓸데없이 남의 일에 개입하지 말고 제 볼일만 보라는 예법이 있다. 중간계급이 스스로 정한 차단막을 일시적으로 거두어도 좋다고 느끼는 경우는 여성이 짐을 떨어뜨리거나 운전자가 도로 한가운데서 꼼짝도 못 할 때, 유모차에 홀로 남겨진 아이가 비명을 지를 때뿐이다. 셰틀랜드 섬의 규칙은 달랐다. 다른 사람들이 짧고 격한 일을 하는 곳에 가게 된 섬사람들은 일손을 거들어야 한다. 섬 주민들은 상부상조가 당연한 동지애의 표현이라고 여겼다.

관객은 공연에 입장 허가를 받은 다음에도 계속 요령을 발휘할 필요가 있다. 관객이 길잡이로 삼는 관객으로서의 자질에 관한 정교한 예법이 있다. 공연에 적절한 정도의 관심과 흥미를 보일 것, 지나친 이의 제기나 방해 또는 주목을 강요하는 따위의 행동은 억제하는 자제력을 발휘할 것, 실례가 될 언행을 삼갈 것 그리고 무엇보다도 소동을 피하려는 마음을 가질 것 등이다. 관객의 요령이란 품행불량으로 유명한 정신병원의 환자들에게서도 발견할 수 있을 만큼 보편적이다. 한 연구 집단의 보고서를 보자.

언젠가 직원들이 환자들과 상의도 없이 환자들에게 성 밸런타인

축일 파티를 열어주기로 했다. 많은 환자들이 파티에 가고 싶지 않았지만 파티를 조직한 간호 실습생들의 감정을 상하게 하지 말자는 생각으로 파티에 참석했다. 간호사들이 제안한 게임은 아주 유치했다. 환자들은 바보 같다고 느끼면서도 게임을 했고, 파티가 끝나 그들이 스스로 선택한 활동으로 되돌아갈 수 있게 되자 기뻐했다.[24]

또 다른 정신병원에서는 소수민족 단체가 병원 적십자회관에서 환자들을 위한 댄스 파티를 열고 이 단체의 불우한 소녀들에게 자선 활동을 경험하게 해준 적이 있었다. 그 자리에서 병원장은 가끔 몇몇 남성 환자들에게 그 소녀들과 짝지어 춤을 추라고 권유하곤 했다. 그것은 아마 문병객들이 자기네보다 더 도움이 필요한 이들의 친구가 되어준다는 인상을 유지할 수 있도록 배려한 조처였을 것이다.[25]

공연자가 조성된 인상과 상반된 감추어진 진상을 내비치는 실수를 하면, 관객은 그 실수를 '외면'하거나 공연자가 내놓는 변명을 선뜻 받아들이거나 한다. 또한 공연자가 위기에 빠지면 관객 전체가 무언의 공모로 그가 위기를 모면하도록 도와주는 요령을 발휘하기도 한다. 정신병원에서는 환자가 사망하면 병원에서 유용한 치료를 받았다는 인상을 남기려 한다. 평소 직원들에게 시비를 걸곤 하던 이 병원의 환자들도 요령을 발휘해 투지를 누그러뜨리고 매우 자상

---

24 William Caudill, Frederick C. Redlich, Helen R. Gilmore and Eugene B. Brody, "Social Structure and Interaction Processes on a Psychiatric Ward," *American Journal of Orthopsychiatry*, XXII, pp.321-322.
25 1953년에서 1954년에 이뤄진 필자의 연구.

한 태도로 사태의 영문을 모르겠다는 듯 거짓 인상을 꾸미는 데 협력한다.[26] 비슷한 사례는 학교, 군대, 병원, 가정에 대해 조사가 행해질 때도 볼 수 있다. 조사가 진행되는 과정에서 관객은 행동거지를 조심하며 조사를 당하는 공연자가 모범을 보이도록 도와준다. 그 과정에서 팀 경계선에 변화가 생긴다. 조사를 담당한 교장, 장군, 병원장, 가정방문자는 공모 관계에 들어선 공연자와 관객의 팀에 맞서는 셈이다.

공연자를 다루는 마지막 요령을 보자. 공연자가 난처한 실수를 저지르기 쉬운 초보자일 때, 관객은 평소와 달리 공연자를 곤란하게 만들 일을 삼가는 자제력을 발휘하며 각별히 배려한다.

관객이 요령을 발휘하는 데는 공연자와 즉각적인 일체감을 느끼거나 소동을 피하려는 욕구 또는 공연자를 이용하기 위해 그의 환심을 사두려는 동기가 있다. 그중 마지막 동기가 가장 대중적인 설명일 것이다. 거리의 여인들은 고객의 공연에 극진한 환대 연기를 함으로써 성공을 거둔다. 이들은 비싼 대가를 치러야 하는 연인이나 아내만이 성 상대는 아니란 것을 극적으로 과시해 보인다.

메리 리는 자기가 다른 부유한 고객에 비해 블레익시 씨에게 더 잘해주는 것은 아니라고 말한다.

"나는 그들이 원하는 걸 해줘요. 내가 그들에게 미쳐 있다고 믿게

---

26 Taxel, 앞의 책, p.118. 두 팀이 당황스러운 사실을 알고 있고, 또 서로 상대가 알고 있음을 잘 알면서도 공개적으로 인정하지 않는 경우가 있는데, 로버트 더빈(Robert Dubin)은 그런 경우를 '조직적 허구'라 불렀다. Dubin, 앞의 책, pp.341-345.

만드는 거죠. 그들은 게임에 빠진 어린애 같아요. 블레익시 씨도 마찬가지죠. 야만인처럼 굴어요. 그분은 내 아파트에 들어서자마자 나를 끌어당겨 내 숨이 막히겠다 싶을 때까지 꽉 안고 있어요. 울부짖음 같은 거예요. 사랑 행위가 끝나면 나는 이런 말을 해주죠. '자기는 날 너무 행복하게 해줘. 울음이 터질 만큼.' 다 큰 성인이 그따위 게임을 하고 싶어 한다는 걸 믿지 못하실 겁니다. 그렇지만 그분은 그래요. 그분만 그런 것도 아니죠. 부자들은 대부분 그래요."

메리 리는 부유층 고객과의 거래에서 자기가 가진 최고의 밑천은 자기가 최근에 불임수술을 받았음을 넌지시 알려주는 능력이라고 믿는다. 더불어 그것이 직업 경력을 위한 투자라고 굳게 믿고 있었다.[27]

그러나 앞의 보고서가 채택한 분석틀은 제한적이다. 관객 쪽에서 발휘하는 요령이 공연에 대한 단순한 반응 이상의 정교한 공연이 될 수도 있기 때문이다.

이제 요령에 관한 결론으로 한 가지 사실만 덧붙이자. 관객이 요령을 발휘할 때는 언제나, 공연자가 관객에게 보호받고 있음을 안다는 사실을 관객도 알아차릴 가능성이 있다. 공연자가 관객의 보호를 받고 있음을 안다는 사실을 관객이 알고, 다시 관객이 그 사실을 안다는 사실을 공연자가 알 수 있다. 그 정도까지 정보 교환이 활발하게 이루어지면 팀들을 분리하는 경계선이 무너지며 팀 공연은 공개적으로 정보를 주고받는 눈짓의 성찬으로 바뀐다. 그러면 사교적 상호작용의 연극적 구조가 적나라하게 드러나며 팀 간 경계선이 순간

---

27 Murtagh and Harris, 앞의 책, p.165; pp.161-167.

적으로 지워진다. 그 순간이 웃음을 불러일으키든 수치심을 불러일으키든, 팀들은 또 재빨리 정해진 노선으로 되돌아가곤 한다.

요령을 대하는 요령

관객이 공연자들을 대신해 요령을 발휘하거나 보호조치를 취함으로써 공연 유지에 기여하는 방식을 다루었다. 관객이 공연자를 대신해 요령을 발휘하려 하면 공연자는 또 관객의 협조가 가능하도록 연기해야 한다는 점도 분명하다. 이 과정은 특별한 훈련과 용의주도함을 필요로 한다. 예를 들어보자, 외부인이 요령이 있다면 남들의 상호작용을 엿들을 수 있는 위치에 있어도 무관심을 가장할 수 있다고 지적한 바 있다. 남들이 엿들을 수 있는 자리라고 느끼면, 대화 참여자들은 무관심을 가장하는 외부인들을 도와주기 위해 외부인에게 부담을 줄 대화와 행동을 생략하면서도, 짐짓 비밀에 가까운 사실도 충분히 대화에 넣으면서 외부인들의 무관심 시늉을 의심하지 않는 척한다. 비서가 방문객을 따돌리려고 그가 만나러 온 사람이 외출 중이라는 구실을 댈 경우, 현명한 방문객은 비서가 부재 중이어야 할 사람과 통화하는 소리를 듣는 사태를 피하기 위해 인터폰에서 일정한 거리를 두고 선다.

요령을 다루는 두 가지 보편적 전략을 지적하며 결론을 내리겠다. 첫째, 공연자는 암시에 민감해야 하고 또 암시를 받아들일 준비가 되어 있어야 한다. 공연을 용납할 수 없으며 위기를 모면하려면 재빨리 수정하는 게 낫다고 관객이 공연자에게 경고를 보내고 싶을 때 암시를 할 수 있어야 한다. 둘째, 공연자는 사실을 왜곡 표현할 경우에도 예법에 맞게 해야 한다. 어설프기 짝이 없는 변명으로 가장 협조적인 관객조차 공연자를 도와줄 수 없는 입장에 빠뜨리지는 말아야 한다. 거짓말을 할 때는, 목소리에 장난기를 담아 관객이 눈치를 채더라도 자기가 한 말의 심각성을 부인하고 농담일 뿐이라고 빠져나갈 수 있어야 한다. 신체적 겉모습을 위장할 경우에도 공연자는 순진한 변명이 통할 만한 방법을 사용해야 한다. 대머리 남성이 실내외를 가리지 않고 모자를 벗지 않는 이유로, 감기에 걸렸다든가, 모자 벗는 걸 잊었다든가, 뜻밖의 장소에서 비를 맞을 수도 있다든가 따위를 대면 그런 변명은 대개 양해가 된다. 그러나 모자가 아니라 가발을 쓴 대머리 남성에게는 변명할 거리가 없고 관객에게는 그를 양해해줄 구실이 없다. 사실 앞서 언급했던 협잡꾼 부류는, 어떤 의미에서는, 그들의 위장을 관객이 목격해도 양해할 요령을 발휘할 수 없게 만드는 사람들이라고도 정의할 수 있다.

공연자와 관객이 그 모든 인상 관리 기법을 이용하더라도 돌발 사건이 일어나고 관객이 공연의 뒷면을 우연히 목격하는 경우가 있다는 건 누구나 다 안다. 돌발 사건의 관객이 되면, 그는 누군가의 어두운 비밀, 위탁받은 비밀, 내부의 전략적 비밀을 알 때의 단순한 공격적 쾌감 이상의 중요한 교훈을 얻는다. 관객이 되면 평소에 잘 드러나지 않는 근본적인 민주주의를 발견할 수 있다. 냉정한 인물이

든 태평한 인물이든, 지위가 높은 인물이든 낮은 인물이든, 그 인물
을 공연하는 사람은 대체로 공연의 성과를 근심하며 고뇌하는 고독
한 공연자로 보인다. 수많은 가면과 인물 뒤에서 공연자는 저마다
단일한 표정, 사회화되지 않은 민낯, 집중하는 표정, 남몰래 힘들고
위험한 과제를 감행하는 사람의 표정을 짓곤 한다. 보부아르가 여성
을 다룬 책에서 그 예를 볼 수 있다.

아무리 조심을 해도, 사고가 난다. 드레스에 술을 엎지르고 담배를
피우다 드레스에 구멍을 내기도 한다. 이는 무도장에서 자부심에 찬
미소 짓기에 지친, 화려한 축제의 존재가 사라진다는 뜻이다. 이제 그
녀는 짐짓 가정주부다운 진지하고 엄격한 표정을 짓는다. 그녀의 옷
차림은 불꽃놀이 기구처럼 화려한 순간을 조명하기 위한 장치가 아님
이 순식간에 드러난다. 옷차림은 오히려 비싼 소유품이고 귀중한 자
산이자 투자다. 의상은 희생 제물이고, 제물의 손상은 재앙이다. 얼룩
지고 해어지고 망가진 옷차림, 서투른 머리 손질은 타버린 고기나 깨
어진 꽃병보다 훨씬 심각한 것이다. 상류사회의 여성은 사물에 자신
을 투영할 뿐만 아니라 스스로 사물이 되기를 선택한 까닭에 세상의
위협을 직감한다. 의상실과 모자 가게와 그녀의 관계, 그녀의 안절부
절하는 몸짓, 그녀의 까다로운 요구 사항은 모두 그녀가 느끼는 심각
성과 정서적 불안을 드러낸다.[28]

개인은 관객이 자기에게 나쁜 인상을 가질 수 있음을 알면, 공연

---

28 Beauvoir, 앞의 책, p.536.

의 맥락상 선의로 솔직하게 행동했어도 수치심을 느낀다. 그렇게 부당한 수치심이 들면, 이어 또 자기의 수치심이 들킬 것 같은 느낌이 들게 된다. 들켰다는 느낌이 들면 또 그런 자기 모습이 관객의 잘못된 결론을 확인시켜주는 꼴이라는 생각이 든다. 그러면 그는 실제로 떳떳하지 못할 때처럼 방어를 한 나머지 스스로의 처지를 더 위태롭게 만들 수도 있다. 우리는 모두 이런 식으로 부질없이 남들이 상상할 것 같은 우리 모습을 상상하기 때문에 최악의 인간이 될 수 있다.

남들 앞에서 자기가 믿지도 않는 공연을 하는 사람은 그만큼 특별한 종류의 자기소외를 경험하고 남들의 시선을 예의 주시하게 된다. 한 미국 여대생의 말을 들어보자.

나는 데이트할 때 가끔씩 '벙어리 놀음'을 하는데, 그러고 나면 입맛이 쓰다. 복잡한 감정이 생긴다. 나의 어떤 부분은 의심을 품지 않는 상대에게 '속임수 쓰기'를 즐긴다. 그러나 이런 우월감에는 또 내 위선에 대한 죄책감이 섞여 있다. '데이트 상대'가 내 수법에 '말려들면' 그를 경멸하고, 상대가 마음에 들면 일종의 모성애를 느낀다. 상대에게 화가 날 때도 있다! 도대체 이 남자는 왜 나보다 잘나지 못해서 나를 자연스러운 나로 있지 못하게 할까? 도대체 나는 여기서 이 남자와 뭘 하는 거지? 빈민 구제?

웃기는 건, 상대도 의심을 품지 않는 것은 아니라는 생각이 든다는 거다. 그도 진실을 눈치채고 관계가 불편해짐을 감지하는지도 모른다. '내 처지가 어떤 걸까? 옷소매로 가리고 나를 비웃는 거야, 아니면 칭찬이야? 내 사소한 말에 진짜 깊은 인상을 받은 거야 아니면 그저 정치에 대해 무지한 척하는 거야?' 이러면서. 한두 번쯤 그가 나를 놀려대고 있다는 느낌을 받은 적도 있다. 계략임을 눈치채고도 자기에게 굽히는 척 속임수를 쓴 나를 경멸하는 것 같았다.[29]

누구나 겪는 자아 연출의 문제가 있다. 벌어질 일들에 대한 우려, 당연히 느낄 수 있는 수치심과 근거 없는 수치심, 자신과 관객에 대한 양가감정, 이 모든 문제는 인간이 직면하는 상황의 연극적 구성 요소들인 것이다.

29 Komarovsky, 앞의 책, p.188.

7장

결론

Conclusion

분석틀

사회 조직은 내부에서 이루어지는 정규적 활동의 지각을 가로막는 장벽으로 둘러싸여 있다. 이 책에서 나는 어떤 사회 조직이든 인상 관리의 관점에서 효과적으로 연구할 수 있다고 주장했다. 사회 조직의 장벽 안에서, 우리는 주어진 상황에 관한 정의를 관객에게 연출하는 공연자들의 팀을 발견한다. 상황 정의는, 팀과 관객이라는 개념 그리고 예의범절이라는 규칙으로 유지되는 조직 정신을 가정해 성립된다. 또한 우리는 정해진 공연을 준비하는 무대 뒤와 실제 공연이 이루어지는 무대 위로 영역이 분리되는 현상도 흔히 볼 수 있다. 그리고 사회 조직은 분리된 두 영역에 관객의 접근을 통제해 관객이 무대 뒤를 보지 못하도록, 외부인들이 허락 없이 무대 위 공연에 끼어들지 못하도록 막는다. 팀 성원들끼리는 친밀한 유대를 형성하여 공연을 망칠 수 있는 위험한 비밀을 공유하고 지킨다. 공연자들과 관객 사이에 서로 얼마나 대립하고 동조할지 정해진 선이라도 있는 것처럼 무언의 합의가 유지된다. 늘 그렇다고 할 수는 없지만, 대체로 합의는 적극적으로, 대립은 소극적으로 이루어진다. 그와 같은 잠정적 합의는 관객이 없을 때 공연자들이 관객에 관해 드러내는 태도와 상반된다. 그리고 관객 앞에서 공연자들이 조심스럽고 절제된 형태로 배역에서 벗어난 의사소통을 넌지시 주고받을 때의 태도와도 다른 것이다. 모순적 역할이 생기는 경향도 있다. 팀 동료, 관객, 외부인 들 가운데는 분명 공연에 관한 정보와 눈에 띄지 않게 공연을 복잡하게 만드는 관계에 대해 정보를 얻는 이들이 있다. 때로는 의도치 않은 실수, 무례, 소동으로 상황 정의와 모순되거나 신뢰를 추락시키는 혼란이 벌어지는 상황도 생긴다. 팀의 신화가 강조되는 경우가 바로 그런 혼란이 벌어질 때다. 공연자, 관객, 외부인 모두가 공연을 살리기 위해 혼란을 피할 방법을 찾든가, 피할 수 없으면 나서서 수습하든가, 아니면 다른 이들이 수습에 나서도록 만들든가 한다. 이 같은 수습 기법을 확실히 활용할 수 있으려면, 팀은 충성심이 있고 잘 훈련되어 있으며 용의주도한 성원을 선발해야 한다. 또한 요령이 있는 관객을 선택해야 한다.

이런 특성과 요소들이 내가 제시하는 분석틀의 뼈대로서, 자연 상황에서 일어나는 대다수 사회적 상호작용의 특성이다. 이 분석틀은 어떤 사회 조직에도 적용할 수 있다는 점에서는 형식적이고 추상적이지만, 단순한 정태적 분류법만은 아니다. 사람들이 남들 앞에서 투영한 상황 정의를 유지하려는 동기에서 비롯된 동태적 문제들을 포함한 분석틀이다.

분석적 맥락

이 책은 주로 비교적 닫힌 체계인 사회 조직에 관심을 두었다. 한 조직과 다른 조직들과의 관계는 연구가 필요한 문제지만, 다른 차원, 즉 제도적 통합의 차원에 속하는 문제로 분석해야 한다. 최근 사회 조직을 닫힌 체계로 다루는 연구에서 명시적·암묵적으로 택하는 관점들과 관련해 이 책의 관점을 자리매김해볼 수 있겠다. 네 가지 관점을 통해 비교해보겠다.

'기술적' 관점에서는, 조직을 정해진 목표 달성을 위해 의도적으로 조직된 활동 체계로 보고 효율성과 비효율성을 분석한다. '정치적' 관점에서는 조직의 참여자가(또는 일군의 참여자들이) 다른 참여자들에게 요구할 수 있는 행동, 행동을 강제하기 위한 특권의 부여와 박탈, 그리고 지배력의 행사 및 제재와 관련된 사회 통제를 다룬다. '구조적' 관점은 조직을 수평적 분화와 수직적 지위의 위계로 보고 다양한 구조적 위치에 있는 집단들 사이의 사회관계를 분석한다. 마지막으로, '문화적' 관점은 조직을 행동에 영향을 미치는 도덕적 가치로 보고 옷차림, 관습, 취향의 문제에서 예의범절, 궁극적 목표와 수단을 제약하는 규범까지 두루 다룬다. 이 네 관점 모두 조직에서 발견한 사실들을 분류하는 데 적합하지만, 발견한 사실들에 부여하는 중요성의 우선순위는 각기 다르다.

나는 기술적 관점, 정치적 관점, 구조적 관점, 문화적 관점에 더해 다섯 번째 관점으로 연극적 관점을 포함할 수 있다고 생각한다.[1] 다른 관점과 마찬가지로, 연극적 관점도 사실들의 중요성을 분석하는 마지막 방법, 마지막 단계로 활용될 수 있다. 연극적 관점을 택하

---

1 닫힌 체계의 연구에 필요한 관점에 대해서는 오즈월드 홀(Oswald Hall)의 입장 참조. "Methods and Techniques of Research in Human Relations"(April, 1952) in E. C. Hughes et al., *Cases on Field Work*(forthcoming).

면 우리는 조직에서 이용되는 인상 관리의 여러 기법, 인상 관리의 핵심 문제, 조직에서 작동하는 공연 팀의 정체성 사이의 상호 관련성을 기술할 수 있다. 각 관점에서 활용된 사실들과 더불어 명백히 인상 관리에 속하는 사실들은 다른 관점도 모두 관심을 두는 문제다. 그 실례를 간략하게 들어보겠다.

기술적 관점과 연극적 관점이 가장 극명히 만나는 지점은 아마도 업무 평가 기준의 문제일 것이다. 이 두 관점에서 중요한 사실은, 한편의 관심사는 다른 편 사람들의 업무 성과에서 눈에 띄지 않는 특성 및 질적 수준을 시험해보는 데 있다. 더불어 다른 편 사람들의 관심사는 자기네 업무가 감추어진 특성을 체현하고 있다는 인상을 주는 데 있다. 정치적 관점과 연극적 관점이 만나는 지점은, 한 사람이 다른 사람의 행동을 지배하는 능력을 다루는 부분이다. 우선 남들을 지배하려는 사람은, 남들로부터 자신의 전략적 비밀을 지키는 것이 좋다는 사실을 안다. 더 나아가, 그 사람이 시범·계몽·설득·거래·조종·권위·협박·처벌·물리적 강제력 따위의 수단을 동원해서 다른 이들의 행동을 지배하려면, 그의 권력 지위와 상관없이, 그가 처리를 원하는 일이 무엇인지, 그 일의 처리에 어떤 준비가 필요한지, 처리되지 않으면 어떤 조치를 취할지 상대에게 분명히 전달할 필요가 있다. 어떤 종류의 권력이든 권력을 과시하려면 효과적인 수단이 필요하다. 권력의 효과는 권력을 어떻게 극화시키는가에 따라 달라진다. (모범·거래·처벌을 행사할 위치에 있지 않은 사람에게 상황 정의를 효과적으로 전달하는 능력은 별로 쓸모가 없다.) 물리적 강제력처럼 가장 객관적이고 적나라한 권력 형태는 실은 객관적·노골적으로 행사되기보다는 오히려 관객을 설득하기 위한 과시용으로 쓰이는 경우가 흔하다. 물리적 강제력이 행동 수단이 아니라 의사소통의 수단이라는 뜻이다. 구조적 관점과 연극적 관점이 가장 분명하게 만나는 지점은 사회적 거리를 다루는 부분이다. 한 지위 집단이 다른 지위 집단의 관객 앞에서 유지할 수 있는 이미지는 공연자들이 관객과의 의사소통을 제한할 수 있는 능력에 좌우된다. 문화적 관점과 연극적 관점이 가장 분명히 만나는 지점은 도덕적 기준의 유지와 관련된 부분이다. 조직의 문화적 가치는 조직의 여러 문제에 대해 참여자들이 느껴야 할 감정을 상세히 규정하는 동시에 참여자들이 속으로 어떻게 느끼든 간에 겉으로 유지해야 할 틀을 규정한다.

인성-상호작용-사회

최근 몇 년 동안, 개인의 인성과 사회적 상호작용 그리고 사회의 세 층위의 연구 분야에서 도출된 개념과 연구 결과들을 하나의 분석틀로 통합하려는 시도가 있었다. 이러한 학제 간 통합 시도에 나는 간단하게 한 가지만 보태고자 한다.

남들 앞에 나설 때면 개인은 알게 모르게 상황에 대한 정의를 투영하는데, 그중 중요한 부분이 개인의 자아 관념이다. 개인이 조성한 인상과 표현상 모순되는 사건이 일어나면 사회 실재의 세 층위에 의미심장한 결과가 동시에 나타나는데, 그 준거점과 사실의 우선순위는 각기 다르다.

첫째, 이 글에서 두 팀 사이의 대화로 규정한 사회적 상호작용은 어색하고 혼란스러운 상태로 중단될 수 있다. 그러면 상황은 정의되지 못하고 참여자들은 기존의 입장도 방어할 수 없어 행동의 방향을 잃는다. 참여자들은 보통 상황이 잘못 돌아감을 감지하면 어색해지고 허둥대며 안색이 변한다. 다시 말해, 순조로운 사회적 상호작용으로 창조되고 유지되던 작은 사회체계가 와해되는 것이다. 이는 사회적 상호작용의 수준에서 볼 수 있는 혼란의 결과다.

둘째, 상호작용의 혼란은 당장 개인의 행동에 영향을 미칠 뿐만 아니라 더 광범위한 결과를 초래할 수 있다. 관객은 개인이 공연 중에 그가 속한 사회 조직·팀·동료 집단의 믿음직한 대표자로서 연출한 자아를 그 개인의 자아로 받아들이는 경향이 있다. 또한 관객은 개인의 특정 공연을 그의 배역 연기 능력의 증거로, 심지어 어떤 배역이라도 연기할 수 있는 능력의 증거로 받아들인다. 어떻게 보면 팀이나 조직과 같은 더 큰 사회 단위는 개인이 배역 연기를 할 때마다 개인을 구속하는 요소인 셈이다. 매 공연이 사회 단위의 정당성을 새로이 검증하는 계기이자 개인의 항구적 평판이 걸려 있는 계기가 된다. 사회 단위의 구속력이 특히 강력하게 작용하는 공연이 있다. 외과 의사와 간호사가 둘 다 수술대에서 물러나 몸을 돌린 순간 마취 상태에 있던 환자가 수술대에서 떨어져 죽는 사고라도 생긴다 치자. 그러면 수술이 중단되는 황망한 사태로만 끝나는 게 아니다. 의사로서 그리고 한 남자로서 의사의 명성이 치명상을 입고 병원의 평판도 추락한다. 이러한 것이 바로 사회구조의 관점에서 나타나는 혼란의 결과라 할 수 있겠다.

마지막으로, 우리는 종종 개인이 특정 배역·조직·집단을 자신과 동일시할 정도로 깊이 몰입하여, 자신은 사회적 상호작용을 혼란에 빠뜨리거나 상호작용의 토대인 사회 단위의 기대를 저버리지 않을 사람이라는 자아 관념을 갖고 있음을 발견한다. 그런데 상호작용에 혼란이 생기면 개인 인성의 토대인 자아 관념이 무너질 수 있다. 이는 개인 인성 수준에서 나타나는 영향이다.

그러니까 상호작용의 혼란은 인성, 상호작용, 사회구조, 세 추상적 층위에 모두 영향을 미친다. 상호작용의 종류에 따라 혼란이 생길 가능성은 매우 다양하고, 혼란이 초래하는 결과의 중요성도 다 다르다. 그러나 참여자들이 조금도 당황치 않거나 모욕감을 깊이 느낄 계기가 전혀 존재하지 않는 상호작용은 없는 것 같다. 삶은 어떨지 모르지만, 상호작용은 도박과 아주 비슷하다. 사람들이 혼란을 피하려 하고 피할 수 없어서 수습하려 한다면, 그 노력의 결과는 세 층위에서 동시에 일어난다. 바로 이러한 점으로, 사회생활을 연구하는 세 가지 추상적 층위와 관점은 분명한 표현 방법을 지닌 셈이다.

비교 연구

이 책에서 나는 영미 사회보다 다른 사회의 사례를 많이 들었다.

이 책에서 제시한 분석틀이 문화 중립적이라거나 비서구 사회의 사회생활에도 똑같이 적용할 수 있는 분석틀이라는 뜻은 아니다. 영미 사회의 사회생활은 주로 실내에서 이루어진다. 고정된 실내 장치가 있고, 낯선 사람은 안에 들이지 않으며 공연자에게는 공연을 준비할 수 있는 사적 영역을 허용한다. 우리는 한번 시작한 공연은 끝까지 마무리하려는 성향이 있고, 또 공연 중에 생길 수 있는 불협화음에 민감하다. 우리는 위장했다가 들키면 몹시 창피해한다. 우리는 일반적 연극 규칙과 행동 성향을 기준으로 삼아 규칙이 다른 사회의 생활 영역을 간과하는 잘못을 저지르지는 말아야 한다. 서구인들의 여행기를 보면, 그들의 연극적 감각에 거슬려 기분이 상하거나 깜짝 놀랐던 때의 경험담으로 가득 차 있는데, 다른 문화권의 사례를 일반화하려면 우리는 그런 좋지 않은 경험 사례와 더불어 좋은 경험 사례도 함께 살펴보아야 한다. 중국 사회를 제대로 이해하려면, 우리는 개인 다실茶室에서 중국인들이 보이는 행동과 예절의 놀라운 조화와 일관성 그리고 지극히 소박한 식당에서 엄청나게 공들여 차려내는 요리상과 더불어, 가축 우리 같은 상점의 무뚝뚝하고 예의 없는 점원들과 수려한 비단 뭉치가 낡아빠진 누런 종이에 싸여 한 구석에 처박혀 있는 모습도 똑같이 볼 수 있어야 한다.[2] 또한, 상대의 체면을 살려주는 조심성이 있어야 한다는 소리를 듣는 사람들이라면 다음과 같은 이야기를 살펴볼 각오도 해야 한다.

---

2 Macgowan, 앞의 책, pp.178-179.

다행히도 중국인들은 우리처럼 가정에 사생활이 있다고 믿지 않는다. 보려고만 하면 누구나 다 볼 수 있게 그들은 자기네 일상을 세세한 부분까지 온통 다 보이는 것도 아랑곳하지 않는다. 어떻게 사는지, 무엇을 먹는지, 심지어 우리라면 공개를 꺼리는 가정불화조차 어느 한 가정만의 고유 관심사가 아니라 공동 관심사로 여긴다.[3]

또한 불평등한 지위 체계가 있고 강한 종교적 지향성을 가진 사회에서는 성원들이 전반적으로 시민 생활의 드라마에 우리처럼 집착하지는 않으며, 우리보다 훨씬 더 간단한 표정만으로도 가면 뒤에 숨은 사람의 됨됨이를 잘 알아보고 사회적 지위의 장벽을 뛰어넘기도 한다는 사실을 알아차릴 수 있어야 한다.

더 나아가, 우리 사회 전체를 연극적 관행으로만 규정지으려는 시도도 삼가야 한다. 예를 들어, 최근 노사관계에서는 한 팀이 짐짓 화를 내며 자리를 박차고 나오는 모습을 반대편에게 보여줄 필요가 있겠다는 생각을 품고 협상 자리에 임하기도 한다. 외교적 수완이 있는 팀도 그와 비슷한 공연을 필요로 할 때가 있다. 다시 말해, 우리 사회에서는 팀들이 잠정적 합의를 위해 분노를 억제해야 할 때도 있고, 냉정하게 거부한다는 의사를 감추기 위해 분노의 감정을 표출해야 할 때도 있다. 또 좋든 싫든 명예와 체면을 지키기 위해 사람들이 상호작용을 깨버려야 한다고 느낄 때도 있다. 그렇다면, 사회 조직·동종 조직들·특정 사회적 지위 같은 작은 사회 단위에서 발견된 기록을 비교하고 변화를 추적하는 소박한 사례사를 연구하는 것

---

3 같은 책, pp.180-181.

도 현명하다. 예를 들면, 법적으로 허용된 공연을 펼치는 사업가들에 관한 다음과 같은 종류의 정보가 있다.

지난 반세기 동안 사실의 타당성을 인정하는 문제에 관한 법정의 입장에 주목할 만한 변화가 있었다. 이전의 판결은 '구매자 위험부담 원칙caveat emptor'(구매 물품의 하자 유무에 대해서는 구매자가 확인할 책임이 있다는 원칙 — 옮긴이)에 입각해 원고 측에 자기방어와 피고의 혐의를 입증할 '의무'를 강조했고, 원고의 측근이 제시한 사실은 인정하지 않는다는 입장에 서 있었다. 그런 입장의 바탕에는 누구나 거래 협상에서 가능한 한 상대를 속이려 할 것이고 상대의 정직성을 기대하는 것은 바보짓이라는 가정이 있었다. 따라서 원고는 합당한 조사를 실시한 후에 판단을 내려야 했다. 그러나 적어도 사실 관계만은 정직하고 신중하게 진술할 것을 강조하는 새로운 상거래 윤리 기준의 인식이 확산되고 진술의 진실성이 확인된 사례가 많아지자, 거의 완벽하게 관점이 변화되었다.

이제는 거래할 토지나 제품의 양과 질, 회사의 재정 상태 등 거래 성사와 관련된 사실 주장은 별도의 조사 없이도 정당성이 인정된다. 매매할 토지가 멀리 떨어진 곳에 있을 경우, 조사하는 데 큰 부담이 따르고 어려워서 쉽게 입수할 수 있는 자료가 있으면 적은 노력만으로도 진술의 진위를 알아낼 수 있다.[4]

그리고 상거래에서는 정직성이 증가하는 반면에, 결혼을 앞둔 사

---

4 Prosser, 앞의 책, pp.749-750.

람이 배우자가 될 사람에게 불필요한 긴장을 유발할 '과거'는 털어 놓을 필요 없다는 생각에 동의하는 결혼 상담사가 늘어난다는 증거 도 있다. 다른 예도 있다. 1830년경까지는 영국의 선술집이 노동자 들에게는 뒷무대로서 그들의 집 부엌과 별로 다르지 않았지만, 그때 를 기점으로 이전과 다를 바 없는 노동자 고객들이 꿈도 꾸지 못한 환상적인 무대 위를 제공하는 호화판 술집이 나타나 번창했다.[5] 미 국의 특정 도시의 사회사를 보면 지역의 상류계급에서는 가정의 호 사 취향이 쇠퇴하고 있다는 기록을 볼 수 있다. 반면에, 최근의 노동 조합 조직이 사용하는 무대장치는 더 세련되고[6] 학문적으로 훈련되 고 지성과 품격을 지닌 전문가들이 무대를 '채우는' 경향이 늘고 있 다는 자료도 있다.[7] 특정 산업 조직과 상업 조직의 건물 배치 구조 의 변화를 추적해보면, 기업 건물의 외관은 물론이고 건물 내부의 회의실, 대강당, 대기실에도 무대 위 영역이 증가하는 모습을 볼 수 있다. 농촌 마을 농가의 변모를 추적해볼 수도 있다. 농가의 외양간 은 한때 부뚜막 옆의 작은 문으로 드나들 수 있는 부엌에 붙어 있었 고 뒷무대로 쓰였지만, 최근에는 집에서 따로 떨어진 장소에 있다. 집도 한때는 농기구, 쓰레기, 가축용 목초 더미가 마구잡이로 뒤섞 인 마당 한가운데 있었다. 최근에는 울타리를 친 앞마당은 깔끔하 게 청소된 상태로 공동체를 위한 대인 관계의 장으로 쓰이지만, 울

---

5 M. Gorham and H. Dunnett, *Inside the Pub*(London: The Architectural Press, 1950), pp.23-24.

6 Hunter, 앞의 책, p.19.

7 Wilensky, 앞의 책, 4장, 전문가 직원이 맡는 '전시' 기능에 관한 논의를 볼 것. 이런 움직 임과 짝을 이루는 기업의 대응물은 다음 책을 참조. Riesman, 앞의 책, pp.138-139.

타리 없는 뒷마당은 아무렇게나 잡동사니 쓰레기를 던져버리는 무
대 뒤로 쓰인다. 곁에 딸린 외양간도 없어지고 싱크대 사용 빈도도
줄면서 한때는 집 안의 무대 뒤였던 부엌이 이제는 집 안에서 덜 드
러나지만 동시에 점점 더 연출되는 공간으로 실내 구조가 고급화되
는 현상을 목격할 수 있다. 또한 우리는 일부 공장, 가게, 레스토랑,
주택에서 벌어지는 특이한 사회적 변화상도 추적해볼 수 있다. 언제
나 깨끗이 청소해둔 그런 곳의 무대 뒤에서는 경비원들이 마치 수도
승, 공산주의자, 독일 시의원처럼 반듯한 차림새로 서 있는 반면, 관
객은 신분증만 제시하면 얼마든지 건물에 들어가 관객을 위해 청소
해둔 공간을 이용하게 되었다. 교향악단의 리허설에 유료 관람을 허
용하는 최근 관행에서, 우리는 휴스가 집합적 지위 이동이라고 칭
한 현상을 관찰할 수도 있다. 어느 한 지위에 있는 사람들이 스스로
설정한 자아 이미지와 어긋나는 행동 표현을 요구받는 일이 없도록
자신들의 업무 성격을 통째로 바꿔버리려고 시도하는 현상이다. 또
한 우리는 비슷한 과정으로 '역할 기획' 현상도 관찰할 수 있다. 역할
기획은 특정 사회 조직의 성원이 이미 정해져 있는 상위 직책에 승
진하기보다는 자기의 좋은 자질을 나타내기에 적합한 임무로 구성
된 새로운 지위를 창조하는 것이다. 우리는 또, 많은 공연자들이 아
주 세련되게 꾸민 공용 사회적 무대를 잠깐 이용한 다음 아무런 위
장 없이 허름한 골방으로 물러날 수 있도록 특화된 직업 분야를 연
구할 수도 있다. 지저분해 보이기 쉬운 일을 하는 사람들이 청결함
을 과시하기 위해 사용하는 실험실의 투명 유리창, 때 묻지 않는 강
철, 고무장갑, 흰색 타일, 흰색 가운 같은 중요한 무대장치의 확산

을 추적할 수도 있다. 한 팀이 다른 팀의 공연을 위해 철저하게 무대를 정돈하고 청소하는 데 시간을 들이는 지극히 권위주의적인 조직부터, 병원, 공군 기지, 대규모 저택까지 무대장치에 대한 강박의식이 점차 줄어드는 경향도 추적해볼 수 있다. 마지막으로, 재즈와 미국의 '캘리포니아'식 문화 유형의 부상과 확산을 추적해, 비트 음악·바보짓·난동·부랑·중독 따위의 최근 유행은, 보통 사람도 프로 공연자들이 일상 공연에서 쓰는 기술적 수단을 이용하게 된 현상임을 밝힐 수 있다.

자아의 인상을 전하는 표현의 역할

끝으로 도덕적 주석을 달아보자. 나는 이 책에서 사람들이 타인과 주고받는 인상이 사회적 삶을 표현하는 구성 요소의 원천이라고 주장했다. 인상은, 정보 수용자가 정보 제공자의 행동을 충분히 파악할 때까지 기다리지 않고도 정보 제공자에 대한 자신의 반응을 조절할 수 있는 수단이라고 보았다. 그리고 표현을 사회적 상호작용의 의사소통 기능으로 다루었고, 표현하는 사람의 긴장을 풀어준다든가 안도감을 주는 기능에 대한 것은 포함하지 않았다.[8]

---

8 최근에 표현의 이런 측면을 다룬 책이 출간됐다. Talcott Parsons, Robert F. Bales and Edward A. Shils, *Working Papers in the Theory of Action*(Glencoe, Ill.: The Free Press, 1953), chap.II, "The Theory of Symbolism in Relation to Action."

모든 사회적 상호작용의 바탕에는 근본적 변증법이 있는 듯하다. 남들이 있는 자리에 들어선 사람은 그 상황에 대해 여러 가지 사실을 알고 싶어 한다. 상황에 대한 정보를 갖고 있으면, 앞으로 무슨 일이 벌어질지 그리고 자기에게도 이익인 동시에 남들에게도 합당한 무엇을 보여줄 수 있을지 알 수 있고 참작도 할 수 있다. 상황의 사실적 면모를 파악하려는 사람은 다른 사람들의 사회적 배경을 알아야 한다. 또 상호작용을 하는 동안 다른 사람들의 행동이 어떤 결과를 초래하는지 그리고 그들이 스스로를 어떻게 생각하는지 그 내밀한 속마음도 알 필요가 있다. 이 정도로 완벽하게 정보를 획득하기는 불가능하다. 그러므로 개인은 신호·시험·암시·몸짓·지위 상징 같은 예측 수단을 활용하곤 한다. 요컨대, 개인은 자신이 관심을 갖고 있는 현실을 즉각 파악할 수 없으므로 겉모습에 기댄다. 파악이 불가능한 현실에 관심이 많은 사람일수록 역설적으로 겉모습에 주의를 집중하는 셈이다.

개인은 자리를 함께한 사람들이 보여주는 순간적인 인상을 토대로 그들의 과거와 미래를 짐작해 그들을 대하는 경향이 있다. 의사소통 행위가 도덕적 행위로 바뀌는 것이다.

사람들이 보여주는 인상은 묵시적 주장과 약속으로 간주되고 묵시적 주장과 약속은 도덕적 성격을 띤다. 개인은 속으로 말한다. '나는 당신이 보여준 인상으로 당신과 당신 행동을 평가하니, 당신은 내가 잘못 판단하도록 만들지 말라'고. 여기서 특이한 점은 개인은 다른 이들이 의식하지 못한 채 표현적 행동을 한다고 생각하고 심지어 자신이 수집한 정보를 토대로 그들을 이용하려고 하면서도 그런 입장을 취한다는 사실이다. 관찰하는 사람은 관찰 대상의 인상을 사교 생활과 업무 수행 전반에 통용되는 수많은 예의범절의 기준에 따라 판단한다. 그러니 우리가 일상생활에서 얼마나 도덕적 노선에 휘말려 사람들을 판별하는지 새삼 깨닫게 된다.

이제 개인을 대하는 다른 사람들의 관점을 보자. 다른 사람들이 점잖게 개인의 게임을 거들어주기로 하면, 그들은 자신들의 인상이 형성된다는 사실에 주의를 기울이기보다 오히려 잔꾀나 꾸밈이 없는 행동으로 그 개인이 자신들에 대해 올바른 인상을 받을 수 있게끔 노력한다. 그리고 관찰당하고 있다는 사실에 생각이 미치면, 자신들이 개인에게 올바른 인상을 주면 개인도 그들에게 마땅한 대우를 해주리라는 믿음에 지나치게 안주하지는 않으려고 조심한다. 그들을 바람직하게 대우하도록 영향력을 끼치기 위해 신사적 수단을 이용할 수도 있다. 앞으로 개인이 바람직한 대우를 주고받을 공정한 상대가 되도록 유도하는 방향으로 그들의 행동을 조절하는 것이다. 그런 다음에는 관찰하는 사람의 감수성과 공정성을 믿을 수밖에 없다.

물론 이런 수단은 관찰당하는 사람들이 관찰하는 사람에게 영향을 미치려고 할 때 쓴다. 그런데 관찰당하는 쪽에서 좀 더 간단하고 효과적으로 관찰하는 사람에게 영향을 미칠 수 있는 방법이 있다. 행동으로 자신의 인상을 드러내는 대신 준거틀을 바꿔 바람직한 인상 창조에 집중하는 것이다. 용납될 수 있는 수단으로 목적을 달성하는 대신, 용납될 수 있는 수단으로 목적을 달성한다는 인상을 조성하는 것이다. 존재하는 사물에 대한 기호는 사물이 존재하지 않을 때도 사물을 대체할 수 있기 때문에 관찰자가 실체의 대용품으로 활용하는 인상이란 언제나 조작이 가능하다. 관찰자는 표현에 기댈 수밖에 없고, 그래서 관찰당하는 사람은 거짓된 표현을 창조할 수 있는 것이다.

어떤 사업이든, 관찰자에게 영향을 미치기 위해 신사적 수단만 쓰고서는 사업할 수 없다고 생각하는 사람들이 많다. 그렇게 생각하는 사람들이 사업의 진행 과정에서 어느 시점에선가는 반드시 힘을 합쳐 자신들의 인상을 직접 조작할 필요가 있다고 느끼는 순간이 온다. 그럴 때 관찰당하는 사람들은 공연 팀이 되고 관찰하는 사람들이 관객이 된다. 사물을 다루는 것처럼 보이는 행동이 실은 관객에게 보여주는 몸짓이 된다. 연극화된 행동이 되는 것이다.

이제 근본적 변증법에 이르렀다. 사람들은 공연자로서 역량을 발휘해 자신의 됨됨이와 자신이 이룬 성과가 보편적 평가 기준에 부합한다는 인상을 유지하려고 애쓴다. 기준은 아주 많고 널리 퍼져 있으므로, 사람들은 공연자일 때 우리가 생각하는 것보다 훨씬 도덕적인 세계에서 살고 있는 셈이다. 공연자로서 개인은, 평가 기준의 실현이라는 도덕적 문제에 관심이 있는 게 아니다. 평가 기준에 부합한다는 인상을 설득력 있게 만들어내는 비도덕적 문제가 관심사인 것이다. 우리의 행동은 대체로 도덕적 문제를 다루지만, 공연자로서 도덕적 문제에 대한 우리의 관심은 도덕적이지 않다. 우리는 공연자로서 도덕성을 파는 장사꾼인 셈이다. 이 시대는 우리를 전시품과 더불어 살게 하고 우리의 마음을 그 전시품으로 채운다. 그러나 우리가 전시품에 더 주의를 기울일수록 우리는 전시품에 대해,

그리고 전시품을 살 만큼 부유한 사람들에 대해 더 큰 거리감을 느낀다. 달리 표현해보자. 늘 확고한 도덕적 기준을 준수하고 사회화가 잘된 인물이어야 한다는 의무, 그로 인해 얻을 수 있는 이득, 이것이 바로 인간을 연극 무대에서 선 공연자로 만든다.

자아 연출과 자아

우리가 남들에게 우리의 자아를 연출한다는 생각은 새로울 게 없는 보편적 관념이다. 마지막으로 그 자아의 구조란, 우리가 자아를 어떻게 연출하는가 하는 관점에서 다룰 수 있다는 것을 강조해두겠다.

이 책에서 나는 암묵적으로 개인을 두 부분으로 나누었다. 하나는 지극히 인간적인 과제를 수행하면서 인상을 조성하기 위해 고군분투하는 **공연자**로서의 개인이고, 다른 하나는 공연을 통해 자신의 정신·능력·탁월한 자질을 환기시키려고 고안된 **인물**로서의 개인이다. 공연자로서의 자질과 인물로서의 자질은 근본적으로 성격이 매우 다르지만, 공연의 연속이라는 점에서는 같은 의미를 갖고 있다.

먼저 인물을 보자. 우리 사회는 대체로 인물을 연기하는 사람과 그 사람의 자아를 어느 정도 동일시하고, 인물로서의 자아를 보통 그 사람의 몸, 특히 상체의 생리심리학적 인성에 뿌리박고 있는 요소로 본다. 나는 이런 관점이 우리 모두가 연출하려고 애쓰는 부분을 함축하고는 있지만 잘못된 분석을 하게 만든다고 본다. 공연된 자아란, 개인이 그럴듯하게 연출하여 남들로 하여금 그를 그가 연기한 인물로 보게 만드는 일종의 이미지다. 이 이미지가 사람들의 관심을 촉발하고 연출된 자아를 개인의 자아로 여기게 만들지만, 자아는 그 개인에게서 비롯되기보다 개인의 활동 무대 전반에서 벌어지는 사건들과 목격자들의 해석에서 비롯된다. 제대로 꾸민 무대에서 공연을 잘하면 관객은 그 인물을 공연자의 자아라고 생각하게 되지만, 이때의 자아는 공연의 결과물이지 원인이 아니다. 그러니까 공연된 자아란 태어나고 성장하고 죽어갈 운명을 지닌 유기체에 속하는 것이 아니라 연출된 무대에서 실현되는 극적 효과에 속한다. 문제의 핵심이자 결정적 중요성은 연출된 자아 이미지가 신뢰를 받는지 불신을 당하는지에 있다.

그래서 우리는 자아를 분석하는 과정에서 자아를 자아의 소유자, 즉, 자아로 인해 얻을 것과 잃을 것이 가장 많은 사람과 분리해서 보게 된다. 사람과 그의 몸은 관련자들이 협력해서 만들어낸 생산품을 잠시 걸어두는 못에 불과하다. 그리고 자아를 만들고 유지하는 수단은, 실은 못이 아니라 사회 조직 안에 보관되어 있다. 사회 조직에는 몸을 단장하는 도구를 갖춘 무대 뒤가 있고 고정된 소품으로 꾸민 무대 위가 있다. 인물로서의 자아가 출연할 무대에는 각종 소품과 더불어 무대에 오르는 공연자들의 팀이 있고 공연에 필요한 해석을 해주는 또 다른 팀인 관객이 있다. 자아는 이 모든 연극적 각색의 산물이며 모든 배역에는 자아의 생산지 표지가 붙어 있다.

자아 생산의 전반적 기제는 물론 부담스러운 과정이고, 구성 요소인 무대 뒤의 통제, 팀의 공모, 관객의 요령이 노출되면서 차질을 빚기도 한다. 그러나 매끄럽게 돌아가기만 하면, 자아 생산 기제를 통해 형성된 인상이 빠르게 확산되어 우리는 우리의 여러 현실 가운데 한 가지 현실, 공연이 열리고 공연된 각 인물에 들어맞는 견고한 자아가 공연자의 내면에서 흘러나오는 것처럼 보이는 현실에 흡수된다.

이제 공연자로서의 개인을 보자. 공연자에게는 학습 능력이 있고 학습 능력은 배역을 훈련하는 과정에서 발휘된다. 공연자에게는 환상과 꿈이 부여되는데, 그 가운데 성공적 공연을 펼칠 만큼 즐거운 것들도 있고 공개된 무대에서 공연의 사활이 걸린 대중의 불신을 처리해야 한다는 초조감으로 온통 불안하고 두려운 것들도 있다. 공연자에게는 팀 성원들이나 관객과 어울리기 좋아하는 욕구가 있고, 그들의 관심사를 배려하는 요령도 있고, 속 깊은 수치심의 노출을 최소한으로 줄이는 능력도 있다.

공연자로서 개인의 특성은 단순히 특정 공연에서 나타나는 효과만은 아니고 개인의 생리심리학적 본성이기도 하다. 그러나 개인의 생리심리학적 본성도 공연 무대의 상황 조건과 밀접한 상호작용 과정에서 발현되는 것이다.

이제 마무리 논평을 할 차례다. 나는 이 책에서 개념적 분석틀을 발전시키는 데 일부 연극 용어를 사용했다. 공연자와 관객, 배역과 배역 연기, 공연의 성공과 실패, 연출 신호, 무대장치와 뒷무대, 연극적 요건, 연극적 기량, 연극적 전략 따위의 용어를 썼다. 내가 비유에 불과한 연극 용어를 강조한 것은 일종의 수사학적·전략적 시도임을 인정해야겠다.

온 세상이 연극 무대라는 주장은, 독자들이 익히 그 한계를 알면서도 묵인해줄 만큼 확산되어 있으니 너무 심각하게 받아들일 필요는 없다. 극장에서 공연되는 연기는 대체로 꾸며낸 환상에 불과하고 또 그렇게 인정된다. 일상 삶과는 달리 공연자가 연기한 인물들에게는 현실적이고 실질적인 사건은 일어나지 않는다. 물론 연극 공연이 직업인 전문 배우에게도 공연자로서의 평판을 좌우할 현실적 사건이 실제로 생기기도 하지만, 그것은 다른 차원의 문제다.

무대 언어와 가면에 관한 논의는 생략한다. 공사를 위한 가설물은 결국 집을 지을 목적으로 설치되고 집이 다 지어지면 헐리는 것이다. 이 책의 관심사는 일상 삶에 끼어드는 극장이 아니라 사회적 접촉의 구조, 사람들이 물리적으로 함께 있는 자리라면 언제나 생성되는 사회생활의 구조에 있다. 구조의 핵심 요건은 단일한 상황 정의가 유지되어야 한다는 것, 상황 정의는 표현되어야 한다는 것, 그리고 표현은 수많은 혼란 요소가 잠재한 상황에서도 지켜져야 한다는 것이다.

극장의 무대에 서는 인물은 실존 인물도 아니고, 사기꾼이 완벽하게 꾸며낸 인물을 연출할 때처럼 실질적 결과를 초래하지도 않는다. 그러나 실존 인물과 사기꾼도 공연에 성공하려면 보통 사람이 사회적 상호작용을 유지하기 위해 실제로 사용하는 기법과 똑같은 **진짜** 기법을 사용해야 한다. 극장 무대에서 대면 상호작용을 연기하는 사람들은 실제 상황의 핵심 요건을 충족시켜야 하고, 표현을 통해 상황 정의를 유지해야 한다. 그리고 이러한 상황 조건이 우리 모두가 공유하는 상호작용 과제에 적합한 용어의 발전을 촉진한 것이다.

감사의 말

이 연구는 에든버러 대학교 사회인류학과와 사회과학연구소의 상호작용 연구 그리고 시카고 대학교의 쉴스[E. A. Shils] 교수가 포드 재단의 연구비 지원을 받아 진행한 사회계층 연구의 일환으로 이루어졌다. 두 연구 기관의 지도와 지원에 감사한다. 은사이신 하트[C. W. M. Hart], 워너[W. L. Warner], 휴스[E. C. Hughes] 교수께 감사드린다. 또한 연구 초기부터 도와준 엘리자베스 보트[Elizabeth Bott], 제임스 리틀존[James Littlejohn], 에드워드 밴필드[Edward Banfield] 그리고 후기 작업을 도와준 시카고 대학교 직업연구 팀의 동료들에게도 고마움을 전한다. 아내 앤젤리카[Angelica S. Goffman]의 도움이 없었다면 이 책은 나오지 못했을 것이다.

옮긴이의 말

    고프먼은 우리에게 익숙한 일상 삶을 현미경으로 들여다본다. 그리고 너무 익숙해서 우리가 당연히 받아들이는 미세한 삶의 결을 날카로운 통찰력과 치밀한 분석력의 체에 걸러 우리에게 보여준다. 우리는 고프먼의 글에서 삶, 관계, 우리의 자아, 사회의 놀라운 균형과 불편한 진실을 동시에 볼 수 있다. 일상에서 우리가 겪는 크고 작은 경험들이 생생하게 눈앞에 다시 펼쳐지는 듯하고, 그 밑바닥과 배후에 숨어 있는 구조와 의미가 새롭게 다가온다.

    고프먼은 과거의 위대한 사회학자들이 걸어온 탐구의 길에 새로운 수준, 관점, 분석의 가능성을 열었다.* 그는 사회의 추상적 거시 구조보다는 미시 수준의 대면 상호작용에 연구의 초점을 두었다. 그리고 가정과 일터, 파티와 도박장, 거리와 뒷골목, 상품 매장과 엘리베이터, 심지어 사기꾼과 스파이의 세계까지 폭넓고 다양한 삶의 현장을 관찰했다. 고프먼의 관점에서 보면, 사회는 사람들의 일상 삶을 넘어선 견고한 실체라기보다 '지금, 여기'에서 개인들의 구체적인

---

* 고프먼의 생애와 사회학에 관한 좀 더 상세한 해제는 『상호작용의례』, 「옮긴이 해제: 고프먼의 사회학과 『상호작용의례』」(2013, 아카넷)에서 볼 수 있다.

상호작용을 통해 실현·유지·변형되는 것이다. 그의 분석틀, 연구 방법, 글쓰기 형식은 모두 당대 학계의 지배적 문법을 뛰어넘는 것이었다. 그는 건조하고 추상적인 개념 대신 연극, 의례, 전략, 프레임 같은 은유적 개념을 선택했고, 민속지적 현장 관찰 자료, 소설, 신문과 잡지 기사, 각종 기록 자료를 두루 활용했으며, 건조하고 딱딱한 논문 형식보다는 풍부한 묘사, 섬세한 해석에 집중하는 글쓰기를 선호했다.

고프먼의 사회학은 한마디로 당대 학계를 지배했던 거대 이론과 계량적 분석에 편향된 연구 방법에 신선한 대안이 되기에 충분했다. 고프먼의 통찰력과 독창성은 그의 생전에 매혹과 비판을 동시에 불러일으켰고, 그의 사후에는 일탈과 장애 사회학, 사회심리학, 문화인류학, 민속방법론, 사회언어학, 대화분석 분야의 풍성한 연구로 이어졌다.

이 책 『자아 연출의 사회학*The Presentation of Self in Everyday Life*』(1959)은 고프먼의 첫 저서로, 그의 '연극적 관점'과 접근법을 널리 알린 책이다. 고프먼은 우리의 삶은 세상이라는 무대에서, 다른 사람들과 상호작용하면서 우리의 자아를 연출하는 공연과 같다는 관점을 제시한다. 그리고 연극 은유를 개념적 도구로 택해 종류와 내용이 다양한 상호작용에 두루 적용할 수 있는 분석틀을 구성한다. 이 책에는 그가 스코틀랜드 연안 섬 지역에서 현장 연구를 한 경험, 시카고 대학교의 직업과 계층 연구 팀과 미국 국립정신병원의 연구 팀에 참여하며 진행한 연구 결과 그리고 기타 다양한 출처에서 나온 사례와 자료가 녹아 있다. 사회학 연구자가 얼마나 다양한 자료를 얼마나 유용하게 활용할 수 있는지를 보여준다.

이 책의 핵심 내용을 간략하게 요약해보자. 우리의 삶은 수많은 일상의 상호작용으로 구성되고, 상호작용은 어떤 종류든 남들 앞에서 개인이 자아를 연출하는 '인상 관리' 공연의 성격이 있다. 공연(상호작용)은 여러 사람이 팀으로서 협력해야 가능한 협동 작업으로서, 유대 형성의 기제로 작용한다. 그리고 우리의 생활 공간에는 공연이 이루어지는 무대 위와 공연을 준비하고 공연을 마친 후 긴장을 푸는 무대 뒤가 있다. 무대 위와 무대 뒤는 물리적으로 분리되는 경향이 있을 뿐만 아니라 분리된 그 두 영역에서는 사람들의 겉모습, 몸가짐, 행동 방식도 상반되게 나타난다. 또한, 공연에는 공연자와 관객뿐만 아니라 공연을 돕거나 공연자들의 관계를 복잡하게 만드는 다양한 형태의 모순적 역할도 있다. 무대 위라고 해서 반드시 공연자들이 맡은 배역만 연기하지는 않는다. 배역에서 벗어난 은밀한 의사소통이 다양한 형태로 이루어진다. 배역에서 벗어난 은밀한 의사소통도 공식 의사소통에 못지않게 공연자들의 유대를 강화하는 기능을 하며, 때로는 공연자와 관객, 공연 팀들의 지위 차이와 경계선을 변화시키기도 한다. 공연에 갖가지 장애가 생겨 인상 관리에 차질이 생기면, 사람들은 보통 공연을 중단하기보다는 수습하는 경향이 있다. 공연자가 방어 기법을 동원하거나 관객이 공연자를 보호하거나 관객이 공연자를 돕는 요령을 발휘하도록 공연자가 관객을 유도하기도 한다. 이 모든 과정을 통해 우리는 자아를 획득하고 유지하며(일관되고 변함없는 자아가 아니라 복수의 상황적 자아), 사회는 더러 대립하고 분열하는 때가 있어도 대체로는 서로 협력하는 개인들의 유대로 형성되고 유지된다.

이 책은 미국 사회학계는 물론이고 다양한 학문 분야에서 고전으로 평가받으며 세계 각국의 언어로 번역되어 대중적 명성을 누렸다. 이 책이 1959년에 처음 출간되었으니 이제 50여 년이 흘렀다. 그러나 이 책의 통찰력은 조금도 진부하지 않다. 견고해 보이는 사회실재가 실은 우리가 일상에서 행하는 정교한 공연의 연속으로 유지되는 허약한 것이라는 사실, 그리고 우리가 소망하는, 한결같은 우리의 참된 자아란 허상에 불과하고 상황에 따라 복수의 상황적 자아가 있을 뿐이라는 사실을 조명한다. 인간은 관계에 의존해 살아갈 수밖에 없는 존재이다. 어떤 일을 하든, 어떤 사람과 어떤 관계를 맺든, 실용적 상호작용을 하든 의례적 상호작용을 하든, 우리는 늘 자아를 장식하고, 타인의 시선과 평가를 의식하고, 상황에 적합한 태도와 행동을 하려고 한다. 성공할 때도 있고 실패할 때도 있다. 성공하면 즐거움과 에너지를 얻는다. 실패하면 슬픔, 분노, 후회로 위축된다. 상호작용은 우리를 구속하고 지치게 만들기도 하지만 또 우리에게 자부심과 긍지를 제공하며 안정감과 위안을 주기도 한다. 우리 인간에게는 그 모든 감정과 태도와 행동과 관계의 균형을 잡을 수 있는 능력이 있다. 그런 인간의 능력과 실행이 사회가 유지되는 비결이다.

고프먼과 그의 연구에 대한 우리 사회와 학계의 관심이 상대적으로 적은 데 대해 아쉬움이 컸던 사회학도로서 나는 이 책의 번역판을 내기로 한 현암사의 결정이 반갑고 고마웠다. 그러나 번역 제안을 덜컥 받아들여 옮긴이가 되고 보니, 사회학의 고전을 우리말로 옮기는 보람보다는 부담이 더 크게 다가왔다. 내가 원문에 충실한 번역과 잘 읽히는 우리말 번역의 험난한 사잇길을 헤매기만 한 것은 아닌지 모르겠다. 그저 눈 밝은 독자들이 행간의 의미를 잘 이해해 고프먼과 이 책의 가치를 제대로 알아볼 수 있기만 바란다. 글을 다듬느라 고생하신 편집진에게 깊이 감사드린다.

2016년 1월
진수미

사회학계의 영원한 이단아이자 이방인, 고프먼

필자는 『이방인의 사회학』이란 졸저에서 사회학자를 철학자와 더불어 이방인의 범주로 분류한 바 있다. 그 이유를 이 자리에서 상세하게 소개할 수는 없다. 하지만 간단히 말해서 모름지기 제대로 된 사회학자라면 하이데거가 말하는 이른바 '세인世人 das Man'이 가지는 삶의 태도와 사고방식과는 전혀 다른 면모를 보여주기에 그런 주장을 한 것이다.

그런데 여기서 지금 소개하려는 미국의 사회학자 어빙 고프먼은 필자의 주장을 완벽하게 대변해주는 전형적인 본보기이라고 하여도 지나치지 않다. 심지어 고프먼은 사회학자들만 따로 떼어놓고 본다고 할지라도 그들 전체와도 차이가 확연히 나는, 즉 사회학계 내에서도 또다시 떨어져나간 영원한 이단아이자 이방인이었다. 그렇다면 과연 어떤 점에서 그렇다는 것인가.

먼저, 일상인들의 실제적 삶에 대한 집착에 가까운 천착이다. 그는 이를 위해 실제 일상인들의 삶 속으로 파고들어 갔다. 시카고 대학교의 박사학위 논문을 위해 그는 북극 근처의 오지인 스코틀랜드의 셰틀랜드 제도의 한 섬에 가 3년간 거주하면서 섬사람들의 삶을 집요하게 관찰했다. 이 박사학위 논문의 핵심적인 아이디어가 후에 그의 생애 첫 번째 저서인 이 『자아 연출의 사회학』의 모태가 된다. 이런 그의 방법은 평범한 사회학자로서는 할 수 없는 것으로 평가된다. 이를 인정받아 이 책은 1961년 미국사회학회가 주는 매키버상 MacIver Award을 수상하게 된다.

추상적 이론과 통계 방법이 주류를 형성해 무르익고 있던 당시 미국 사회학계에서 고프먼이 취한 방법과 사상 그리고 글쓰기는 그야말로 획기적인 것이어서, 대부분 사회학자들로부터 오는 첫 반응은 특이하다는 것이었다. 그러나 이 책에서 그가 포착해낸 것을 찬찬히 음미해본 사회학자라면 비록 자신의 취향과는 다른 사회학을 하고 있다고 하더라도 고프먼의 사회학을 좋내는 수긍할 수밖에 없는 입장에 처하게 된다. 고프먼이 『자아 연출의 사회학』에서 포착해낸 것은 바로 인간과 사회의 연극성이었다. 일상을 살아가는 일반인들이 바로 연극 무대 위에서 자기가 맡은 배역을 훌륭히 소화해내려 애쓰는 배우처럼 그렇게 매순간을 타인과의 만남 속에서 자신을 정상인으로 그리고 출중한 사람으로 보이고 싶어 한다는 것을, 그리고 타인조차도 아무런 근거 없이 그런 사람으로 보고 싶어 한다는 것을 간파해내면서, 이와 동시에 사회적 삶 자체가 연극처럼 하나의 허구에 지나지 않을 수도 있다는 것을 이 책에서 묘사해내면서 말이다.

이것은 사회와 인간을 무엇으로 규정하는가에 따라 각자의 이론을 구성해내는 사회학자의 몫을 탁월하게 성취한 것이라, 이 책으로 말미암아 미국 사회학 아니 전 세계 사회학계에서 '연극론적 사회학' dramaturgical sociology의 창시자로 당당하게 인정받게 된다. 즉, 이 책을 통해 그는 사회학사의 중요한 한 획을 그은 이로 자리매김하게 되었던 것이다. 물론 이 책 출간으로 베스트셀러 작가의 반열에 등극하게 된 것은 덤이었다. 그 뒤에도 그가 수많은 저작을 저술했지만 이 『자아 연출의 사회학』의 주제는 모든 책과 논문에서 이런저런 식으로 계속해서 녹아 있었던 것 또한 사실이다.

두 번째로, 사회학의 범위를 넘어서는 수려한 문체와 탄탄한 인문학적 소양의 소유자라는 점에서 그는 또한 주류 사회학계에선 이방인이었다. 그의 이러한 광폭 행보는 사회학계 이외의 분야에서도 열렬한 환호를 받았다. 이를테면 그는 문학계에서는 톨스토이나 프루스트, 혹은 카프카나 칼라일과 같은 반열에 서는 대문호로 칭송되기도 했고, 예술계에서는 그를 예술비평가와 동급으로 취급할 정도였다. 그렇지만 뭐니 뭐니 해도 학계를 통틀어 최고의 비평은 아마도 인류학자 클리포드 기어츠Clifford Geertz의 비평일 것이다. 기어츠는 고프먼을 두고 "최고의 찬사를 받는 사회학자는 아닐지 몰라도 최고로 독창적인 사회학자인 것만큼은 확실하다"라고 평했을 정도다. 이런 모든 것들을 종합해보면, 고프먼은 제한된 울타리 내에 갇힌 편협한 사회학자가 아닌 인문사회 전반에 걸친 폭넓은 지식을 겸비하고 거기서도 인정받은 그야말로 독보적인 전천후 지식인이었음이 분명하다.

이것은 그의 영어 글을 찬찬히 읽어보면 단박에 알 수 있다. 그의 글은 여느 사회학자들처럼 처음부터 사회학이라는 생각이 전혀 들지 않는다. 그러나 책장이 넘어가면 갈수록 그가 사회학의 진수를 보여주고 있음을 깨닫게 된다. 단지 문체가 수려하다고 해서 위대한 사회학자로 칭송받는 것은 웃기는 일이고 있을 수 없는 일이다. 왜냐하면 사회학은 단순한 문학이 아니기 때문이다. 그러나 예리한 사회학적 통찰에 수려한 문체마저 가미된다면 그것은 금상첨화라 아니할 수 없다. 고프먼이 바로 그 경우이다. 어디서 어떤 식으로 시작되었든 그의 글의 종착점은 곧 인간과 사회(적 상호작용) 그리고 질서의 본성이었다. 한마디로 고프먼은 여기에 도달하기 위해 그가 쌓아온 모든 자질과 지식 그리고 소양을 총동원하고 사용해 사회학적 탐구에 몰입함으로써 사회학을 더욱더 풍부하게 만든 사회학자이다. 이러한 점은 극히 예외적인 경우를 제외하고는 기존 사회학자들에게서는 찾아볼 수 없는, 즉 사회학계에서조차도 그 어느 누구도 뛰어 넘을 수 없는 걸출한 이단자와 이방인의 면모를 다분히 보여준다.

마지막으로 이방인은 수많은 오해와 편견, 시기의 대상이 될 수 있듯, 고프먼 또한 그러했다. UC버클리 대학교 사회학과에서 펜실베이니아 대학교로 이직할 때조차 그는 사회학과에서는 환영받지 못했다. 정작 그를 환영한 것은 심리학과나 인류학과와 같은 학과였다. 펜실베이니아 대학교에서의 첫 정식 호칭, '심리학과 인류학과의 벤저민 프랭클린 석좌교수Benjamin Franklin Professor of Anthropology and Psychology'가 이를 잘 말해준다. 그의 연구실도 단과대학 건물이 아닌 대학 박물관에 둥지를 틀 정도였다. 여담이지만 이것은 필자의 지도교수였던 보스턴 대학교의 피터 버거Peter Berger도 마찬가지였다. 그도 '유니버시티 프로페서University Professor'라는 석좌교수로서 사회학과에 이름은 걸어놓았으나 사회학과 건물을 방문한 것은 특강을 위해 딱 한 번뿐이었던 것으로 필자는 기억한다. 고프먼과 마찬가지로 버거의 연구실도 사회학과와는 독립된 곳에 있었다. 고수는 고수끼리 통한다고 한다지만 그들에 대한 동료 집단의 이방인 취급에 씁쓸함은 못내 지울 수 없다.

어쨌든 첫 번째 책 『자아 연출의 사회학』은 물론, 고프먼의 학문과 일생을 관통했던 주제를 한마디로 줄이자면 그것은 바로 "세상을 액면 그대로 바라보지 마라Don't take the world at face value"이다. 그는 불편하지만 올곧은 진실을 추구했고 진솔하고 담백하려 애썼다. 이는 주류와 핵심에서 빗겨나는 이방인 됨이 없으면 도저히 불가능한 사고와 태도이다. 왜냐하면 전자에 속하는 이들은 모든 것들을 의심 없이 당연하게 받아들이고 또 그만큼 액면 그대로의 가치를 지닌 것으로 보이는 패거리에 의존하기 때문이다.

필자가 대학에 들어갈 무렵 위암으로 갑작스레 세상을 떠났기에 고프먼을 직접 만날 기회가 없었지만 그의 제자 중 한 사람인 MIT의 개리 막스Gary Marx가 버클리 대학교에서 수학할 당시 고프먼과의 에피소드를 보면 그의 이방인적 이미지가 희미하게나마 그려진다. 미국사회학회ASA에 가입할 필요성에 대해 묻는 대학원생 제자에게 고프먼은 전혀 그럴 필요가 없다고 답해준다. 어떤 조직에 속하지 않고도 얼마든지 자신의 일을 해낼 수 있음을 조언한 것이다. 또 막스는 훗날 교수가 되어 미국사회학대회에 참석했을 때, 음료수 잔을 들고 이리저리 배회하며 사람들과 담소를 나누며 어떻게든 얼굴과 이름을 알리려 드는 여느 사람들과 달리 명찰도 달지 않고 마치 사회학자가 아닌 외부인처럼 사람들 사이를 헤집고 다니던 그의 스승 고프먼과 우연히 조우했던 것을 회상한다. 그 희미한 기억으로부터 우리는, 동료 사회학자들과의 교분을 통한 연결 고리, 사회학회라는 조직의 울타리, 공식적 직함, 그리고 거기에 걸맞은 매너 등 사회적 삶을 살기 위해서는 필수적인 그런 것들의 중함을 충분히 알기에 되레 더 그것으로부터 멀어지려 했던 고프먼의 아이러니를 엿볼 수 있다. 그 아이러니는 바로 이방인 됨이다. 그리고 그의 이런 태도는 바로 이 책, 『자아 연출의 사회학』에 고스란히 녹아 있는 사회학적 통찰로부터 충분히 유추할 수 있다.

어쩌면, 고프먼이 그처럼 주류 사회학계에서 벗어나려 애썼기에 그는 그 어느 누구도 흉내 낼 수 없는 그 자신의 사회학을 만들어낼 수 있었을지도 모른다. 미국 예찬론자가 결코 아닌 필자가 미국이 대단하다는 것을 느끼는 유일한 것은 바로 그런 고프먼과 같은 사회학계의 이단아와 이방인을 미국사회학회의 회장으로 뽑을 수 있는 그들의 저력이다. 갑작스런 발병으로 회장 취임 연설을 직접 하지 못하고 이순(耳順)의 나이에 세상을 떠난, 20세기가 낳은 몇 안 되는 최고의 사회학자 중 한 명인 거물 중의 거물, 고프먼. 단언컨대, 그가 지은 첫 번째 책의 한국어판, 『자아 연출의 사회학』은 분명 독자들에겐 21세기의 축복이다.

김광기(경북대 교수)

찾아보기

ㄱ

겔러, 데이비드(David Geller) 226, 227

고램(M. Gorham) 309

고프먼, 어빙(Erving Goffman) 8, 26, 192, 241

골드, 레이(Ray Gold) 197

그라네, 마르셀(Marcel Granet) 73, 74

그로스, 에드워드(Edward Gross) 113, 142, 144, 219

그리어, 블란체(Blanche Greer) 35

그리어, 스콧(Scott Greer) 35, 67

글래스, 아널드(Arnold Glass) 61

글레이저, 네이선(Nathan Glazer) 133

글레이저, 대니얼(Daniel Glaser) 220

길모어, 헬렌(Helen Gilmore) 289

ㄴ

노이만, 존 폰(John Von Neumann) 27, 108

ㄷ

두넷(H. Dunnet) 309

데니, 로이얼(Reuel Denny) 133

데일(H. E. Dale) 38, 75, 76, 86, 89, 115, 230, 231, 234, 246, 247

도너번, 프랜시스(Francis Donovan) 217, 218

돌턴, 멜빌(Melville Dalton) 148, 246

더빈, 로버트(Robert Dubin) 216, 290

뒤르켐, 에밀(Émile Durkheim) 52, 77, 93

뒤부아, 아베(Abbe Dubois) 60

드레슬러, 데이비드(David Dressler) 87

디킨스, 모니카(Monica Dickens) 157

ㄹ

라드너, 존(John Lardner) 283
라이트, 허버트(Herbert F. Wright) 139
라크루아, 폴(Paul LaCroix) 161
래드클리프브라운(A. R. Radcliffe-Brown) 41, 42, 52
랠프(J. B. Ralph) 58
랭(K. and C. Lang) 85
레들리히, 프레더릭(Frederick C. Redlich) 289
레이, 도널드(Donald E. Wray) 130
렌츠, 이디스(Edith Lentz) 47, 276
렌케, 리처드(Richard Rencke) 161
로스 교수(Professor Ross) 91
로이, 도널드(Donald Roy) 148
로젠바움, 조지(George Rosenbaum) 122
로티, 댄(Dan C. Lorti) 43
뢰슬리스버거, 프리츠(Fritz Roethlisberger) 130, 191
리스먼, 데이비드(David Riesman) 133, 182, 309
리츨러, 쿠르트(Kurt Riezler) 94, 201
린제이, 가드너(Gardener Lindzey) 99

ㅁ

마우러, 데이비드(David W. Maurer) 187, 220
마틴, 클라이드(Clyde E. Martin) 167
만하임, 카를(Karl Mannheim) 109
매카시, 메리(Mary McCarthy) 276
매트로, 알프레드(Alfred Métraux) 99, 146
맥고원(J. Macgowan) 40, 306
맥그리거(F. C. Macgregor) 84
맥다월, 해럴드(Harold D. McDowell) 87
머터그(J. M. Murtagh) 189, 291
머튼(R. K. Merton) 97
메리엇, 매킴(McKim Marriott) 199
메이휴, 헨리(Henry Mayhew) 59, 279
멘켄(H. L. Mencken) 84
멜빌, 허먼(Herman Melville) 173, 174
모겐스턴, 오스카(Oskar Mogenstern) 27
무어, 제럴드(Gerald Moore) 116, 230
밀러, 워런(Warren Miller) 127
밀러, 찰스(Charles Miller) 228

ㅂ

바너드, 체스터(Chester I. Barnard) 250, 251

바커, 로저(Roger G. Barker) 139

배키, 와이트(E. Wight Bakke) 58

버크, 케네스(Kenneth Burke) 91,
173, 208, 222, 244

번스, 톰(Tom Burns) 14

베르그송, 앙리(Henri Bergson) 73

베일스, 로버트(Robert F. Bales) 311

베전트, 월터(Walter Besant) 145

베커, 하워드(Howard S.Becker) 23,
35, 119, 238, 274~276

베텔하임, 브루노(Bruno Bettelheim)
254

벡, 존(John Beck) 123

보그다노프, 얼(Earl Bogdanoff) 61

브로디, 유진(Eugene B. Brody) 289

보부아르, 시몬 드(Simone de Beauvoir)
79, 146, 147, 204, 294

블라우, 피터(Peter Blau) 26, 62

블로, 헬렌(Helen Blaw) 252

비달, 고어(Gore Vidal) 244

설리번, 해리 스택(Harry Stack Sullivan)
33

셰인(E. H. Schein) 237

솔로몬, 데이비드(David Solomon)
38, 69, 118, 276

슈워츠, 모리스(Morris S. Schwartz)
255

스리니바스(M. N. Srinivas) 54

스미스, 애덤(Adam Smith) 50, 60

스탠턴, 앨프리드(Alfred H. Stanton)
255

스틸링, 스튜어트(Stewart Sterling)
124

스트라이커, 페린(Perrin Stryker) 66

스티븐스, 로저(Roger Stevens) 40

스파이어, 한스(Hans Speier) 186,

스핀리(B. M. Spinley) 126

슬리먼(J. L. Sleeman) 280

실베스터, 에미(Emmy Sylvester) 254

실스, 에드워드(Edward A. Shils) 311

ㅅ

사르트르, 장 폴(Jean-Paul Sartre)
25, 49, 102

사빈(T. R. Sarbin) 98, 99

산타야나, 조지(George Santayana)
5, 77, 79

샌섬, 윌리엄(William Sansom) 17

샤프너(B. Schaffner) 84

ㅇ

아우렐리우스, 마르쿠스(Marcus Aurelius)
32

아치볼드, 캐서린(Katherine Archibalod)
143, 166, 232

애로스미스, 루이스(Lewis G. Arrowsmith)
208

오웰, 조지(George Orwell) 156, 157

와인레인, 앤서니(Anthony Weinlein)
65, 124, 174, 199

워, 에벌린(Evelyn Waugh)   131

워너(W. L. Warner)   60

월러, 윌러드(Willard Waller)   15

월터, 비티(2세)(Jr. Beatti M. Walter)
26, 253

웨슬리, 윌리엄(William Westley)
120, 197

윌러비, 로버트(Robert H. Willoughby)
63, 67, 143

윌렌스키, 해럴드(Harold Wilensky)
134, 184, 200, 309

윌리엄스(W. M. Williams)   172

이헤이세르, 구스타프(Gustav Ichheiser)
12

ㅈ

자크, 엘리엇(Eliot Jaques)   257

제임스, 윌리엄(William James)   67,
68

조드(C. E. M Joad)   69

존스, 맥스웰(Maxwell Jones)   251,
253, 254

존스, 머빈(Mervyn Jones)   41

존슨, 찰스(Charles Johnson)   56, 107

지멜, 게오르크(Georg Simmel) 8

ㅊ

체스터필드 경(Lord Chesterfield)   23,
166

ㅋ

카프카, 프란츠(Franz Kafka)   125,
126

칸(E. J. Jr. Kahn)   40

코넌트, 루이즈(Louise Conant)   176,
228, 281

코딜, 윌리엄(William Caudill)   289

코마롭스키, 미라(Mirra Komarovsky)
56, 296

코트렐, 프레드(W. Fred Cottrell)   188

콘하우저, 윌리엄(William Kornhauser)
67

콜런스(D. Collans)   124, 198

콜린스, 오비스(Orvis Collins)   148

콤프턴버넷, 아이비(Ivy Compton-
Burnett)   255

쿠퍼, 레오(Leo Kuper)   154

쿨리, 찰스(Charles Cooley)   51, 52,
91, 92, 94

크뢰버(A. L. Kroeber)   35, 36

크리시(D. R. Cressey)   98

클라크, 마크(Mark Clark)   215

킨제이, 앨프리드(Alfred C. Kinsey)
60, 167

킨케이드, 데니스(Dennis Kincaid)   218

킹, 조(Joe King) 46

ㅌ

택슬, 해럴드(Harold Taxel) 24, 33, 119, 290
토머스(W. I. Thomas) 13, 14
트롤럽(Trollope) 193

ㅍ

파슨스, 탤콧(Talcott Parsons) 311
파우더메이커, 플로렌스(Florence B. Powdermaker) 295
파크, 로버트 에즈라(Robert Ezra Park) 33
페이지, 찰스 헌트(Charles Hunt Page) 64, 273, 283
포머로이, 워델(Wardell Pomeroy) 167
포터, 스티븐(Stephen Potter) 167, 241
폭스, 르네 클레어(Renee Claire Fox) 213
폰슨비 경(Sir Frederick Ponsonby) 26, 74, 92, 155, 170, 231, 263
프로서, 윌리엄(William L. Prosser) 86, 308
프로이트, 지그문트(Sigmund Freud) 244

플랜트, 마저리(Marjorie Plant) 55
피넬리, 베이브(Babe Pinelli) 46, 89, 128, 248
피터슨, 워런(Warren Peterson) 68

ㅎ

하르토흐, 얀 데(Jan de Hartog) 249
하벤스타인, 로버트(Robert Habenstein) 48, 75, 148
해리스, 세라(Sara Harris) 189
해밀턴, 메리(Mary Hamilton) 269
해밀턴, 찰스(Charles Hamilton) 272
허시, 루이스(Louis Hirsch) 243
헌터, 플로이드(Floyd Hunter) 115, 309
헤일, 윌리엄(William H. Hale) 199
헨리, 로버트(Robert Henrey) 233
헤일리, 제이(Jay Haley) 14, 241
헥트(J. J. Hecht) 135, 239, 268, 269
홀, 오즈월드(Oswald Hall) 301
홀콤, 체스터(Chester Holcombe) 117
화이트(P. W. White) 187,
휴스(E. C. Hughes) 62, 85, 119, 159, 198, 203, 204, 207, 301
휴스, 헬렌(Helen M. Hughes) 198, 204, 207
힐튼, 존(John Hilton) 48